LE

RAMAYANA

POÈME SANSCRIT DE VALMIKY

TRADUIT EN FRANÇAIS

PAR HIPPOLYTE FAUCHE

Traducteur des Œuvres complètes de Kâlidâsa et du Mahâ - Bhârata

---

TOME PREMIER

PARIS

LIBRAIRIE INTERNATIONALE

13, RUE DE GRAMMONT, 13

A. LACROIX, VERBOECKHOVEN & Cᵉ, ÉDITEURS

A Bruxelles, à Leipzig et à Livourne

—

1864

LE RAMAYANA

Paris. — Imprimerie Poupart-Davyl et Cie, rue du Bac, 30.

RAMAYANA

Il est une vaste contrée, grasse, souriante, abondante en richesses de toute sorte, en grains comme en troupeaux, assise au bord de la Sarayoû et nommée Kauçala. Là, était une ville, célèbre dans tout l'univers et fondée jadis par Manou, le chef du genre humain. Elle avait nom Ayaudhyâ.

Heureuse et belle cité, large de trois yaudjanas, elle étendait sur douze yaudjanas de longueur son enceinte resplendissante de constructions nouvelles. Munie de portes à des intervalles bien distribués, elle était percée de grandes rues, largement développées, entre lesquelles brillait aux yeux la rue Royale, où des arrosements d'eau abattaient le vol de la poussière. De nombreux marchands fréquentaient ses bazars, et de nombreux joyaux paraient ses boutiques. Imprenable, de grandes maisons en couvraient le sol, embelli par des bocages et des jardins publics. Des fossés profonds, impossibles à franchir, l'environnaient; ses arsenaux étaient pleins d'armes variées; et des arcades ornementées couronnaient ses portes, où veillaient continuellement des archers.

Un roi magnanime, appelé Daçaratha, et de qui la victoire ajoutait journellement à l'empire, gouvernait alors cette ville, comme Indra gouverne son *Amaravâtî, cité des Immortels.*

Abritée sous les drapeaux flottant sur les arcades sculptées de ses portes, douée avec tous les avantages que lui procurait une multitude variée d'arts et de métiers, toute remplie de chars, de chevaux et d'éléphants, bien approvisionnée en toute espèce d'armes, de massues, de machines pour la guerre et de çataghnîs (1), elle était bruissante et comme troublée par la circulation continuelle des marchands, des messagers et des voyageurs, qui se pressaient dans ses rues, fermées de portes solides, et dans ses marchés, bien répartis à des intervalles judicieusement calculés. Elle voyait sans cesse mille troupe d'hommes et de femmes aller et venir dans son enceinte ; et, décorée avec de brillantes fontaines, des jardins publics, des salles pour les assemblées et de grands édifices parfaitement distribués, il semblait encore, à ses nombreux autels pour tous les dieux, qu'elle était *comme la remise* où stationnaient ici-bas leurs chars animés.

(1) Ce mot veut dire une arme *qui tue cent* hommes à la fois. Était-ce une arme à feu? car il semble que, dès la plus haute antiquité, on connaissait déjà l'usage de la poudre à feu dans l'Asie orientale.

En cette ville d'Ayaudhyâ était donc un roi, nommé Daçaratha, semblable aux quatorze dieux, très-savant et dans les Védas et dans *leur appendice*, les six Angas, prince à la vue d'aigle, à la splendeur éclatante, également aimé des villageois et des citadins, roi saint, celèbre dans les trois mondes, égal aux Maharshis et le plus solide appui entre les soutiens de la justice. Plein de force, vainqueur de ses ennemis, dompteur de ses sens, réglant sur la saine morale toute sa conduite, et représentant Ikshwakou dans les sacrifices, comme chef de cette royale maison, il semblait à la fois le roi du ciel et le dieu même des richesses par ses ressources, son abondance, ses grains, son opulence; et sa protection, comme celle de Manou, le premier des monarques, couvrait tous ses sujets.

Ce prince magnanime, bien instruit dans la justice et de qui la justice était le but suprême, n'avait pas un fils qui dût continuer sa race, et *son cœur* était consumé de chagrin. Un jour qu'il pensait à son malheur, cette idée lui vint à l'esprit : « Qui m'empêche de célébrer un açwa-médha pour obtenir un fils? »

Le monarque *vint donc trouver* Vaçishtha, il se prosterna devant son ritouidj, lui rendit l'hommage exigé par la bienséance et lui tint ce langage respectueux au sujet de son açwa-médha pour obtenir des fils : « Il faut promptement célébrer le sacrifice de la manière qu'il est commandé par le Çâstra, et régler tout avec un tel soin qu'un de ces mauvais Génies, destructeurs des cérémonies saintes, n'y puisse jeter aucun empêchement. C'est à toi, en qui je possède un ami dévoué et qui es le premier de mes directeurs spirituels; *c'est à toi* de prendre sur tes épaules ce fardeau pesant d'un tel sacrifice. »

— « Oui ! » répondit au roi le plus vertueux des régénérés.

« Je ferai assurément tout ce que désire Ta Majesté. » Ensuite il dit à tous les brahmes experts dans les choses des sacrifices :

« Que l'on bâtisse pour les rois des palais distingués par de nombreuses qualités! Que l'on bâtisse même par centaines pour les brahmes invités de beaux logis bien disposés, bien pourvus en divers breuvages, bien approvisionnés en différents comestibles. Il faut construire aussi pour l'habitant des villes maintes demeures vastes, fournies de nombreux aliments et remplies de choses propres à satisfaire tous les désirs. Rassemblez encore d'abondantes victuailles pour l'habitant des campagnes.

« Que ces différentes nourritures soient données avec politesse, et non comme arrachées par la violence, afin que toutes les castes bien traitées obtiennent ainsi les égards dus à chacune d'elles.

« Passant de l'amour à la colère, n'appliquez l'injure à personne. Que les honneurs soient rendus surtout, mais en observant les degrés, aux hommes supérieurs dans les choses des sacrifices, comme aux sommités dans les arts manuels. Agissez *enfin* d'une âme aimante et satisfaite, ô vous, révérendes personnes, de manière que tout soit bien fait et que rien ne soit omis! » Ensuite, les brahmes s'étant rapprochés de Vaçishtha, lui répondirent ainsi : « Nous ferons tout, comme il est dit, et rien ne sera oublié. »

Après cette réponse, ayant fait appeler Soumantra, le ministre : « Invite, lui dit Vaçishtha, invite les rois qui sur la terre sont dévoués à la justice. »

Ensuite, après quelques jours et quelques nuits écoulés, arrivèrent ces rois *si* nombreux, à qui Daçaratha avait envoyé des pierreries en royal cadeau. Alors Vaçishtha, l'âme très-satisfaite, tint ce langage au monarque : « Tous les rois sont venus, ô le plus illustre des souverains, comme tu l'avais commandé. Je les ai tous bien traités, et tous honorés dignement. Tes serviteurs ont disposé convenablement toutes les choses avec un esprit attentif. »

Charmé à ces paroles de Vaçishtha, le roi dit : « Que le sacrifice, doué en toutes ses parties de choses offertes à tous les désirs, soit célébré aujourd'hui même. »

Ensuite les prêtres, consommés dans la science de la Sainte Écriture, commencent la première des cérémonies, l'accension du feu, suivant les rites enseignés par le soûtra du Kalpa. Les règles des expiations furent aussi observées entièrement par eux, et ils firent toutes ces libations que la circonstance demandait.

Alors Kâauçalyâ décrivit un pradakshina autour du cheval consacré, le vénéra avec la piété due, et lui prodigua les ornements, les parfums, les guirlandes de fleurs. Puis, accompagnée de l'adhwaryou, la chaste épouse toucha la victime et passa toute une nuit avec elle pour obtenir ce fils, objet de ses désirs.

Ensuite, le ritouidje, ayant égorgé la victime et tiré la moelle des os, suivant les règles saintes, la répandit sur le feu, invitant chacun des Immortels au sacrifice avec la formule accoutumée des prières. Alors, engagé par son désir immense d'obtenir une lignée, Daçaratha, uni dans cet acte à sa fidèle épouse, le roi Daçaratha vint avec elle respirer la fumée de cette moelle, que le brasier consumait sur l'autel. Enfin, les sacrificateurs de couper les membres du cheval en morceaux, et d'offrir sur le feu à tous les habitants des cieux la part que le rituel assignait à chacun d'eux.

Voici que tout à coup, sortant du feu sacré, apparut devant les yeux un grand être, d'une splendeur admirable, et tout pareil au brasier allumé. Le teint bruni, une peau noire était son vêtement; sa barbe était verte, et ses cheveux rattachés en djatâ (1); les angles de ses yeux obliques avaient la rougeur du lotus : on eût dit que sa voix était le son du tambour ou le bruit d'un nuage orageux. Doué de tous les signes heureux, orné de parures célestes, haut comme la cime d'une montagne, il avait les yeux et la poitrine du lion.

Il tenait dans ses bras, comme on étreint une épouse chérie, un vase fermé, qui semblait une chose merveilleuse, entièrement d'or, et tout rempli d'une liqueur céleste.

« Brahme, dit le spectre, qui s'était manifesté d'une manière *si* étonnante, sache que je suis un être émané du souverain maître des créatures pour venir en ces lieux mêmes. — Reçois ce vase donné par moi et remets-le au roi Daçaratha : c'est pour lui que je dépose en tes mains ce divin breuvage. Qu'il donne à savourer ce philtre générateur à ses épouses fidèles ! »

Le plus excellent des brahmes lui répondit en ces termes : « Donne toi-même au roi ce vase merveilleux. »

La resplendissante émanation du souverain maître des créatures dit au fils d'Ikshwâkou avec une voix de la plus haute perfection : « Grand roi, j'ai du plaisir à te donner

(1) Cheveux relevés en gerbe et noués sur le sommet de la tête, mode accoutumée des ascètes.

cette liqueur toute composée avec des sucs immortels : reçois donc ce vase, ô toi qui es la joie de la maison d'Ikshwâkou! » Alors, inclinant sa tête, le monarque reçut la *précieuse* amphore, et dit : « Seigneur, que dois-je en faire? » — « Roi, je te donne en ce vase, répondit au monarque l'être émané du créateur même, je te donne en lui ce bonheur qui est le cher objet de ton pieux sacrifice. Prends donc, ô le plus éminent des hommes, et donne à tes chastes épouses ce breuvage, que les Dieux eux-mêmes ont composé. Qu'elles savourent ce nectar, auguste monarque : il fait naître de la santé, des richesses, des enfants aux femmes qui boivent sa liqueur efficace. »

Ensuite, quand elle eût donné au monarque le breuvage incomparable, cette apparition merveilleuse de s'évanouir aussitôt dans les airs ; et Daçaratha, se voyant maître enfin du nectar saint distillé par les Dieux, fut ravi d'une joie suprême, comme un pauvre aux mains de qui tomberait soudain la richesse. Il entra dans son gynécée, et dit à Kâauçalyâ : « Reine, savoure cette boisson génératrice, dont l'efficacité doit opérer son bien en toi-même. »

Ayant ainsi parlé, son époux, qui avait partagé lui-même cette ambroisie en quatre portions égales, en servit deux parts à Kâauçalyâ, et donna à Kêkéyî une moitié de la moitié restante. Puis, ayant coupé en deux sa quatrième portion, le monarque en fit boire une moitié à Soumitrâ : ensuite il réfléchit, et donna encore à Soumitrâ ce qui restait du nectar composé par les Dieux.

Suivant l'ordre où ces femmes avaient bu la nonpareille ambroisie, donnée par le roi même au comble de la joie, les princesses conçurent des fruits beaux et resplendissants à l'égal du soleil ou du feu sacré.

De ces femmes naquirent quatre fils, d'une beauté céleste et d'une splendeur infinie : Râma, Lakshmana, Çatroughna et Bharata.

Kâauçalyâ mit au monde Râma, l'aîné par sa naissance, le premier par ses vertus, sa beauté, sa force nonpareille et même l'égal de Vishnou par son courage.

De même, Soumitrâ donna le jour à deux fils, Lakshmana et Çatroughna : inébranlables pour le dévouement et grands par la force, ils cédaient *néanmoins* à Râma pour les qualités.

Vishnou avait formé ces jumeaux avec une quatrième portion de lui-même : celui-ci était né d'une moitié, et celui-là d'une autre moitié du quart.

Le fils de Kêkéyî se nommait Bharata : homme juste, magnanime, vanté pour sa vigueur et sa force, il avait l'énergie de la vérité.

Ces princes, doués tous d'une âme ardente, habiles à manier de grands arcs, dévoués à l'exercice des vertus, comblaient ainsi les vœux du roi leur père ; et Daçaratha, entouré de ces quatre fils éminents, goûtait au milieu d'eux une joie suprême, comme Brahma, environné par les Dieux.

Depuis l'enfance, Lakshmana s'était voué d'une ardente amitié à Râma, l'amour des créatures : *en retour*, ce jeune frère, de qui l'aide servit puissamment à la prospérité de son frère aîné, ce juste, ce fortuné, ce victorieux Lakshmana était plus cher que la vie même à Râma, le destructeur *invincible* de ses ennemis.

Celui-ci ne mangeait pas sans lui son repas ordinaire, il ne touchait pas sans lui à quelque mets plus délicat ;

sans lui, il ne se livrait pas au plaisir un seul instant même. Râma s'en allait-il, soit à la chasse, soit ailleurs; aussitôt, prenant son arc, le dévoué Lakshamana y marchait avec lui et suivait ses pas.

Autant Lakshmana était dévoué à Râma, autant Çatroughna l'était à Bharata; celui-ci était plus cher à celui-ci et celui-ci à celui-là que le souffle même de la vie.

Joie de son père, attirant les regards au milieu de ses frères comme un drapeau, Râma était immensément aimé de tous les sujets pour ses qualités naturelles : aussi, comme il savait se concilier par ses vertus l'affection des mortels, lui avait-on donné ce nom de RAMA, *c'est-à-dire, l'homme qui plaît*, ou *qui se fait aimer*.

Un grand saint, nommé Viçvâmitra, vint dans la ville d'Ayaudhyâ, conduit par le besoin d'y voir le souverain.

Des rakshasas, enivrés de leur force, de leur courage, de leur science dans la magie, interrompaient sans cesse le sacrifice de cet homme sage et dévoué à l'amour de ses devoirs : aussi l'anachorète, qui ne pouvait sans obstacle mener à fin la cérémonie, désirait-il voir le monarque, afin de lui demander protection contre les perturbateurs de son *pieux* sacrifice.

« Prince, lui dit-il, si tu veux obtenir de la gloire et soutenir la justice, ou si tu as foi en mes paroles, prouve-le en m'accordant un seul *homme*, *ton* Râma. La dixième nuit me verra célébrer ce grand sacrifice, où les rakshasas tomberont, immolés par un exploit merveilleux de ton fils. »

Alors, ayant baisé avec amour son fils sur la tête, Daçaratha le donna au saint ermite avec son fidèle compagnon Lakshmana.

Quand il vit Râma aux yeux de lotus s'avancer vers le fils de Kouçika, le vent souffla d'une haleine pure, douce, embaumée, sans poussière. Au moment où partit ce rejeton bien-aimé de Raghou, une pluie de fleurs tomba des cieux, et l'on entendit ruisseler d'en haut les chants de voix suaves, les fanfares des conques, les roulements des tymbales célestes.

Le magnanime anachorète était suivi par ces deux héros, comme le roi du ciel est suivi par les deux Açwins. Armés d'un arc, d'un carquois et d'une épée, la main gauche défendue par un cuir lié autour de leurs doigts, ils suivaient Viçvâmitra, comme les deux jumeaux enfants du feu suivent Sthânou, *c'est-à-dire le Stable, un des noms de Çiva.*

Arrivés à un demi-yaudjana et plus sur la rive méridionale de la Sarayoû : « Râma, dit avec douceur Viçvâmitra ; mon bien-aimé Râma, il convient que tu verses maintenant l'eau sur toi, suivant nos rites ; je vais t'enseigner les moyens de salut ; ne perdons pas le temps.

« Reçois d'abord ces deux sciences merveilleuses, LA PUISSANCE et L'OUTRE-PUISSANCE ; par elles, ni la fatigue, ni la vieillesse, ni aucune altération ne pourront jamais envahir tes membres.

« Car ces deux sciences, qui apportent avec elles la force et la vie, sont les filles de l'aïeul suprême des créatures ; et toi, ô Kakoutsthide, tu es un vase digne que je verse en lui ces connaissances merveilleuses. Entouré de qualités divines, enfantées par ta propre nature, et d'autres qualités acquises par les efforts d'un louable désir, tu verras encore ces deux sciences élever tes vertus jusqu'à la plus haute excellence. »

Après ce *discours*, Viçvâmitra, l'homme riche en mortifications, initia aux deux sciences Râma, purifié dans les eaux du fleuve, debout, la tête inclinée et les mains jointes,

Le héros enfant dit, chemin faisant, au sublime anachorète Viçvâmitra ces paroles, toutes composées de syllabes douces : « Quelle est cette forêt bien grande, qui se montre ici, non loin de la montagne, comme une masse de nuages ? A qui appartient-elle, *homme saint*, qui brilles d'une splendeur impérissable ? Cette forêt semble à mes regards délicieuse et ravissante. »

« Ce lieu, Râma, lui répondit l'anachorète, fut jadis l'ermitage du Nain magnanime : l'Ermitage-Parfait, c'est ainsi qu'on l'appelle, fut jadis la scène où le parfait, où l'illustre Vishnou se livrait sous la forme d'un nain à la plus austère pénitence, dans le temps, noble fils de Raghou, que Bali ravit à Indra le sceptre des trois mondes.

« Le Virotchanide, enflammé par l'ivresse que lui inspirait l'éminence de sa force, ayant donc vaincu le monarque du ciel, Bali resta maître de l'empire des trois mondes.

« Ensuite, comme Bali *voulait encore augmenter sa puissance par l'*offrande d'un sacrifice, Indra et l'armée des immortels avec lui vint dire, tout ému de crainte, à Vishnou, ici même, dans cet ermitage :

« Ce Virotchanide d'une si haute puissance, Bali offre un sacrifice : *et cependant* ce roi des Asouras est *déjà* doué d'une telle abondance, qu'il rassasie les désirs de toutes les créatures. Va le trouver sous cette forme de nain, Dieu aux longs bras, et veuille bien lui mendier ce que trois de tes pas seulement peuvent mesurer de terre. Il doit nécessairement t'accorder l'aumône de ces trois pas, aveuglé qu'il est de sa force, comme de son courage, et méprisant dans toi-même le maître du monde, qu'il ne reconnaîtra point sous ta forme de nain. Le roi des vils Démons gratifie par l'accomplissement de leurs vœux les plus chers tous ceux qui, désirant obtenir l'objet où leur souhait aspire, invoquent *sa munificence.*

« Cet ermitage parfait de nom le sera donc aussi de fait, si *tu veux bien en sortir un instant*, ô toi, de qui l'énergie est celle de la vérité même, *pour* accomplir cette action parfaite.

« Conjuré ainsi par les Dieux, Vishnou, sous la forme de nain, dont s'était revêtue *son âme divine*, alla trouver le Virotchanide et lui demanda l'aumône des trois pas.

« Mais aussitôt que Bali eut accordé les trois pas de terre au mendiant, le nain se développa dans une forme prodigieuse, et le Dieu-aux-trois-pas (1) s'empara de tous les mondes en trois pas. — Du premier pas, noble Raghouide, il franchit toute la terre; au deuxième, tout l'immortel espace atmosphérique; et, du troisième, il mesura tout le ciel austral. C'est ainsi que Vishnou réduisit le démon Bali à ne plus avoir d'autre habitation que l'abîme des enfers; c'est ainsi qu'ayant extirpé ce fléau des trois mondes, il en restitua l'empire au monarque du ciel.

« Cet ermitage, qui fut habité jadis par le Dieu aux œuvres saintes, reçoit très-souvent mes visites par dévo-

(1) *Trivikrama*, un des surnoms de Vishnou, qu'il dut à cette légende.

tion en l'ineffable nain. Voici le lieu où grâce à ton courage, héros, fils du plus grand des hommes, tu dois immoler ces deux rakshasas qui mettent des obstacles à mon sacrifice. »

Ensuite Râma, ayant habité là cette nuit avec Lakshmana et s'étant levé à l'heure où blanchit l'aube, se prosterna humblement pour saluer Viçvâmitra.

Alors ce guerrier, de qui la force ne trompe jamais, Râma, qui sait le prix du lieu, du temps et des moyens, adresse à Viçvâmitra ce langage opportun : « Saint anachorète, je désire que tu m'apprennes dans quel temps il me faut écarter ces Démons nocturnes qui jettent des obstacles dans ton sacrifice. »

Ravis de joie à ces paroles, aussitôt Viçvâmitra et tous les autres solitaires de louer Râma et de lui dire : « A partir de ce jour, il faut, Râma, que tu gardes pendant six nuits, dévoué entièrement à cette *veille continue;* car une fois entré dans les cérémonies préliminaires du sacrifice, il est défendu au solitaire de rompre le silence. »

Après qu'il eut écouté ces paroles des monobites à l'âme contemplative, Râma se tint là debout, six nuits, gardant avec Lakshmana le sacrifice de l'anachorète, l'arc en main, sans dormir et sans faire un mouvement, immobile, comme un tronc d'arbre, impatient de voir la *nuée des* rakshasas abattre son vol sur l'ermitage.

Ensuite, quand le cours du temps eut amené le sixième jour, ces fidèles observateurs des vœux, les magnanimes anachorètes dressèrent l'autel sur sa base. — Déjà, accompagné des hymnes, arrosé de beurre clarifié, le sacrifice était célébré suivant les rites; déjà la flamme se développait sur l'autel, où priait le contemplateur d'une âme attentive, quand soudain éclata dans l'air un bruit immense et tel que l'on entend le sombre nuage tonner au sein des cieux dans la saison des pluies.

Alors, voici que se précipitent *dans l'ermitage*, et Mâritcha, et Soubâhou, et les serviteurs de ces deux rakshasas, déployant toute la puissance de leur magie.

Aussitôt que, de ses yeux beaux comme des lotus, Râma les vit accourir, faisant pleuvoir un torrent de sang : « Vois, Lakshmana, dit-il à son frère, vois Mâritcha, qui vient, suivi de son cortége, avec sa voix de bruyant tonnerre, et Soubâhou, le rôdeur nocturne. Regarde bien ! ces Démons noirs, comme deux montagnes de collyre, vont disparaître à l'instant même devant moi, tels que deux nuages au souffle du vent ! »

A ces mots, l'habile archer tira de son carquois la flèche nommée le Trait-de-l'homme, et, sans être poussé d'une très-vive colère, il décocha le dard en pleine poitrine de Mâritcha.

Emporté jusqu'au front de l'Océan par l'impétuosité de cette flèche, Mâritcha y tomba comme une montagne, les membres agités par le tremblement de l'épouvante.

Ensuite, le rejeton vaillant de Raghou choisit *dans son carquois* le dard nommé la Flèche-du-feu ; il envoya ce trait céleste dans la poitrine de Soubâhou, et le rakshasa frappé tomba *mort* sur la terre.

Puis, s'armant avec la Flèche-du-vent et mettant le comble à la joie des solitaires, le descendant illustre de Raghou immola même tous les autres Démons. Après ce carnage, Viçvâmitra avec toute la communauté des anachorètes, s'approcha du jeune guerrier, et lui décerna les honneurs, les félicitations, les présents, que méritait sa victoire :

. . . .

« Je suis content, guerrier aux longs bras : tu as bien observé la parole de *moi*, ton maître; en effet, cet Ermitage-Parfait est devenu, grâce à toi, plus parfait encore.

Leur mission accomplie, Râma et Lakshmana passèrent encore là cette nuit, honorés des anachorètes et l'âme joyeuse. A l'heure où la nuit s'éclaire aux premières lueurs de l'aube, et quand ils eurent vaqué aux dévotions du matin, les deux héros petits-neveux de Raghou allèrent s'incliner devant Viçvâmitra et devant les autres solitaires; puis, les ayant tous salués avec lui, ces princes, doués d'une immortelle splendeur, lui tinrent ce discours à la fois noble et doux :

« Ces deux guerriers, qui se tiennent devant toi, ô le plus éminent des anachorètes, sont tes serviteurs; commande-nous à ton gré : que veux-tu que nous fassions encore? »

A ce discours, les ermites, riches de mortifications, à qui ces deux frères l'avaient adressé, laissent parler Viçvâmitra, et rendent par lui cette réponse au *vaillant* Râma :

« Djanaka, le roi de Mithila, doit bientôt célébrer, ô le plus vertueux des Raghouides, un sacrifice très-grand et très-saint : nous irons certainement. — Toi-même, ô le plus éminent des hommes, tu viendras avec nous : tu es digne de voir là cet arc fameux, qui est une grande merveille et la perle des arcs.

« Jadis, Indra et les Dieux ont donné au roi de Mithila cet arc géant, comme un dépôt, au temps que la guerre fut terminée entre eux et les Démons. Ni les Dieux, ni les Gandharvas, ni les Yakshas, ni les Nâgas, ni les

Rakshasas ne sont capables de bander cet arc : combien moins, nous autres hommes, ne les aurions-nous faire ! »

Et sur-le-champ Râma se mit en route avec ces grands saints, à la tête desquels marchait Viçvâmitra.

Attelés dans un instant, s'avançaient une centaine de chars brahmiques, où l'on avait chargé les bagages des anachorètes, qui venaient tous à leur suite. On voyait aussi des troupeaux d'antilopes et d'oiseaux, doux habitants de l'Ermitage-Parfait, suivre pas à pas dans cette marche Viçvâmitra, le sublime solitaire. Déjà les troupes des anachorètes s'étaient avancées loin dans cette route, quand, arrivées au bord de la Çona, vers le temps où le soleil s'affaisse à l'horizon, elles *s'arrêtent pour* camper devant son rivage.

Mais, aussitôt que l'astre du jour a touché le couchant, ces hommes d'une splendeur infinie se purifient dans les ondes, rendent un hommage au feu avec des libations de beurre clarifié, et, donnant la première place à Viçvâmitra, s'assoient autour du sage. Râma lui-même avec le fils de Soumitrâ se prosterne devant l'ermite, qui s'est amassé un trésor de mortifications, et s'assoit auprès de lui. — Alors, joignant ses mains, le jeune tigre des hommes, que sa curiosité pousse à faire cette demande, interroge ainsi Viçvâmitra, le saint : « Bienheureux, quel est donc ce lieu, *que je vois* habité par des hommes au sein de la félicité? Je désire l'apprendre, sublime anachorète, de ta bouche même en toute vérité. »

Excitée par ce langage de Râma, la grande lumière de Viçvâmitra commença donc à lui raconter ainsi l'histoire du lieu où ils étaient arrivés :

« Jadis il fut un monarque puissant, appelé Kouça, issu de Brahma et père de quatre fils, renommés pour la force. C'étaient Kouçâçwa, Kouçanâbha, Amoûrtaradjasa et Vasou, tous magnanimes, brillants et dévoués aux devoirs du kshatrya.

« Kouça dit un jour : « Mes fils, il faut vous consacrer à la défense des créatures. » C'est ainsi qu'il parla, noble Raghouide, à ces princes, de qui la modestie était la compagne de la science dans la Sainte Ecriture.

« A ces paroles du roi leur père, ils bâtirent quatre villes, chacun fondant la sienne. De ces héros, semblables aux gardiens célestes du monde, Kouçâçwa construisit la ville charmante de Kâauçâçwi ; Kouçanâbha, qu'on eût dit la justice en personne, fut l'auteur de Mahaudaya ; le vaillant Amoûrtaradjasa créa la ville de Prâgdjyautisha, et Vasou éleva Girivradja dans le voisinage de Dharmâranya.

« Ce lieu-ci, appelé Vasou, porte le nom du prince Vasou à la splendeur infinie : on y remarque ces belles montagnes, au nombre de cinq, à la crête sourcilleuse. — Là, coule la jolie rivière de Mâgadhi ; elle donne son nom à la ville de Magadhâ, qui brille, comme un bouquet de fleurs, au milieu des cinq grands monts. Cette rivière appelée Mâgadhi appartenait au domaine du magnanime Vasou : *car* jadis il habita, *vaillant* Râma, ces champs fertiles, guirlandés de moissons.

« De son côté, l'invincible et saint roi Kouçanâbha rendit *la nymphe* Ghritâtchyâ mère de cent filles *jumelles*, à qui rien n'était supérieur en toutes qualités.

« Un jour, ces jeunes vierges, délicieusement parées, toutes charmantes de jeunesse et de beauté, descendent au jardin, et là, vives comme des éclairs, se mettent à folâtrer. Elles chantaient, noble fils de Raghou, elles dansaient, elles touchaient ou pinçaient divers instruments de musique, et, parfumant l'air des guirlandes tressées dans leurs atours, elles se laissaient ravir aux mouvements d'une joie suprême.

« Le Vent, qui va se glissant partout, les vit en ce moment, et voici quel langage il tint à ces jouvencelles, aux membres suaves, et de qui rien n'était pareil en beauté sur la terre : « Charmantes filles, je vous aime toutes ; soyez donc mes épouses. Par là, vous dépouillant de la condition humaine, vous obtiendrez l'immortalité. »

« A ces habiles paroles du Vent *amoureux*, les jeunes vierges lui décochent un éclat de rire ; et puis toutes lui répondent ainsi :

« O Vent, il est certain que tu pénètres dans toutes les créatures; nous savons toutes quelle est ta puissance; mais pourquoi juger de nous avec ce mépris? Nous sommes toutes filles de Kouçanâbha ; et, fermes sur l'assiette de nos devoirs, nous défions ta force de nous en précipiter : oui! Dieu *léger*, nous voulons rester dans la condition faite à notre famille. — Qu'on ne voie jamais arriver le temps où, volontairement infidèle au commandement de notre bon père, de qui la parole est celle de la vérité, nous irons de nous-mêmes arrêter le choix d'un époux. Notre père est notre loi, notre père est pour nous une divinité suprême; l'homme, à qui notre père voudra bien nous donner, est celui-là seul qui deviendra jamais notre époux. »

« Saisi de colère à ces paroles des jeunes vierges, le Vent fit violence à toutes et brisa la taille à toutes par le milieu du corps. Pliées en deux, les nobles filles rentrent donc au palais du roi leur père ; elles se jettent devant lui sur la terre, pleines de confusion, rougissantes de pudeur et les yeux noyés de larmes.

« A l'aspect de ses filles, tout à l'heure d'une beauté nonpareille, maintenant flétries et la taille déviée, le monarque dit avec émotion ces paroles aux princesses désolées : — « Quelle chose vois-je donc ici, mes filles? Dites-le-moi ! Quel être eut une âme assez violente pour attenter sur vos personnes et vous rendre ainsi toutes bossues ?

« A ces mots du sage Kouçanâbha, les cent jeunes filles répondirent, baissant leur tête à ses pieds : — « Enivré d'amour, le Vent s'est approché de nous ; et, franchissant les bornes du devoir, ce Dieu s'est porté jusqu'à nous faire violence. — Toutes cependant nous avions dit à ce Vent, tombé sous l'aiguillon de l'Amour : « Dieu fort, nous avons un père ; nous ne sommes pas maîtresses de nous-mêmes. Demande-nous à notre père, si ta pensée ne veut point une autre chose que ce qui est honnête. Nos cœurs ne sont pas libres dans leur choix : sois bon pour nous, toi qui es un Dieu ! » Irrité de ce langage, le Vent, seigneur, fit irruption dans nos membres : abusant de sa force, il nous brisa et nous rendit bossues, *comme tu vois.* »

« Après que ses filles eurent achevé ce discours, le dominateur des hommes, Kouçanâbha fit cette réponse, noble Râma, aux cent princesses : « Mes filles, je vois avec une grande satisfaction que ces violences du Vent, vous les avez souffertes *avec une sainte résignation*, et que vous avez en même temps sauvegardé l'honneur de ma race. En effet, la patience, mes filles, est le principal ornement des femmes ; et nous devons supporter, c'est mon sentiment, tout ce qui vient des Dieux. Votre soumission à de tels outrages commis par le Vent, je vous l'impute à bonne action ; aussi je m'en réjouis, mes chastes filles, comme je pense que ce jour vient d'amener pour vous le temps du mariage. Allez donc où il vous plaît d'aller, mes enfants : moi, je vais occuper ma pensée de votre bonheur *à venir.* »

« Ensuite, quand ce roi, le plus vertueux des monarques, eut congédié les tristes jeunes filles, il se mit, en homme versé dans la science du devoir, à délibérer avec ses ministres sur le mariage des cent princesses. *Enfin*, c'est de ce jour que Mahaudaya fut dans la suite des temps appelé Kanyakoubja, *c'est à-dire la ville des jeunes bossues*, en mémoire du fait arrivé dans ces lieux, où jadis le Vent déforma les cent filles du roi et les rendit toutes bossues.

Dans ce temps même, un grand saint, nommé Halî, anachorète d'une sublime énergie, accomplissait un vœu de chasteté vraiment difficile à soutenir. — Une Gandharvî (1), fille d'Orûnâyou, appelée Saumadâ, s'était elle-même enchaînée du même vœu très-saint et veillait avec des soins attentifs autour du brahmatchâri, tandis qu'il se consumait dans sa rude pénitence. Elle souhaitait un fils, Râma; et ce désir lui avait inspiré d'embrasser une obéissance soumise et *pieusement* dévouée à ce grand saint, absorbé dans la contemplation. Après un long temps, l'anachorète satisfait lui dit : « Je suis content : que veux-tu, sainte, dis-moi, que je fasse pour toi? » Aussitôt que la Gandharvî eut reçu de l'anachorète ces paroles de satisfaction, elle joignit les mains et lui fit connaître en ces mots composés de syllabes douces à quelle chose aspirait son vœu *le plus ardent* : « Ce que

(1) Les Gandharvas sont les musiciens du ciel : ce mot au féminin est *gandharvî*.

je désire de toi, c'est un fils tout éblouissant d'une beauté, qui émane de Brahma, comme toi, que je vois briller à mes yeux de cette lumière, *auréole* éminente, dont Brahma t'a revêtu lui-même. Je te choisis de ma libre volonté pour mon époux, moi qui n'ai pas encore été liée par la chaîne du mariage.

« Veuille donc t'unir à moi, qui te demande, religieux inébranlable en tes vœux, à moi, qui n'en demandai jamais un autre avant toi ! » Sensible à sa prière, le brahme saint lui donna un fils, comme elle se l'était peint dans ses désirs.

« Le fils de Halî eut nom Brahmadatta : ce fut un saint monarque d'une splendeur égale au rayonnement du roi même des Immortels : il habitait alors, Kakoutsthide, une ville appelée Kâmpilyâ. Quand la renommée de son éminente beauté fut parvenue aux oreilles de Kouçanâbha, ce prince équitable conçut la pensée de marier ses filles avec lui, et fit proposer l'hymen au roi Brahmadatta.

« *L'offre acceptée*, Kouçanâbha, dans toute la joie de son âme, donna les cent jeunes filles à Brahmadatta. Ce prince, d'une splendeur à nulle autre semblable, prit donc la main à toutes, l'une après l'autre, suivant les rites du mariage. Mais à peine les eut-il seulement touchées aux mains, que tout à coup disparut aux yeux la triste infirmité des cent princesses bossues.

« Elles redevinrent ce qu'elles étaient naguère, douées entièrement de majesté, de grâces et de beauté. Quand le roi Kouçanâbha vit ses filles délivrées du *ridicule fardeau que leur avait imposé la colère du* Vent, il en fut ravi au plus haut point de l'admiration, il s'en réjouit, il en fut enivré de plaisir.

« Les noces célébrées et son royal hôte parti, Kouçanâbha, qui n'avait pas de postérité mâle, célébra un sacrifice solennel pour obtenir un fils. Tandis que les prêtres vaquaient à cette cérémonie, le fils de Brahma, Kouça lui-même apparut et tint ce langage au roi Kouçanâbha, son fils :

« Il te naîtra bientôt un fils égal à toi, mon fils : il sera nommé Gâdhi, et par lui tu obtiendras une gloire éternelle dans les *trois* mondes. »

« Aussitôt que Kouça eut adressé, noble Râma, ces paroles au roi Kouçanâbha, il disparut soudain, et rentra dans l'air, comme il en était sorti. Après quelque temps écoulé, ce fils du sage Kouçanâbha vint au monde : il fut appelé Gâdhi ; il acquit une haute renommée, il signala sa force égale à celle de la vérité. Ce Gâdhi, qui semblait la justice en personne, fut mon père ; il naquit dans la famille de Kouça ; et moi, vaillant Raghouide, je suis né de Gâdhi.

« Gâdhi eut encore une fille, ma sœur cadette, Satyavati, bien digne de ce nom (1), femme chaste, qu'il donna en mariage à Ritchika. Quand cette branche éminemment noble du tronc antique de Kouça eut mérité, par son amour conjugal, d'entrer avec son époux au séjour des Immortels, son corps fut changé ici en un grand fleuve.

« *Oui !* ma sœur est devenue ce beau fleuve aux ondes pures, qui descend du Swarga *ou du Paradis* sur le *mont* Himalaya pour la purification des mondes.

« Depuis lors, content, heureux, fidèle à mon vœu, j'habite, Râma, sur les flancs de l'Himalaya, par amour

(1) *Satyavat*, au féminin, *satyavati*, veut dire *qui possède la vérité*.

de ma sœur. Satyavatî, la noble fille de Kouça, est donc aujourd'hui le premier des fleuves, parce qu'elle a été pure, dévouée aux *saints* devoirs de la vérité et chastement unie à son époux. C'est de là que, voulant accomplir un vœu, je suis venu à l'Ermitage-Parfait, où grâce à ton héroïsme, *vaillant* fils de Raghou, mon sacrifice a été parfait.

« Mais, tandis que je raconte, la nuit est arrivée à la moitié de son cours ; va donc cultiver le sommeil : que la félicité descende sur toi, et puisse notre voyage ne connaître aucun obstacle !

« Les arbres sont immobiles ; les quadrupèdes et les volatiles reposent : les ténèbres de la nuit enveloppent toutes les régions du ciel. Il semble qu'on ait fardé tout le firmament avec une poussière fine de sandal ; les étoiles d'or, les planètes et les constellations du zodiaque le tiennent, pour ainsi dire, embrassé. L'astre, que le monde aime à cause de ses rayons frais, l'astre des nuits se lève, comme pour verser dans ses clartés radieuses la joie sur la terre, haletante, *il n'y a qu'un instant*, sous la chaleur enflammée du jour. C'est l'heure où l'on voit circuler hardiment tous les êtres, qui rôdent au sein des nuits, les troupes des Yakshas, des Rakshasas et des autres Démons, qui se repaissent de chair. »

Après ces mots, le grand anachorète cessa de parler, et tous les solitaires, s'écriant à l'envi : « Bien !... *c'est* bien ! » saluent d'un applaudissement unanime le fils de Kouça.

Ces grands saints dormirent le reste de la nuit au bord de la Çona, et, quand l'aube eut commencé d'éclairer les ténèbres, Viçvâmitra adressant la parole au jeune Râma : « Lève-toi, dit-il, fils de Kâauçalyâ, car la nuit s'est déjà bien éclaircie. Rends d'abord ton hommage à l'aube de ce jour et remets-toi ensuite d'un pas allègre en voyage. »

Après qu'ils eurent longtemps marché dans cette route, le jour vint complétement, et la reine des fleuves, la Gangâ se montra aux yeux des éminents rishis. A l'aspect de ses limpides eaux, peuplées de grues et de cygnes, tous les anachorètes et le guerrier issu de Raghou avec eux de sentir une vive allégresse.

Ensuite, ayant fait camper leurs familles sur les bords du fleuve, ils se baignent dans ses ondes, comme il est à propos; ils rassasient d'offrandes les Dieux et les mânes des ancêtres, ils versent dans le feu des libations de beurre clarifié, ils mangent comme de l'ambroisie ce qui reste des oblations, et goûtent, d'une âme joyeuse, le plaisir d'habiter la rive pure du fleuve saint.

Ils entourent de tous les côtés Viçvâmitra le magnanime, et Râma lui dit alors : « Je désire que tu me parles, saint homme, sur la reine des bruyantes rivières; *dis-moi* comment est venue *ici-bas* cette Gangâ, le plus noble des fleuves, et la purification des trois mondes. »

Engagé par ce discours, le sublime anachorète, remontant à l'origine des choses, se mit à lui raconter la naissance du fleuve et sa marche : « L'Himâlaya est le roi des montagnes; il est doué, Râma, de pierreries en mines inépuisables. Il naquit de son mariage deux filles, auxquelles rien n'était supérieur en beauté sur la terre. Elles avaient pour mère la fille du Mérou, Ménâ à la taille gracieuse, déesse charmante, épouse de l'Himâlaya. La

Gangâ, de qui tu vois les ondes, *noble* enfant de Raghou, est la fille aînée de l'Himâlaya; la seconde fille du mont sacré fut appelée Oumâ.

« Ensuite les Immortels, ambitieux d'une si brillante union, sollicitèrent la main de la belle Gangâ, et le Mont-des-neiges, suivant les règles de l'équité, voulut bien leur donner à tous en mariage cette déesse, l'aînée de ses filles, la *riche* Gangâ, ce grand fleuve, qui marche à son gré dans ses voies pour la purification des trois mondes.

« Puis, les Dieux, dont cet hymen avait comblé tous les vœux, s'en vont de chez l'Himâlaya, comme ils y étaient venus, ayant reçu de lui cette *noble* Gangâ, qui parcourt les trois mondes dans sa *longue* carrière.

« Celle qui fut la seconde fille du roi des monts, Oumâ s'est amassé un trésor de mortifications : elle a, fils de Raghou, embrassé une austère pénitence pour accomplir un vœu difficile. Çiva même a demandé sa main, et le mont sacré a marié avec le Dieu cette nymphe, à qui le monde rend un culte et que ses rudes macérations ont élevée jusqu'à la cime de la perfection. »

Quand cet anachorète, commodément assis, eut mis fin à son discours, Râma, joignant les mains, adressa au magnanime Viçvâmitra cette nouvelle demande : « Il n'y a pas moins de mérite à écouter qu'à dire, saint brahme, l'histoire que tu viens de conter : aussi désiré-je l'entendre avec une *plus* grande extension. Pour quelle raison la nymphe Gangâ roule-t-elle ainsi dans trois lits, et vient-elle se répandre au milieu des hommes, elle qui est le fleuve des Dieux ? Quels devoirs a-t-elle, cette nymphe si versée dans la science des vertus, à remplir dans les trois mondes ? »

Alors Viçvâmitra, l'homme aux grandes mortifications, répondant aux paroles du Kakoutsthide, se mit à lui conter cette histoire avec étendue :

« Jadis un roi, nommé Sagara, juste comme la justice elle-même, était le fortuné monarque d'Ayaudhyâ : il n'avait pas et désirait avoir des enfants. *De ses deux* épouses, la première était la fille du roi des Vidarbhas, *princesse aux beaux cheveux*, justement appelée Kéçinî et qui, très-vertueuse, n'avait jamais souillé sa bouche d'un mensonge. La seconde épouse de Sagara était la fille d'Aristhtanémi, femme d'une vertu supérieure et d'une beauté sans pareille sur la terre.

« Excité par le désir *impatient* d'obtenir un fils, ce roi, habile archer, s'astreignit à la pénitence avec ses deux femmes sur la montagne, où jaillit la source du fleuve, qui tire son nom de Bhrigou. Enfin, quand il eut ainsi parcouru mille années, le plus éminent des hommes véridiques, l'anachorète Bhrigou, qu'il s'était concilié par la vigueur de ses mortifications, accorda, noble Kakoutsthide, cette grâce au monarque pénitent :

« Tu obtiendras, *saint* roi, de bien nombreux enfants, et l'on verra naître de toi une postérité, à la gloire de laquelle rien dans le monde ne sera comparable. L'une de tes femmes accouchera d'un fils pour l'accroissement *infini* de ta race ; l'autre épouse donnera le jour à soixante mille enfants. »

« Quand il eut ainsi parlé, ces deux femmes de Sagara, joignant les mains, dirent au solitaire, qui s'était amassé un trésor de pénitence, de justice et de vérité : « Qui de nous sera mère d'un seul fils, saint brahme, et qui sera mère de si nombreux enfants ? voilà ce que nous désirons apprendre : que cette faveur accordée soit pour nous une vérité complète ! »

« A ces mots, l'excellent anachorète de répondre aux deux femmes cette parole bienveillante : « J'abandonne cela à votre choix. Demandez-moi ce que vous souhaitez : chacune de vous obtiendra l'objet de son désir : celle-ci un seul fils avec une *longue* descendance, celle-là beaucoup de fils, qui ne laisseront aucune postérité. »

« D'après ces paroles du solitaire, la belle Kéçinî *demanda et* reçut le fils unique, Râma, qui devait propager sa race. La sœur de Garouda, Soumatî, *la seconde épouse*, obtint le don qu'elle avait préféré, *vaillant* fils de Raghou, les illustres enfants au nombre de soixante mille. Ensuite, le roi salua Bhrigou, le plus vertueux des hommes vertueux, en décrivant un pradakshina autour du saint anachorète, et s'en retourna dans sa ville, accompagné de ses deux femmes.

« Quand il se fut écoulé un *assez* long temps, la première des épouses mit au monde un fils de Sagara : il fut nommé Asamandjas. Mais l'enfant, à qui Soumatî donna le jour, noble Raghouide, était une *verte* calebasse : elle se brisa, et l'on en vit sortir les soixante mille fils.

« Les nourrices firent pousser la petite famille en des urnes pleines de beurre clarifié, et tous, après un laps suffisant d'années, ils atteignirent *dans cette couche* au temps de l'adolescence. Les soixante mille fils du roi Sagara furent tous égaux en âge, semblables en vigueur et pareils en courage.

« L'aîné de ces frères, Asamandjas fut banni par son père de la ville, où ce héros exterminateur des ennemis s'appliquait à nuire aux citadins. Mais Asamandjas eut un fils, nommé Ançoumat, prince estimé par tout le monde et qui avait pour tout le monde une parole gracieuse.

« Ensuite et longtemps après, *noble* fils de Raghou, cette pensée naquit en l'esprit de Sagara : « Il faut, se dit-il, que je célèbre le sacrifice d'un açwa-médha. »

« Dans cette contrée où le mont Vindhya et le fortuné beau-père de Çiva, l'Himâlaya, ce roi des montagnes, se contemplent mutuellement et semblent se défier; dans cette contrée, dis-je, Sagara le magnanime célébra son pieux sacrifice; car c'est un pays grand, saint, renommé, habité par un noble peuple.

« Là, d'après son ordre, vint avec lui son petit-fils, le héros Ançoumat, habile à manier un arc pesant, habile à conduire un vaste char.

« Tandis que l'*attention du* roi était *absorbée* dans la célébration du sacrifice, voici que tout à coup un serpent sous la forme d'Ananta se leva du fond de la terre, et déroba le cheval destiné au couteau du sacrificateur. Alors, fils de Raghou, voyant cette victime enlevée, tous les prêtres officiants viennent trouver le royal maître du sacrifice, et lui adressent les paroles suivantes :

« Qui que ce soit qui, sous la forme d'un serpent, a dérobé le coursier destiné au sacrifice, roi, il faut que tu donnes la mort à ce ravisseur et que tu *nous* ramènes le cheval; car son absence est dans la cérémonie une grande faute pour la ruine de nous tous. Accomplis donc ce devoir, afin que ton sacrifice n'ait aucun défaut. »

« Quand le prince eut écouté dans cette grande assemblée ces pressantes paroles de ses directeurs spirituels, il fit appeler devant lui ses soixante mille fils, et leur tint ce langage : « Je vois que ni les Rakshasas, ni les Nâgas eux-mêmes n'ont pu se glisser dans cette auguste cérémonie ; car ce sont les grands rishis qui veillent sur mon sacrifice. Qui que ce soit des êtres divins qui, sous la forme d'un serpent, s'est emparé du cheval, vous, mes fils, voyant avec une *juste* colère ce défaut jeté dans les cérémonies introductives de mon sacrifice, allez, soit qu'il se cache dans les enfers, soit qu'il se tienne au fond des eaux, allez, *dis-je*, le tuer, ramenez-moi le cheval, et puisse le bonheur vous accompagner !

« Fouillant jusque dans les *humides* guirlandes de la mer et creusant le globe entier avec de longs efforts, cherchez tant que vous ne verrez point le cheval s'offrir enfin à vos yeux. Que chacun de vous brise un yaudjana de la terre; allez tous en *vous* suivant *ainsi les uns les autres*, selon cet ordre, que je vous impose, de chercher *avec soin* le ravisseur de notre cheval.

« Quant à moi, lié par les cérémonies préliminaires de mon sacrifice, je me tiendrai ici, accompagné de mon petit-fils et des prêtres officiants, jusqu'au temps où le bonheur veuille que vous ayez bientôt découvert le coursier. »

« Dès que Sagara eut ainsi parlé, ses fils, Râma, exécutèrent, d'une âme joyeuse, l'ordre paternel et se mirent aussitôt à déchirer la terre. Ces hommes héroïques fendent le sein du globe, chacun l'espace d'un yaudjana, avec une vigueur et des bras égaux à la force du tonnerre. — Ainsi brisée à coups de bêches, de massues, de lances, de hoyaux et de pics, la terre pousse comme des cris de douleur. — Il en sortait un bruit immense de Nâgas, de serpents aux grandes forces, de Rakshasas et d'Asouras ou tués ou blessés.

« En effet, d'une vigueur augmentée par la colère, tous ces hommes eurent bientôt déchiré soixante mille yaudjanas *carrés* du globe jusqu'aux voûtes des régions infernales.

« Ainsi, creusant de tous côtés la terre, ces fils du roi avaient parcouru le Djamboudwîpa, *c'est-à-dire l'Inde*, hérissé de montagnes.

« Ensuite, les Dieux avec les Gandharvas, avec le peuple même des grands serpents, courent, l'âme troublée, vers l'aïeul suprême des créatures, et, s'étant prosternés devant lui, tous les Souras, agités d'une profonde épouvante, adressent au magnanime Brahma les paroles suivantes : « Heureuse Divinité, toute la terre est creusée en tous lieux par les fils de Sagara, et ces vastes fouilles causent une destruction immense des créatures *vivantes*. « Voici, disent-ils, ce *Démon*, perturbateur de nos sacrifices, le ravisseur du cheval ! » et, parlant ainsi, les fils de Sagara détruisent *l'une après l'autre* toutes les créatures. Informé de ces *troubles*, Dieu, à la force puissante, daigne concevoir un moyen dans ta pensée, afin que ces héros, qui cherchent le cheval *dévoué au sacrifice*, n'ôtent plus à tous les animaux une vie qu'ils ont reçue de toi. »

« A ces mots, le suprême aïeul des créatures répondit en ces termes à tous les Dieux tremblants d'épouvante : « Le ravisseur du cheval est ce Vasoudéva-Kapila, qui soutient seul tout l'univers et de qui l'origine échappe à toute connaissance. *S'il a dérobé la victime, c'est parce qu'il en avait jadis vu dans l'avenir ces conséquences :* le déchirement de la terre et la perte des Sagarides à la force immense : voilà quel est mon sentiment. »

« Après qu'ils eurent entendu parler ainsi l'antique

père des créatures, les Dieux, les Rishis, les mânes des ancêtres et les Gandharvas s'en retournèrent, comme ils étaient venus, dans leurs palais du triple ciel.

« Ensuite, bruyante comme le tonnerre de la foudre, s'éleva la voix des vigoureux fils de Sagara, occupés à fouir la terre. Ayant fouillé entièrement ce globe et décrit un pradakshina autour de lui, tous les Sagarides s'en vinrent à leur père et lui dirent ces paroles :

« Nous avons parcouru toute la terre et fait un vaste carnage d'animaux aquatiques, de grands serpents, de Daityas, de Dânavas, de Rakshasas ; et cependant nulle part, ô roi, le perturbateur de ton sacrifice ne s'est offert à nos yeux. Que veux-tu, père chéri, que nous fassions encore? réfléchis là-dessus, et donne-nous tes ordres. »

« Alors Sagara se mit à songer, et fit cette réponse à ce discours de tous ses fils : « Cherchez de nouveau mon cheval, creusez même ces régions infernales ; et, quand vous aurez saisi le ravisseur de mon coursier, revenez enfin, couronnés du succès. »

« A ces mots de leur auguste père, les soixante mille fils de Sagara courent de tous les côtés aux régions infernales.

« Mais, tandis qu'ils travaillent de toutes parts à creuser la terre, voici qu'ils aperçoivent *devant eux* l'auguste Nârâyana et le cheval, qui se promène *en liberté* auprès de ce Dieu, nommé aussi Kâpila. A peine ont-ils cru voir en Vishnou le ravisseur du cheval, que, tout furieux, ils courent sur lui avec des yeux enflammés de colère, et lui crient : « Arrête! arrête là ! »

« Alors ce magnanime, infini dans sa grandeur, envoie sur eux un souffle de sa bouche, qui rassemble tous les fils de Sagara et fait d'eux un monceau de cendres. »

« Étant venu à penser, noble rameau de l'antique Raghou, que ses fils étaient déjà partis depuis longtemps, Sagara tint ce langage à son petit-fils, qu'enflammait un héroïsme naturel : « Va-t'en à la recherche de tes oncles et du *méchant* qui a dérobé mon coursier ; mais songe que dans les cavités de la terre habite un grand nombre d'êtres. Ne marche donc pas sans être muni de ton arc et préparé contre leurs attaques. Quand tu auras, bien-aimé fils, trouvé tes oncles et tué l'être qui met des entraves à mon vœu, reviens alors, couronné du succès, et conduis-moi à l'accomplissement de mon sacrifice : tu es un héros, tu possèdes maintenant la science, et ta bravoure est égale à celle de tes aïeux. »

« A ces paroles du magnanime Sagara, Ançoumat prit son arc avec son épée, Râma, et se mit en route d'un pas accéléré. Sans délai, suivant le même chemin qu'ils avaient déjà parcouru, l'adolescent marcha d'une grande vitesse à la recherche de ses oncles.

« Il contempla ce *vaste* carnage d'Yakshas et de Rakshasas, que les *nobles fossoyeurs* avaient exécuté, et vit enfin debout devant lui *ce pilier vivant* de la plage orientale, l'éléphant Viroûpâksha. — Ançoumat lui rendit l'honneur d'un pradakshina, lui demanda comment il se portait, et s'informa ensuite de ses oncles, puis de l'*être inconnu*, qui avait dérobé le cheval. A ces questions d'Ançoumat, l'éléphant, soutien de ce quartier, répondit au jeune homme, debout près de lui : « Ton voyage sera heureux. » — Ces paroles entendues, le *neveu de soixante mille oncles reprit son chemin et* continua à s'enquérir successivement avec le respect convenable auprès des trois autres éléphants de l'espace. Cette réponse même fut rendue au jeune et bouillant héros Ançoumat : « Tu retourneras chez toi, honoré et maître du cheval. »

« Quand il eut recueilli ces bonnes paroles des éléphants, il s'avança d'un pied léger vers l'endroit où les Sagarides, ses oncles, n'étaient plus qu'un monceau de cendres. Et, devant le funèbre spectacle de ce tumulaire amas, le fils d'Asamandjas, accablé sous le poids de sa douleur, se répandit en cris plaintifs.

« Il vit aussi errer non loin de là ce coursier qu'un serpent avait enlevé, un jour de pleine lune, dans le bois de la Vélâ.

« Ce héros à la splendeur éclatante désirait célébrer, en l'honneur de ces fils du roi, la cérémonie d'en arroser les cendres avec les ondes lustrales : il avait donc besoin d'eau, mais nulle part il ne voyait une source. Tandis qu'il promène autour de lui ses regards, voici qu'il aperçoit en ce lieu, *vaillant* Râma, l'oncle maternel de ses oncles, Garouda, le monarque des oiseaux. Et ce rejeton de Vinatâ aux forces puissantes lui tint ce langage : « Ne t'afflige pas, ô le plus éminent des hommes ; cette mort sera glorifiée dans les mondes. C'est Kapila même, l'infini, qui a consumé ces guerriers invincibles : voici, héros, la seule manière dont tu puisses verser de l'eau sur eux. La fille aînée de l'Himâlaya, la purificatrice des mondes, la Gangâ, cette reine des fleuves, doit laver de ses ondes tes *infortunés* parents, dont Kapila fit un monceau de cendres. Aussitôt que le Gangâ, chérie des mondes, aura baigné cet amas de leurs cendres, tes oncles, mon bien-aimé, s'en iront au ciel !

« Amène, s'il t'est possible, du séjour des Immortels, la Gangâ sur la face de la terre ; procure ici-bas, et puisse le bonheur sourire à ton noble dessein ! procure ici-bas la descente du fleuve sacré. Prends ce coursier et retourne chez les tiens, comme tu es venu : il est digne de toi, vaillant héros, de mener à bonne fin le sacrifice de ton aïeul. »

« Docile aux paroles de Garoûda, le vigoureux autant qu'illustre Ançoumat s'empara du cheval et revint d'un pied hâté au lieu où cette victime devait être immolée.

« Arrivé devant le roi au moment où celui-ci venait enfin d'achever les cérémonies initiales de son açwamédha, il répéta à son aïeul, noble fils de Raghou, les paroles de *l'oiseau* Garouda ; et le monarque, ému au récit affreux d'Ançoumat, termina le sacrifice avec une âme pleine de tristesse. — Quand il eut achevé complétement sa grande cérémonie, ce maître sage d'un vaste empire s'en retourna dans sa capitale, mais il n'arriva point à trouver un moyen pour amener la Gangâ sur la terre; et, ce dessein échoué, il paya son tribut à la mort, après qu'il eut gouverné le monde l'espace de trente mille années. »

« Dès que le noble Sagara fut monté au ciel, digne rejeton de Raghou, ô Râma, le vertueux Ançoumat fut élu comme roi par la volonté des sujets. Ce nouveau souverain fut un monarque bien grand, et de lui naquit un fils, nommé Dilîpa. Ançoumat, prince d'une haute renommée, remit l'empire aux mains de ce Dilîpa, et se retira sur une cime de l'Himâlaya, où il embrassa la carrière de la pénitence. Ce meilleur des rois, Ançoumat, que la vertu ceignit d'un éclat immortel, voulait obtenir *à force de macérations*, que la Gangâ descendît purifiante ici-bas; mais, n'ayant pu voir son désir accompli, malgré trente-deux mille années de la plus rigoureuse pénitence, le magnanime saint à la splendeur infinie passa de la terre au ciel.

« Dilîpa même, éblouissant de mérites, célébra de nombreux sacrifices et régna vingt mille ans sur la terre; mais, conduit par la maladie sous la main de la mort, il n'arriva point, ô le plus éminent des hommes, à dénouer le nœud pour la descente du Gange ici-bas. S'en allant donc au monde du *radieux* Indra, qu'il avait gagné par ses œuvres saintes, cet excellent roi abandonna sa couronne à son fils Bhagîratha, qui fut, rameau bien-aimé de Raghou, un monarque plein de vertu ; mais il n'avait pas d'enfant, et le désir d'un fils semblable à son père était sans cesse avec lui.

« Ascète énergique, il se macéra sur le mont Gaukarna dans une rigide pénitence : se tenant les bras toujours levés en l'air, se dévouant l'été aux ardeurs suffocantes de cinq feux, couchant l'hiver dans l'eau, sans abri dans la saison humide contre les nuées pluvieuses, n'ayant que des feuilles arrachées pour seule nourriture; il tenait en bride son âme, il serrait le frein à sa concupiscence.

« A la fin de mille années, charmé de ses cruelles mortifications, l'auguste et fortuné maître des créatures, Brahma vint à son ermitage ; et là, monté sur le plus beau des chars, environné même par les différentes classes des Immortels, adressant la parole au solitaire dans l'exercice de sa pénitence : « Bienheureux Bhagîratha, lui dit-il, je suis content de toi ; reçois *donc maintenant* de moi la grâce que tu souhaites, saint monarque de la terre. »

« Ensuite, à cet aspect de Brahma, venu chez lui en personne, l'éblouissant anachorète, creusant les deux paumes de ses mains jointes, répondit en ces termes :

« Si Bhagavat est content de moi, s'il est quelque valeur à ma pénitence, que les fils de Sagara obtiennent par moi en récompense la cérémonie des eaux lustrales; que, cette cendre vaine de leurs corps une fois lavée par la Gangâ, tous nos aïeux purifiés entrent sans tache dans le séjour du ciel; que cette race illustre ne vienne jamais à s'éteindre en aucune manière dans la famille d'Ikshwâkou! Je n'ai rien à demander qui me soit plus cher. »

« A ces paroles du royal solitaire, l'aïeul originel de tous les êtres lui répondit en ce gracieux langage orné de syllabes douces : « Bienheureux Bhagîratha, distingué *jadis* par ton adresse à conduire un char, *maintenant* par la richesse de tes mortifications, que la famille d'Ikshwâkou impérissable, comme tu veux, ne soit jamais retranchée *des vivants*.

« Tombée des cieux, la Gangâ, qui est le plus grand des fleuves, briserait entièrement la terre dans sa chute par la masse énorme de ses flots. Il faut donc, ô roi, supplier d'abord le dieu Çiva de porter lui-même cette cataracte; car il est certain que la terre ne pourra jamais soutenir le saut du Gange. Je ne vois pas dans le monde une autre puissance que Çiva capable de supporter l'impétuosité écrasante du fleuve tombant : implore donc cette *grande divinité.* »

« Il dit, et, quand il eut *de nouveau* engagé ce roi à conduire le Gange sur la terre, l'aïeul primordial des créatures, Bhagavat s'en alla dans le triple ciel. »

« Après le départ de cet aïeul originel de tous les êtres, le royal anachorète jeûna encore une année, se tenant sur un pied, le bout seul d'un orteil appuyé sur le sol de la terre, ses bras levés en l'air, sans aucun appui, n'ayant pour aliment que les souffles du vent, sans abri, immobile comme un tronc d'arbre, debout, privé de sommeil et le jour et la nuit. Ensuite, quand l'année eut accompli sa révolution, le Dieu que tous les Dieux adorent et qui donne la nourriture à tous les animaux, l'époux d'Oumâ parla ainsi à Bhagîratha :

« Je suis content de toi, ô le plus vertueux des hommes; je ferai la grande chose que tu désires : je soutiendrai, tombant des cieux, le fleuve au triple chemin. »

« A ces mots, étant monté sur la cime de l'Himâlaya, Mahéçwara, adressant la parole au fleuve qui roule dans les airs, dit à la Gangâ : « Descends! »

« Il ouvrit de tous les côtés la vaste gerbe de son djâta, formant un bassin large de plusieurs yaudjanas et semblable à la caverne d'une montagne. Alors, tombée des cieux, la Gangâ, ce fleuve divin, précipita ses flots avec une grande impétuosité sur la tête de Çiva, infini dans sa splendeur.

« Là, troublée, immense, rapide, la Gangâ erra sur la tête du grand Dieu le temps qu'il faut à l'année pour décrire sa révolution. Ensuite, pour obtenir la délivrance du Gange, Bhagîratha de nouveau travailla à mériter la faveur de Mahadéva, l'*immortel* époux d'Oumâ. Alors, cédant à sa prière, Çiva mit en liberté les eaux de la Gangâ; il baissa une seule natte de ses cheveux, ouvrant ainsi de lui-même un canal, par où s'échappa le fleuve aux trois lits, ce fleuve pur et fortuné des grands Dieux, le purificateur du monde, le Gange, *enfin*, vaillant Râma.

« A ce spectacle assistaient les Dieux, les Rishis, les Gandharvas et les différents groupes des Siddhas, tous montés, les uns sur des chars de formes diverses, les autres sur les plus beaux des chevaux, sur les plus magnifiques éléphants, et les Déesses venues aussi là en nageant, et l'aïeul originel des créatures, Brahma lui-même, qui *s'amusait à* suivre le cours du fleuve. Toutes ces classes des Immortels à la vigueur infinie s'étaient réunies là, curieuses de voir la plus grande des merveilles, la chute prodigieuse de la Gangâ dans le monde inférieur.

« Or, *la splendeur naturelle à* ces troupes des Immortels rassemblés et les magnifiques ornements dont ils étaient parés illuminaient tout le firmament d'une clarté flamboyante, égale aux lumières de cent soleils; et cependant le ciel était alors enveloppé de sombres nuages.

« Le fleuve s'avançait, tantôt plus rapide, tantôt modéré et sinueux; tantôt, il se développait en largeur, tantôt ses eaux profondes marchaient avec lenteur, et tantôt il heurtait ses flots contre ses flots, où les dauphins nageaient parmi les espèces *variées* des reptiles et des poissons.

« Le ciel était enveloppé comme d'éclairs jaillissants çà et là : l'atmosphère, toute pleine d'écumes blanches par milliers, brillait, comme brille dans l'automne un lac argenté par une multitude de cygnes. L'eau, tombée de la tête de Mahadéva, se précipitait sur le sol de la terre, où elle montait et descendait plusieurs fois en tourbillons, avant de suivre un cours régulier sur le sein de Prithivî.

« Alors on vit les Grahas, les Ganas et les Gandharvas, qui habitaient sur le sein de la terre, nettoyer avec les Nâgas la route du fleuve à la force impétueuse. Là, ils rendirent tous les honneurs aux limpides ondes, qui s'étaient rassemblées sur le corps de Çiva, et, l'ayant répandue sur eux, ils devinrent à l'instant même lavés de toute souillure. Ceux qu'une malédiction avait précipités du ciel sur la face de la terre, ayant reconquis par *la vertu de* cette eau leur ancienne pureté, remontèrent dans les *palais* éthérés. *Tout au long de ses rives*, les Rishis divins, les Siddhas et les plus grands saints murmuraient la prière à voix basse. Les Dieux et les Gandharvas chantaient, les chœurs des Apsaras dansaient, les troupes des anachorètes se livraient à la joie, l'univers entier nageait dans l'allégresse.

« Cette descente de la Gangâ comblait enfin de plaisir tous les trois mondes. Le royal saint à la splendeur éclatante, Bhagîratha, monté sur un char divin, marchait à la tête. Ensuite, avec la masse de ses grandes vagues, noble fils de Raghou, la Gangâ venait par derrière, comme en dansant. Dispersant çà et là ses eaux d'un pied allègre, parée d'une guirlande et d'une aigrette d'écume, pirouettant dans les tourbillons de ses grandes ondes, déployant une légèreté admirable, elle suivait la route de Bhagîratha et s'avançait comme en s'amusant d'un folâtre badinage. Tous les Dieux et les troupes des Rishis, les Daityas, les Dânavas, les Rakshasas, les plus éminents des Gandharvas et des Yakshas, les Kinnaras, les grands serpents et tous les chœurs des Apsaras suivaient, noble Râma, le char *triomphal* de Bhagiratha.

« *De même*, tous les animaux, qui vivent dans les eaux, accompagnaient joyeux le cours du fleuve célèbre, adoré en tous les mondes. Là où allait Bhagîratha, le Gange y venait aussi, ô le plus éminent des hommes. Le roi se rendit au bord de la mer, aussitôt, baignant sa trace, la Gangâ se mit à diriger là sa course. De la mer, il pénétra avec elle dans les entrailles de la terre, à l'endroit fouillé par les fils de Sigara ; et, quand il eut introduit le Gange au fond du Tartare, il consola enfin tous les mânes de ses grands-oncles et fit couler sur leurs cendres les eaux du fleuve sacré. Alors, s'étant revêtus de corps divins, tous de monter au ciel dans une ivresse de joie. Quand il eut vu ce magnanime laver ainsi tous ses oncles, Brahma, entouré des Immortels, adressa au roi Bhagîratha ces paroles :

« Tigre *saint* des hommes, tu as délivré tes antiques aïeux, les soixante mille fils du magnanime Sagara. *En mémoire de lui*, ce réceptacle éternel des eaux, la grande mer, appelée désormais Sâgara dans le monde, portera, n'en doute point, ce nom d'âge en âge à la gloire.

« Aussi longtemps que l'on verra subsister dans ce monde-ci l'immortel Sâgara, *c'est-à-dire la mer*, aussi longtemps doit habiter dans le Paradis le roi Sagara, accompagné de ses fils. Cette Gangâ, saint monarque, deviendra même ta fille.

« Elle sera donc appelée Bhaghîrathî, nom sous lequel on connaîtra cette nymphe dans les trois mondes, *comme* elle devra à sa venue sur la terre le nom de Gangâ (1).

« Aussi longtemps que ce grand fleuve du Gange existera sur la terre, aussi longtemps ta gloire impérissable marchera disséminée dans les mondes! Célèbre donc ici la cérémonie de l'eau en l'honneur de tes ancêtres; accomplis ce vœu en mémoire de tous, ô toi qui règnes sur les enfants de Manou! Ton illustre bisaïeul, ce vertueux *Sagara*, le plus juste des hommes justes, ne put satisfaire en cela son désir.

(1) Allusion à l'étymologie du mot *Gangâ*, où l'on trouve, dans ses composants, *gâ*, *iens*, et *gam* pour *gâm*, le *gên*, attiquement *gan*, des Grecs, *terram*; c'est-à-dire, *celle qui va*, ou la rivière, *qui vient* du ciel *sur la terre*.

« De même, Ançoumat, d'une splendeur incomparable dans le monde, ne put, cher ami, effectuer son vœu de faire descendre le Gange, qu'il invitait à couler sur la terre.

« Dilîpa même, ton illustre père, si ferme en tous ses devoirs de kshatrya, était d'une énergie sans mesure ; il désirait voir le Gange ici-bas, mais il échoua dans sa pieuse tentative : et cependant ses mortifications n'avaient point eu d'égales parmi celles des antiques rois, qui avaient embrassé la vie d'anachorète et que la vertu illuminait d'une splendeur semblable à la sainte auréole des Maharshis.

« Par toi seul, *noble* taureau des hommes, cette grâce a donc été obtenue ; tu as acquis par là une renommée incomparable dans le monde et même estimée *dans le ciel* par tous les treize *plus grands* Dieux. Cette descente du Gange, dont tu as gratifié la terre, vaillant dompteur des ennemis, élève bien haut pour toi un trône de vertus, où elle te fait monter, ascète sans péché.

« Purifie-toi d'abord toi-même, ô le plus grand des hommes, dans ces ondes éternellement dignes, et, devenu pur, goûte le fruit de ta pureté, ô le plus vertueux des mortels. Ensuite, célèbre à ton aise en l'honneur de tes ancêtres la cérémonie des eaux lustrales. Adieu, *noble* taureau des hommes ; sois heureux : je retourne au monde du Paradis ! »

« Quand elle eut ainsi parlé au vaillant Bhagîratha, la Divinité sainte de s'en aller, accompagnée des Immortels, au monde de Brahma, où ne pénètrent pas les maladies.

« Maintenant, Râma, je t'ai pleinement exposé l'histoire du Gange : le salut soit donc à toi, et puisse sur toi descendre la félicité! voici arrivée l'heure de la prière du soir. Cette descente du Gange, dont je viens de présenter le récit, procure à tous ceux qui l'entendent raconter les richesses, la renommée, une longue vie, le ciel et même la purification *des péchés*. »

Viçvâmitra se rendit, accompagné du jeûne Raghouide, à la ville du *roi* Viçâla, aussi ravissante et non moins céleste que la cité du Paradis. Là, arrivé dans cette ville, appelée Vêçâli, Râma, tenant ses mains jointes devant soi, Râma à la haute intelligence adressa au saint homme cette demande :

« De quelle royale famille est donc sorti ce magnanime Viçâla? Poussé d'une vive curiosité, je désire l'apprendre, bienheureux anachorète. »

A ces mots du prince, qui possède à fond la science de soi-même, l'homme aux grandes mortifications Viçvamitra se met à raconter ainsi :

« Il y avait dans l'âge Krita, *vaillant* Râma, les fils de Ditî, doués d'une grande force, et les fils d'Aditî, pourvus d'une grande vigueur : tous, ils étaient enivrés de leur puissance et de leur courage; tous, ils étaient frères, nés d'un seul père, le magnanime Kaçyapa; mais deux sœurs, Ditî et Aditî, leur avaient donné le jour : ils étaient rivaux, toujours en lutte, et brûlants de se vaincre mutuellement.

« Ces héros d'une énergie indomptée s'étant donc un jour assemblés, voici en quels termes ils se parlèrent, *digne* rameau de *l'antique* Raghou : « Comment pour-« rons-nous être exempts de la vieillesse et de la mort? »

« Dans leur conseil, une résolution fut ainsi arrêtée : « Tous, réunissant nos efforts, recueillons tous les simples de la terre, semons çà et là ces plantes annuelles dans la mer de lait ; puis, barattons l'océan lacté ; et buvons la *divine* essence, qui doit naître de ce mélange vigoureusement brassé. Par elle, dans le monde, nous serons affranchis de la vieillesse et de la mort, exempts de la maladie, pleins de force, de vigueur et d'énergie, doués tous d'une splendeur et d'une beauté *impérissables.* »

« Quand ils eurent ainsi arrêté cette résolution, ils se firent une baratte avec le *mont appelé* Mandara, une corde avec le serpent Vâsouki, et se mirent à baratter *sans repos* le séjour de Varouna.

« Au sein des ondes remuées, on vit naître de cette liqueur les plus belles des femmes : elles furent nommées Apsaras (1), parce qu'elles étaient sorties des eaux.

« Destinées pour le plaisir du ciel, elles avaient des formes célestes et rehaussaient avec des ornements célestes la grâce de leurs célestes vêtements. Éblouissantes de splendeur, elles étaient riches en tous les dons de la beauté, de la jeunesse et de la douceur. Il y eut alors de ces Apsaras soixante dizaines de millions ; mais leurs suivantes, Râma, étaient en nombre impossible à calculer. Ni les Dieux, ni les Daïtyas ne prirent ces nymphes, vaillant fils de Raghou ; et, pour cette cause, toutes, elles restèrent en commun.

« Ensuite, cherchant un époux, Vârounî sortit des eaux lactées : les enfants de Ditî refusèrent cette fille de

(1) Les bayadères et les courtisanes du ciel : ce nom est formé de AP, *aqua*, et SARAS, dont la racine est SRI, *ire*, avec *as* pour suffixe.

Varouna; mais la nymphe fut acceptée comme épouse avec une grande joie par les enfants d'Aditi. De là fut donné aux Dieux le nom de Souras, parce qu'ils avaient épousé *Vârouni, appelée d'un autre nom* Sourâ; et les Daïtyas, parce qu'ils avaient dédaigné cette fille des ondes, furent nommés Asouras.

« Alors s'élança hors des flots agités le cheval Outchtchéççravas (1) : aussitôt après lui parut Kâaustoubha, la perle des perles; ensuite, on vit surnager au-dessus des eaux brassées la divine ambroisie même; puis, du sein de l'océan lacté, naquit le roi des médecins, Dhanvantari, qui portait dans ses mains une aiguière, toute pleine de nectar.

« Après celui-ci émergea des eaux barattées le poison destructeur des mondes, et qui, lumineux comme le soleil flamboyant, fut avalé par tous les serpents.

« Alors une terrible guerre, exterminatrice de tous les mondes, s'éleva entre ces puissants *rivaux*, les Dieux et les Démons, pour la possession de l'ambroisie. Dans ce grand *et mutuel* carnage, où s'entre-déchiraient ces héros à la vigueur infinie, les fils d'Aditi battirent les enfants de Diti.

« Quand il eut terrassé les Daïtyas et reçu la couronne du ciel, *Indra*, le Briseur de villes, monté au comble de la félicité, s'enivra de plaisir, environné d'hommages par tous les immortels. Victorieux de ses ennemis, inaccessible aux chagrins, il se réjouit avec les Dieux; et tous les mondes alors de partager sa joie, avec les essaims des Rishis et les bardes célestes.

(1) Ce mot veut dire : *Qui porte les oreilles droites:* c'est le nom du cheval d'Indra.

« Ensuite Ditî la Déesse, que la déroute de ses fils, battus par les Dieux, avait conduite au plus haut point de la douleur, tint ce langage à Kaçyapa, son époux, fils de Maritchi : « O bienheureux, je souffre dans mes enfants, qu'Indra et tes autres fils ont taillés en pièces, je désire mériter par de longues mortifications un fils qui soit le destructeur de Çakra. *Oui*, je vais marcher dans les voies de la pénitence : ainsi, daigne confier à mon sein le germe d'un fils; et qu'ici, fécondé par toi, il enfante un jour le vainqueur de Çakra. »

« Ce discours de la Déesse entendu, le Maritchide Kaçyapa, rayonnant de splendeur, fit cette réponse à Ditî, plongée dans sa douleur : « Qu'il en soit ainsi! Daigne sur toi descendre la félicité! Sois pure, femme riche en piété! car, si tu peux rester mille années sans tache, tu mettras au monde ce fils, que tu désires, ce vainqueur d'Indra, *au bout de cette révolution* complète. » Quand il eut dit ces mots, le saint, illuminé de splendeur, lui fit une *seule* caresse avec la main. L'ayant ainsi *chastement* touchée : « Adieu! » lui dit Kaçyapa; et l'anachorète aussitôt de retourner à ses macérations. Après son départ, Diti, ravie de joie, embrassa la plus austère pénitence dans un lieu où la pente conduisait toutes les eaux.

« Tandis qu'elle marchait dans sa carrière de mortifications, Çakra s'astreignit à la plus basse des conditions; il s'attacha de lui-même au service de la pénitente; et, *dérobant sa grandeur sous* les humbles fonctions, qu'il remplissait avec un zélé dévouement, Pourandara s'empressait d'apporter à la sainte femme ce qui était à-propos, du bois, des racines, des fruits, des fleurs, du feu, de l'eau ou de l'herbe Kouça. Il frottait les membres de la *vieille anachorète*, il dissipait sa lassitude. Le roi du ciel enfin servait Diti en tous les bons offices *d'un vigilant domestique*.

« Quand il se fut ainsi écoulé dix siècles, moins dix années, Diti joyeuse adressa, *noble* fils de Raghou, les mots suivants à la Déité aux mille yeux : « Je suis contente de toi, homme à la grande énergie : dix ans nous restent à passer, mon enfant ; mais alors, sois heureux ! il te naîtra de mon sein un *noble* frère : à cause de toi, mon fils, je veux faire de lui un héros ardent à la victoire. Uni à toi par le doux *nœud de la* fraternité, il te donnera certainement un royaume ! »

« Ensuite, quand elle eut ainsi parlé à Çakra, la céleste Diti, à l'heure où le soleil arrive au milieu du jour, fut saisie par le sommeil à côté de ce Dieu *travesti*, et s'endormit, fils de Raghou, sans rien soupçonner, dans une posture indécente. A la vue de cette obscène attitude, qui rendait impure la sainte anachorète, Indra en fut ravi de joie et se mit à rire.

« Aussitôt le meurtrier du *mauvais Génie* Bala se glissa dans le corps mis à nu de cette femme endormie, et fendit en sept avec sa foudre aux cent nœuds le fruit qu'elle avait conçu. Puis il recoupa en sept chaque part du malheureux embryon ; lesquelles sept, noble Râma, lui résistaient chacune de toute sa force et pleuraient d'une voie plaintive.

« Tandis que le Dieu armé du tonnerre déchirait le fœtus avec sa foudre au sein de la mère, l'embryon pleurant, ô Râma, poussait de grands cris, et Ditî en fut réveillée.

« Ne pleure donc pas ! disait le fils de Vasou au fœtus éploré, et la foudre en même temps divisait l'embryon, malgré ses larmes. « Ne le tue pas ! s'écria Ditî ; ne le tue pas! » A ces mots, respectant cette majesté, qui est dans la parole d'une mère, Indra sortit, et, debout, hors du sein, les mains jointes, devant elle : « Déesse, tu es devenue impure, lui répondit le Dieu, parce que tu es couchée dans une posture indécente. Moi, saisissant l'occasion, j'ai tué l'enfant déposé en ton sein pour ma ruine; daigne me pardonner cette action, Déesse auguste! »

« Voyant son fruit divisé en quarante-neuf portions. Ditî pleine de tristesse dit à l'invincible Déité aux mille yeux : « C'est ma faute si mon fruit, mis en pièces, n'est plus qu'un tas de morceaux : la faute, roi des Dieux, n'en peut retomber sur toi, car *naturellement* tu devais souhaiter ici *et chercher* ton avantage personnel. Puisqu'il en est arrivé ainsi, veuille bien, Dieu puissant, veuille faire une chose agréable pour moi. Que les sept fragments septuplés de mon fruit, célèbres sous le nom de Maroutes et devenus tes serviteurs, parcourent le monde, portés sur les sept épaules des sept Vents. *Terrasse*, avec le secours de ces Maroutes, mes fils, *terrasse*, immole tes ennemis.

« Qu'ils aillent, ceux-ci dans le monde de Brahma, ceux-là dans le monde d'Indra : et qu'ils voyagent à tes ordres dans toutes ces plages du ciel! Que les Maroutes, tes *légers* serviteurs, Indra, soient revêtus de corps célestes et qu'ils savourent l'ambroisie pour aliment! Daigne accomplir cette parole de moi! »

« A ces mots de la *sainte anachorète*, fils de Raghou, Çakra, le plus fort des êtres forts, creusant la paume de ses mains jointes, lui répondit en ces termes : « Qu'il en soit ainsi! Tes fils seront appelés Maroutes de ce nom même que tu as inventé pour eux : je ferai, sans qu'il y manque rien, toutes ces choses suivant ton désir; ils seront doués par mon ordre, tes fils, d'une beauté céleste et mangeront avec moi l'ambroisie. Sans crainte, exempts de maladie, ils voyageront dans les trois mondes. Sois tranquille, et puisse descendre la félicité sur toi ! j'accomplirai ta parole : *oui !* tout cela sera fait comme tu l'as dit; n'en doute pas!

« Après qu'ils eurent ainsi, de l'une et l'autre part, conclu cette convention, la mère et le fils s'en retournèrent dans le triple ciel : voilà, *jeune* Râma, ce qui nous fut raconté. Ce lieu-ci, Kakoutsthide, est celui même qui fut habité jadis par le grand Indra. C'est ici même qu'il servait ainsi l'anachorète Ditî, arrivée dans sa pénitence au sommet de la perfection. »

Sur la nouvelle que le saint ermite Viçvâmitra était arrivé dans son royaume, aussitôt Djanaka saisit les huit parties composantes de l'arghya ; puis, donnant le pas sur lui à Çatânanda, son pourohita sans péché, et s'entourant de tous les autres prêtres attachés au service de son pieux oratoire, il vint en toute hâte saluer Viçvâmitra et lui offrir la corbeille sanctifiée par les prières.

Quand il eut reçu un tel honneur du *magnanime* Djanaka, *Viçvâmitra*, le plus vertueux des anachorètes, s'enquit lui-même et sur la santé du roi et à quel point déjà il en était venu du sacrifice; ensuite il demanda tour à tour, suivant les bienséances, à chacun de tous les ermites venus à sa rencontre avec le pourohita, comment il se portait.

Çatânanda ensuite adressa ce discours à Râma : « Sois le bienvenu ici, ô le plus vaillant des Raghouides! c'est ta bonne fortune qui t'amène, mon seigneur, accompagné de Viçvâmitra, à ce pieux sacrifice du magnifique *roi*.

En effet, il est insaisissable à toute pensée, ce roi qui s'est élevé à l'état de rishi, le juste Viçvâmitra, à la grande puissance, à la splendeur infinie, qui te fut donné pour ton gourou suprême.

« Il n'existe pas un être, quel qu'il soit, Râma, plus heureux que toi sur la terre, puisque Viçvâmitra, ce trésor de pénitence, a fait de ton bonheur l'objet de ses *plus chers* désirs. Écoute donc l'histoire de ce magnanime fils de Kouçika, quelle est la force de cet anachorète illustre, quelle est son héroïque énergie, quelle est enfin la puissance de son absorption en Dieu.

Jadis la terre eut un maître nommé Kouça : il était fils de *Brahma,* l'antique aïeul des créatures, et ce fut lui qui donna le jour au puissant et vertueux Kouçanâbha. Celui-ci eut un fils appelé Gâdhi, prince à la haute intelligence, duquel est né le grand anachorète, ce flamboyant Viçvâmitra. — Or, Viçvâmitra gouverna ce globe en roi, qui semblait une incarnation de la justice, et garda l'empire dans ses mains plusieurs myriades d'années.

« Une fois, ayant rassemblé les six corps d'une armée complète, il se mit, environné de cette formidable puissance, à parcourir la terre. Traversant les fleuves et les montagnes, les forêts et les villes, ce roi fameux arriva de marche en marche jusqu'à l'ermitage de Vaçishtha, ombragé de nombreux arbres, soit à fleurs, soit à fruits, tout rempli de nombreuses bandes d'animaux inoffensifs, hanté par les Siddhas et les Tchâranas, toujours plein de magnanimes anachorètes, fidèles à leurs vœux, semblables à Brahma, tous purifiés par l'exercice de la pénitence, tous resplendissants comme le feu, n'ayant tous pour seule nourriture que l'eau, le vent, les feuilles tombées, les racines et les fruits; âmes domptées, qui ont vaincu la colère, qui ont vaincu les organes des sens, qui font un saint usage des ablutions, qui ont pour mortier les dents et pour seul pilon une pierre ; hermitage fortuné, où se plaisent les rishis Bâlikhilyas, voués à la prière et au sacrifice.

« Aussitôt que Viçvâmitra, ce héros à la force puissante, eut aperçu Vaçishtha, le plus distingué parmi ceux qui récitent la prière, il fut porté au comble de la joie et s'inclina devant lui avec respect : — « Sois le bienvenu chez moi ! » lui dit Vaçishtha le magnanime, qui offrit poliment un siége à ce maître de la terre.

« Ensuite, quand le sage Viçvâmitra se fut assis sur un siége éminent d'herbe kouça, le prince des anachorètes lui présenta des racines et des fruits. Après qu'il eut reçu de Vaçishtha ces honneurs, le meilleur des rois, le resplendissant, Viçvâmitra lui demanda s'il voyait tout prospérer dans son feu sacré, ses disciples et ses bouquets d'arbres. Le plus vertueux des anachorètes, le fils de Brahma, l'ascète aux dures macérations, Vaçishtha répondit que la santé régnait partout, et renvoya ces questions au fils de Gâdhi, au plus éminent des vainqueurs, au roi Viçvâmitra, commodément assis.

« Ensuite, ce monarque, d'une splendeur éblouissante, répondit avec un air modeste au pieux Vaçishtha que la félicité régnait chez lui de tous les côtés.

« Alors qu'ils eurent passé dans ces mutuels récits un assez long temps, exerçant l'un sur l'autre une puissance de charme réciproque et tous deux pleins du plus vif plaisir, le bienheureux Vaçishtha, le plus saint des anachorètes, souriant à Viçvâmitra, lui tint ce langage, à la fin de ce vertueux entretien : « Monarque puissant, j'ai envie de servir un banquet hospitalier à ton armée et à toi, de qui la grandeur est sans mesure : accepte ce festin, qui sera digne de toi. Que ta majesté daigne recevoir l'hospitalité offerte ici par moi : tu es le plus noble des hôtes, ô roi, et je dois maintenant déployer tout mon zèle pour te fêter.

« A ces paroles de Vacishta, le roi maître de la terre, Viçvâmitra lui répondit ainsi : « C'est déjà fait ! tu m'as rendu complétement les honneurs de l'hospitalité avec ces racines et ces fruits, qui sont tout ce que tu possèdes, auguste et bienheureux solitaire, avec cette eau pour nettoyer mes pieds, avec cette onde pour laver ma bouche, et surtout avec ton saint visage, dont tu m'offres la vue. J'ai reçu ici de toute manière les honneurs d'une hospitalité digne : je m'en vais ; hommage à toi, resplendissant anachorète ! daigne jeter sur moi un regard ami !

« Mais, quoiqu'il parlât ainsi, Vaçishtha au cœur immense, à l'âme généreuse, n'en pressait pas moins le monarque de ses invitations plusieurs fois répétées.

« Eh bien ! soit ! répondit enfin à Vaçishtha le royal fils de Gâdhi ; qu'il en soit donc comme il te plait, noble taureau des solitaires ! »

« Quand il eut ainsi parlé, le resplendissant Vaçishtha, le plus distingué entre ceux qui récitent la prière à voix basse, appela joyeux la vache immaculée, dont *le pis merveilleux* donne *à qui trait sa mamelle* toute espèce de choses, au gré de ses désirs.

« Viens, Çabalâ, *dit-il*, viens promptement ici : écoute bien ma voix ! J'ai résolu de composer un banquet hospitalier pour ce roi sage et toute son armée avec les nourritures les plus exquises : fournis-moi ce festin. Quelque mets délicieux que chacun souhaite dans les six saveurs, fais pleuvoir ici, pour l'amour de moi, céleste Kâmadhoub, fais pleuvoir toutes ces délices. Hâte-toi, Çabalâ, de servir à ce monarque un banquet hospitalier sans égal avec tout ce qui existe de plus savoureux en mets, en breuvages, en toutes ces *friandises*, que l'on suce ou lèche avec sensualité ! »

« Quand Vaçishtha l'eut ainsi appelée, *vaillant* immolateur de tes ennemis, Çabalâ se mit à donner toutes les choses désirées, au gré de quiconque trayait sa mamelle : des cannes à sucre, des rayons de miel, des grains tout frits, le rhum, que l'on tire des fleurs du lythrum, le plus délicieux esprit de l'*arundo saccharifera*, les plus exquis des breuvages, toutes les sortes possibles d'aliments, des mets, soit à manger, soit à sucer, des monceaux de riz bouilli, pareils à des montagnes, de succulentes pâtisseries, des gâteaux, des fleuves de lait caillé, des conserves par milliers, des vases regorgeants çà et là de liqueurs fines, variées, dans les six agréables saveurs.

« Cette foule d'hommes, et toute l'armée de Viçvamitra, si magnifiquement traitée par Vacishtha, fut pleinement satisfaite et rassasiée à cœur joie. A chaque instant, Çabalâ faisait ruisseler en fleuves tous les souhaits réalisés au gré de chaque désir. L'armée entière de ce grand Viçvâmitra, le roi saint, fut donc alors joyeusement repue dans ce banquet, où, *terrible* immolateur de tes ennemis, elle fut régalée de tout ce qu'elle eut envie de savourer.

« Le monarque, pénétré de la plus vive joie, avec sa cour, avec le chef de ses brahmes, avec ses ministres et ses conseillers, avec ses domestiques et son armée, avec ses chevaux et ses éléphants, adressa ce discours à Vaçishtha : « Brahme, qui donne à chacun ce qu'il veut, j'ai été splendidement traité par toi, si digne assurément de toute vénération. Écoute, homme versé dans l'art de parler, je vais dire un seul mot : Donne-moi Çabala pour cent mille vaches. Certes! c'est une perle, saint brahme, et les rois ont part, *tu le sais*, aux perles trouvées dans leurs États : donne-moi Çabalâ; elle m'appartient à bon droit! »

« A ces paroles de Viçvâmitra, le bienheureux Vacishtha, le plus vertueux des anachorètes et comme la justice elle-même en personne, répondit ainsi au maître de la terre : « O roi, ni pour cent milliers, ni même pour un milliard de vaches, ou pour des monts tout d'argent, je ne donnerai jamais Çabalâ. Elle n'a point mérité que je l'abandonne et que je la repousse loin de ma présence, dompteur *puissant* de tes ennemis : cette *bonne* Çabalâ est toujours à mes côtés, comme la gloire est sans cesse auprès du sage, maître de son âme. Je trouve en elle, et les oblations aux Dieux, et les offrandes aux Mânes, et les aliments nécessaires à ma vie : elle met tout près de moi, et le beurre clarifié, que l'on verse dans le feu sacré, et le grain, que l'on répand sur la terre ou dans l'eau, *en signe de charité à l'égard des créatures*. Les sacrifices en l'honneur des Immortels, les sacrifices en l'honneur des ancêtres, les différentes sciences, toutes ces choses, n'en doute pas, saint monarque, reposent *ici* vraiment sur elle.

« C'est de tout cela, ô roi, que se nourrit sans cesse ma vie. Je t'ai dit la vérité : *oui!* pour une foule de raisons, je ne puis te donner cette vache, qui fait ma joie! »

« Il dit; mais Viçvâmitra, habile à manier la parole, adresse encore au saint anachorète ce discours, dans le ton duquel respire une colère excessive : « *Eh bien!* je te donnerai quatorze mille éléphants, avec des ornements d'or, avec des brides et des colliers d'or, avec des aiguillons d'or également *pour les conduire!* Je te donne encore huit cents chars, dont la blancheur est rehaussée par les dorures : chacun est attelé de quatre chevaux et fait sonner *autour de lui* cent clochettes. Je te donne aussi, pieux anachorète, onze mille coursiers, pleins de vigueur, d'une noble race et d'un pays renommé. Je te donne enfin dix millions de vaches florissantes par l'âge et mouchetées de couleurs différentes; cède-moi donc *à ce prix* Çabalâ! »

« A ces mots de l'habile Viçvâmitra, le bienheureux ascète répondit au monarque, *enflammé de ce désir :* « Pour tout cela même, je ne donnerai pas Çabalâ! En effet, elle est ma perle, elle est ma richesse, elle est tout mon bien, elle est toute ma vie. Elle est pour moi, et le sacrifice de la nouvelle, et le sacrifice de la pleine lune, et tous les sacrifices, quels qu'ils soient, et les dons offerts aux brahmes assistants, et les différentes cérémonies du culte : *oui!* roi, n'en doute pas; toutes mes cérémonies ont dans elle leurs vives racines. A quoi bon discuter si longtemps? Je ne donnerai pas cette vache, dont la mamelle verse à qui la trait une réalisation de tous ses désirs. »

« Quand Vaçishtha eut refusé de lui céder la vache *merveilleuse*, qui change son lait en toutes les choses désirées, le roi Viçvâmitra dès ce moment *résolut de* ravir Çabalâ au saint anachorète.

« Tandis que le monarque altier emmenait Çabalâ, elle, toute songeuse, pleurant, agitée par le chagrin, se mit à rouler en soi-même ces pensées : « Pourquoi suis-je abandonnée par le très-magnanime Vaçishtha, car il souffre que les soldats du roi m'entraînent plaintive et saisie de la plus amère douleur? Est-ce que j'ai commis une offense à l'égard de ce maharshi, abîmé dans la contemplation, puisque cet homme si juste m'abandonne, moi innocente, sa compagne bien-aimée et sa dévouée servante? »

« Après ces réflexions, fils de Raghou, et quand elle eut encore soupiré mainte et mainte fois, elle retourna avec impétuosité à l'ermitage de Vaçishtha; et, malgré tous les serviteurs du roi, mis en fuite devant elle par centaines et par milliers, elle vint, rapide comme le vent, se réfugier sous les pieds du grand anachorète.

« Arrivée là, pleurant de chagrin, elle se mit en face du solitaire, et, poussant un plaintif mugissement, elle tint à Vaçishtha ce langage: « M'as-tu donc abandonnée, bienheureux fils de Brahma, que ces soudoyers du roi m'entraînent ainsi loin de ta vue? »

« A ces paroles de sa vache malheureuse, au cœur tout consumé de tristesse, le saint brahme lui répondit en ces termes, comme à une sœur: « Je ne t'ai point abandonnée, Çabalâ, et tu n'as point commis d'offense contre moi: non! c'est malgré moi qu'il t'emmène, ce roi à la force puissante! En effet, je ne crois pas que l'on puisse trouver une force égale à celle d'un roi, surtout parmi les brahmes: celui-ci est puissant, il est kshatrya de race, il est même le maître de toute la terre. Ce que tu vois est une armée complète, où s'agitent d'un mouvement inquiet les chars, les coursiers, les éléphants; car il est venu environné d'une force supérieure à la mienne par ses fantassins, ses drapeaux et ses grandes multitudes d'hommes! »

« A ces mots de Vaçishtha, la vache, instruite à parler, répondit modestement au saint brahme, environné d'une splendeur infinie : « La force du kshatrya n'est pas supérieure, dit-on, à la force du brahme. La puissance du brahme est céleste et l'emporte sur la puissance du kshatrya. Tu possèdes une force incalculable : ce Viçvâmitra à la grande vigueur n'est point, ô brahme, plus fort que toi : il est difficile de lutter contre ton *invincible* énergie. Donne-moi tes ordres, à moi, que ta puissance a fait naître, éblouissant anachorète; commande que je détruise la force et l'orgueil du monarque injuste. »

« A ce discours de sa vache : « Allons! dit Vaçishtha, l'ermite aux bien grandes macérations, allons! produis une armée qui mette en pièces l'armée de mon ennemi! »

« Alors, *vaillant* prince, enfantés par centaines de son mugissement, les Pahlavas (1) se mirent à porter la mort, sous les yeux mêmes du roi, dans toute l'armée de Viçvâmitra : mais lui, pénétré de la plus vive douleur et les yeux enflammés de colère, extermina ces Pahlavas avec différentes sortes d'armes.

« A l'aspect de Viçvâmitra moissonnant par centaines ses Pahlavas, Çabalâ en créa de nouveau ; et ce furent les formidables Çakas (2), mêlés avec les Yavanas (3).

« Toute la terre fut couverte de ces deux peuples unis,

(1) Les Perses, suivant l'opinion commune; les *Paktyes* d'Hérodote, selon M. Lassen, peuple qui habitait sur les confins de l'Inde, au nord et à l'ouest.

(2) Peuple nomade, les Scythes des Grecs.

(3) Après l'âge d'Alexandre, ce nom fut appliqué aux Grecs. Il indique, suivant Schlegel, d'une manière indéfinie, les peuples situés au delà des Perses à l'occident.

agiles à la course, pleins de vigueur, serrés en bataillons comme les fibres du lotus, armés de longues épées et de grands javelots, défendus sous des armes d'or comme leur cotte de mailles. *Dans l'instant même*, toute l'armée du roi fut consumée par eux, telle que par des feux dévorants.

« A la vue de son armée en flammes, Viçvâmitra le très-puissant de lancer contre l'ennemi ses flèches d'un esprit égaré et dans le trouble des sens.

« Ensuite, quand il vit ses bataillons éperdus, mis en désordre sous les traits du monarque, Vaçishtha aussitôt jeta ce commandement à sa vache : « Fais naître de *nouveaux* combattants ! »

« *A l'instant*, un autre mugissement produit les Kambodjas, semblables au soleil : les Pahlavas, des javelots à la main, sortent de son poitrail; les Yavanas, de ses parties génitales; les Çakas, de sa croupe; et les pores velus de son derme enfantent les Mlétchas, les Toushâras et les Kirâtas.

« Par eux et dans l'instant même, fils de Raghou, cette armée de Viçvâmitra fut anéantie avec ses fantassins, ses chars, ses coursiers et tous ses éléphants.

« A la vue de son armée détruite par le magnanime solitaire, cent fils de Viçvâmitra, tous diversement armés, fondirent, enflammés de colère, sur Vaçishtha, le plus vertueux des hommes qui murmurent la prière, mais le grand anachorète les consuma d'un souffle. Un seul moment suffit au magnanime Vaçishtha pour les réduire tous en cendres : fils de Viçvâmitra, cavaliers, chars et fantassins.

« Quand il eut ainsi vu périr, héros sans péché, tous ses fils et son armée, Viçvâmitra, tout à l'heure si puissant, réfléchit alors sur lui-même avec *plus de* modestie.

« Comme le serpent, auquel on a brisé les dents; comme l'oiseau, auquel on a coupé les ailes; comme la mer, quand elle n'a plus ses vagues; comme le soleil obscurci au temps où l'éclipse a dérobé sa lumière, ce prince malheureux, ses fils morts, son armée détruite, son orgueil à bas, ses moyens pulvérisés, tomba dans le mépris de soi-même.

« Ayant donc mis à la tête de son empire le seul fils *qui n'eût pas encouru le malheur des autres*, afin qu'il protégeât la terre, comme il sied au kshatrya, *le roi* Viçvâmitra se retira au fond d'un bois. Là, sur les flancs de l'Himâlaya, dans un lieu embelli par les Kinnaras, *ces mélodieux Génies*, il s'astreignit à la plus rude pénitence pour gagner la bienveillance de Mahâdéva. Après un certain laps de temps, le grand Dieu rémunérateur, qui porte sur son étendard l'image d'un taureau, vint trouver le roi pénitent, et lui dit : « Pourquoi subis-tu cette rigide pénitence? Dis, roi! je suis le dispensateur des grâces; fais-moi connaître quelle faveur tu désires. »

« A ces paroles du grand Dieu, l'austère pénitent se prosterna devant Mahâdéva, et lui tint ce langage : « Si tu es content de moi, divin Mahâdéva, mets en ma possession l'arc Véga, avec l'arc Anga, l'arc Oupânga, l'arc Oupanishad et tous leurs secrets : fais apparaître à mes yeux ces armes, qui sont en usage chez les Dieux, les Dânavas, les Rishis, les Gandharvas, les Yakshas et les Rakshasas. Voilà, Dieu illustre des Dieux, ce que mon cœur demande à ta bienveillance! » — « Qu'il en soit ainsi! » reprit le souverain des Immortels; et, cela dit, il retourna dans les cieux.

« Quand il eut reçu les armes désirées, l'illustre et

royal saint Viçvâmitra, comblé d'une vive allégresse, en devint alors tout plein d'orgueil. Enflé par cette force nouvelle, comme la mer au temps de la pleine lune, il se crut déjà le vainqueur de Vaçishtha, le meilleur des anachorètes. — Il revint donc à l'ermitage de l'homme saint et décocha contre lui ses flèches *mystiques*, par lesquelles tout le bois de la pénitence fut ravagé d'un immense incendie.

« En un instant, l'ermitage du magnanime Vaçishtha fut vide et il devint pareil au désert sans voix. « Ne craignez pas, criait Vaçishtha mainte fois, ne craignez pas! Me voici pour anéantir le fils de Gâdhi, comme le grésil, qui fond à l'aspect du soleil! » A ces mots, l'éblouissant Vaçishtha, le plus excellent des êtres doués de la parole, adressa, plein de colère, ce discours à Viçvâmitra :

« Insensé, toi, qui as détruit cet ermitage longtemps heureux, tu as commis là une mauvaise action : c'est pourquoi tu périras! »

« Il dit, et, touchée par son bâton brahmique, la flèche terrible et sans égale du feu s'éteignit, comme l'eau éteint la flamme impétueuse.

« Viçvâmitra alors, accablé de chagrin, dit ces mots, qui suivaient plus d'un soupir : « La force du kshatrya est une chimère ; la force réelle, c'est la force inséparable de la splendeur brahmique! Il n'a fallu au brahme que son bâton pour briser toutes mes armes! Aussi vais-je, après que j'ai vu de mes yeux les effets d'une telle force, amender tous mes sens et me vouer aux rigueurs de la pénitence, pour m'élever de ma caste à celle des brahmes. » Il dit, et ce resplendissant monarque rejeta loin de lui toutes ses armes.

« Accompagné de son épouse, le fils de Kouçika était passé dans la contrée méridionale, où, se nourrissant de racines et de fruits, il avait embrassé une très-dure pénitence. Ce monarque brûlait d'envie, par l'émulation que lui inspirait Vaçishtha, de parvenir à l'état saint dans la caste des brahmes ; mais, se voyant toujours vaincu par l'énergie de l'unification en Dieu, que l'anachorète devait à ses austérités brahmiques, il s'enfonça dans la forêt des mortifications, et là, vaillant Râma, il se macéra d'une manière excellente : « Que je sois brahme ! » disait-il, ferme dans la résolution que sa grande âme avait conçue.

« Après mille années complètes, Râma, l'antique aïeul des mondes, Brahma, se présenta au fils de Gâdhi et lui adressa ces douces paroles : « Fils de Kouçika, tu es entré triomphalement au monde très-élevé des rois saints : *oui !* cette pénitence victorieuse t'a mérité, c'est mon sentiment, le titre de Rishi entre les rois ! » A ces mots, l'auguste et resplendissant monarque des mondes quitta l'atmosphère et retourna, escorté par les Dieux, au ciel de Brahma.

« Réfléchissant aux paroles, qu'il venait d'entendre et baissant un peu la tête de confusion, Viçvâmitra, plein d'une vive douleur, se dit avec tristesse : « Après que j'ai porté le poids de bien grandes macérations, Bhagavat ne m'a appelé tout à l'heure que roi-saint : ce n'est pas là, certainement, le fruit auquel aspire ma pénitence ! »

« Il dit, et cet éminent anachorète d'une éclatante splendeur, maître excellemment de lui-même, s'astreignit de nouveau, Kakoutsthide, aux plus austères mortifications.

« Dans ce temps même vivait un roi, nommé Triçankou, dévoué à la justice comme à la vérité et né du sang d'Ikshwâkou. Cette pensée lui était venue : « Je veux, se disait-il, offrir le sacrifice *d'un açwamédha*, par là j'obtiendrai de passer avec mon corps dans la voie suprême, où marchent les Dieux. » Il manda Vaçishtha et lui fit connaître ce dessein : « C'est une chose impossible ! » répondit le prêtre sage.

« Ayant donc essuyé un refus de son directeur spirituel, le roi tourna ses pas vers la contrée méridionale, où les cent fils de Vaçishtha se livraient à la pénitence.

« A peine les cent fils du rishi eurent-ils entendu le discours de Triçankou, *vaillant* Râma, qu'ils adressèrent au monarque ces mots, où respirait la colère : « Ton gourou, de qui la bouche est celle de la vérité, a refusé de servir ton dessein : pourquoi donc passer outre à ses paroles et recourir à nous, homme à l'intelligence difficile? Pourquoi veux-tu abandonner la souche et t'appuyer sur les branches? O roi, ce n'est pas bien à toi de vouloir que nous soyons les ministres *de ton sacrifice!* Retourne dans ta ville : cet homme saint est seul capable de célébrer ton sacrifice, et non pas nous. »

« A ces paroles, dont les syllabes s'envolaient, troublées par la colère, le monarque tomba dans un profond chagrin et dit ces mots aux cent fils du solitaire : « Refusé par Vaçishtha d'abord, par vous ensuite, j'irai ailleurs, sachez-le bien! chercher le secours, dont j'ai besoin pour mon sacrifice! » Irrités par ces mots du roi aux syllabes menaçantes, les *cent* fils du saint lancèrent contre lui cette malédiction : « Tu seras un tchândâla ! »

« Après qu'ils eurent ainsi maudit ce roi, ils rentrèrent dans leur pieux ermitage. Puis, quand cette nuit se fut écoulée, noble Râma, le *resplendissant* monarque changea dans un instant : il n'offrit plus aux regards que l'aspect d'un tchândâla, à la figure hideuse, les yeux couleur de cuivre, les dents saillantes et gangrenées de ce jaune qui passe à la nuance du noir, le corps affublé d'un vêtement noir dans la moitié inférieure, d'un vêtement rouge dans la moitié supérieure de la taille, n'ayant que des ornements de fer pour toute parure, et pour vêtement qu'une peau d'ours.

« Dès lors, solitaire et l'âme troublée, on vit errer ce roi, consumé le jour et la nuit par le cruel chagrin de la malédiction fulminée contre lui. — Dans sa détresse, il s'en alla trouver le secourable Viçvâmitra, cet homme si riche en macérations, qui exerçait à l'égard de Vaçishtha une magnanime rivalité.

« Cher Ikshwâkide, sois ici le bienvenu ! lui dit Viçvâmitra. Je connais ta grande vertu : je serai ton secours; demeure ici dans mon ermitage. Je convoquerai ici pour toi, *infortuné* monarque, tous *nos* plus grands ascètes à la cérémonie du sacrifice offert pour l'accomplissement de ton brûlant désir. Tu me sembles déjà toucher le paradis avec ta main, ô le plus vertueux des monarques, toi que l'envie de parvenir au triple ciel a conduit vers moi. »

« Quand on eut apporté là tout l'appareil, le sacrifice commença. Ici, l'adhwaryou, ce fut le grand ascète Viçvâmitra; ici, les prêtres officiants, ce furent des anachorètes les plus parfaits en leurs vœux.

« Le bienheureux Viçvâmitra, qui possédait la science des mantras, fit l'invocation pour amener les immortels habitants du triple ciel à la participation des choses offertes sur l'autel; mais ces Dieux appelés ne vinrent pas recevoir une part dans les oblations. De là, tout pénétré de colère, ce grand et saint anachorète, élevant la cuiller sacrée, adresse à Triçankou ces paroles : « Triçankou, noble souverain, monte au ciel avec ton corps. *Oui !* par la force de ces pénitences, que j'ai thésaurisées depuis mon enfance, par la force d'elles toutes complétement et quelque grandes qu'elles soient, va dans le ciel avec ton corps ! » Aussitôt que le saint ermite eut ainsi parlé, Triçankou, emporté dans les airs, monta au ciel sous le regard des anachorètes. Le Dieu qui commande à la maturité, *Indra* vit au même instant ce roi, qui s'acheminait *lestement* vers le triple ciel, *malgré le poids de son corps.*

« Triçankou, dit alors ce roi du ciel, tombe d'une chute rapide, la tête en bas, sur la terre ! Insensé, il n'y a pas dans le ciel d'habitation faite pour toi, qu'un directeur spirituel a frappé de sa malédiction ! » A ces paroles de Mahéndra, le malheureux Triçankou retomba du ciel. Ramené vers la terre, sa tête en bas, il criait à Viçvâmitra : « Sauve-moi ! » A ces mots : Sauve-moi, jetés vers lui par ce roi tombant du ciel : « Arrête-toi ! lui dit Viçvâmitra, saisi d'une colère ardente, arrête-toi ! » Ensuite, par la vertu de son ascétisme divin, il créa, comme un second Brahma, dans les voies australes du firmament, sept autres rishis, astres lumineux, qui se tiennent au pôle méridional, comme l'a voulu cet auguste anachorète.

« A l'aide encore de la puissance brahmique, enfantée par ses macérations, il se mit à produire un nouveau groupe d'étoiles dans les routes australes du Swarga. Puis, il se mit à l'œuvre afin de créer aussi de nouveaux Dieux à la place d'Indra et de ses immortels collègues. Mais alors, en proie à la plus vive inquiétude, les Souras, avec les chœurs des rishis divins se hâtent d'approuver, fils de Raghou, dans la crainte de Viçvâmitra : « Soit ! dirent les Dieux ; que ces constellations demeurent ainsi, loin des routes du soleil et de la lune. Que Triçankou même se tienne ici, la tête en bas, à la voûte céleste australe, ses vœux comblés, et flamboyant de sa propre lumière ! »

« Dans ce temps, noble fils de Raghou, la pensée de sacrifier naquit au saint roi Ambarîsha.

« Tandis que ce *fier* dominateur de la terre se préparait à verser le sang d'un homme en l'honneur des Immortels, Indra tout à coup déroba la victime liée au poteau du sacrifice et sur laquelle on avait déjà versé les ondes lustrales, en récitant les formules des prières. Quand le brahme, *chef du sacrifice*, vit *alors* cette victime enlevée, il tint au roi ce langage : « *Ne l'oublie pas*, seigneur des hommes, les Dieux frappent un roi, qui n'a point su garder *le sacrifice*. Ramène donc à l'autel cette victime, ou mets à sa place une nouvelle hostie, achetée à prix-d'argent, afin que la cérémonie suive son cours. »

« A ces mots du brahme qui dirigeait le sacrifice, Ambarîsha dès lors se mit à chercher partout un homme, qui, marqué de signes heureux, pût lui servir de victime. Il vit un brahme, nommé Ritchîka, pauvre, ayant beaucoup d'enfants et lui dit : « O le plus vertueux des brahmes, donne-moi pour cent mille vaches un de tes fils, afin qu'il soit immolé sur l'autel dans un grand sacrifice, dont la victime doit être un homme. »

« A ce discours, que lui adressait Ambarîsha, il répondit ces mots : « Je ne consentirai jamais à vendre l'aîné de mes fils ! »

« Sur les paroles de Ritchîka, la mère illustre de ses

fils tint ce langage au roi : « Je ne consentirai jamais à vendre l'aîné de mes fils, a dit le saint Kaçyapide ; *eh bien !* sache que le plus jeune de nos fils est ainsi chéri de moi par-dessus tous les autres. Ainsi, prince, ces deux enfants seront exceptés. »

« A ces mots du brahmine, à ces mots de sa femme, Çounaççépha, celui de leurs fils que sa naissance plaçait au point médial entre ces deux termes, avança les paroles suivantes : « Mon père ne veut pas vendre l'aîné de ses fils, et ma mère ne veut pas *te* céder son dernier-né. Je pense que c'est dire : « Mais on veut bien te vendre celui qui est entre les deux ; » ainsi, ô roi, emmène-moi d'ici promptement ! » Ensuite, le monarque ayant donné les cent mille vaches et reçu l'homme en échange pour victime, s'en alla, plein de joie.

« Après que Çounaççépha lui eut été remis, le roi, au milieu du jour, comme ses chevaux se trouvaient fatigués, fit halte près du lac Poushkara. Dans le temps qu'il était arrêté là, Çounaççépha, homme d'un grand jugement, s'approcha de ce tirtha saint, et, sur ses bords, il aperçut Viçvâmitra. *Alors* cet infortuné, le cœur déchiré par la douleur d'avoir été vendu et par la fatigue du voyage, s'avança vers l'anachorète, et, courbant la tête à ses pieds, lui dit : « Je n'ai plus ni père, ni mère, ni parents, ni amis : daigne sauver un malheureux, abandonné par sa famille et qui vient implorer ton secours. Veuille bien exécuter une chose telle que le roi fasse ce qu'il veut faire, et que je vive cependant, moi, qui me réfugie sous l'énergie de ta sainteté. »

« A ces mots du suppliant, Viçvâmitra le consola et dit à ses propres fils : « Voici arrivé le temps où les pères désirent trouver dans leurs fils une plus grande vertu, parce qu'il faut traverser une *immense* difficulté.

« Cet adolescent, fils d'un solitaire, désire que je lui porte secours, veuillez donc faire une chose, que je verrais avec plaisir, celle de *sacrifier votre* vie *pour* sauver la sienne. »

« A cet ordre *itératif* de leur père, il fut répondu avec insolence par les fils du saint anachorète ces paroles blessantes : — « Comment ! tu sacrifies tes fils pour sauver les fils d'autrui ! Agir ainsi, bienheureux, c'est dévorer ta chair elle-même ! » A peine l'anachorète eut-il entendu ces mots amers, que, les yeux enflammés de courroux, il maudit alors ses fils et tint ce langage à Çounaççépha : « Au moment où tu seras consacré comme victime, récite alors, mon fils, ce mantra *ou prière secrète*, que je vais t'enseigner et qui roule sur les justes louanges de Mahéndra. Dans le temps que tu réciteras cette prière, le fils de Vasou, *Indra* lui-même, viendra te sauver de la mort qui t'est réservée comme victime ; et cependant le sacrifice de ce *puissant* maître de la terre n'en sera pas moins célébré sans aucun empêchement. »

« Çounaççépha fut donc lié au poteau et consacré, après que le sacrificateur, ayant reconnu en lui tous les signes de bon augure, eut approuvé et purifié cette victime. Celui-ci garrotté à la colonne fatale, donnant au même instant le plus grand essor à sa voix, se mit à célébrer dans ses chants mystérieux le roi des Immortels, Indra aux coursiers fauves, que le désir d'une *sainte* portion avait conduit au sacrifice. Ravi par ce chant, le Dieu aux mille yeux combla tous ses vœux. Çounaççépha reçut de lui d'abord cette vie si désirée, ensuite une éclatante renommée. Le roi même obtint aussi, par la faveur de l'Immortel aux mille regards, ce fruit du sacrifice, tel que ses désirs le voulaient, *c'est-à-dire*, la justice, la gloire et la plus haute fortune.

« Après un millier complet d'années, les Dieux, qui ont tenu leur attention fixée sur la force de sa pénitence, viennent trouver le sublime anachorète, purifié dans l'accomplissement de son vœu. — Brahma lui adresse alors une seconde fois la parole en ces mots très-doux : « Te voilà devenu un rishi ! tu peux maintenant, s'il te plaît, cesser ta pénitence. »

« Aussitôt qu'il eut ainsi parlé, Brahma s'en retourna d'une course légère, comme il était venu; mais Viçvâmitra, qui avait entendu ce langage, *n'en* continua *pas moins* à se macérer dans la pénitence. Longtemps après, une Apsarâ charmante, qui avait nom Ménakâ, s'en vint furtivement à l'ermitage de Viçvâmitra ; et là, conduite par le malin projet de séduire l'anachorète voué aux mortifications, elle se mit à baigner dans les eaux du lac Poushkara ses membres délicieux.

« Au premier coup d'œil envoyé, dans la forêt solitaire, à cette Ménakâ, de qui toute la personne n'était que charme, et dont les vêtements imbibés d'eau rendaient les formes encore plus ravissantes, l'ermite à l'instant même tomba sous la puissance de l'amour et dit à la nymphe ces paroles : « Qui es-tu ? De qui es-tu la fille ? D'où viens-tu, conduite par le bonheur dans cette forêt? Viens, beauté craintive, viens te reposer dans mon heureux ermitage. » A ces mots du solitaire, Ménakâ répondit : « Je suis une Apsâra : on m'appelle Ménakâ; je suis venue ici, en suivant mon penchant vers toi. »

« Le saint prit donc par la main cette femme charmante, de qui la bouche avait prononcé des paroles si aimables, et il entra dans son ermitage *avec elle.*

« Avec elle *encore*, cinq et cinq années de Viçvâmitra s'écoulèrent comme un instant au sein du plaisir; et le solitaire, à qui cette nymphe avait dérobé son âme et sa science, ne compta ces dix ans passés que pour un seul jour. — Après ce laps de temps, l'ascète Viçvâmitra s'aperçut de son changement par sa réflexion sur lui-même et jeta ces mots avec colère : « Ma science, le trésor de pénitence, que je m'étais amassé, ma résolution même, il n'a fallu qu'un instant ici pour tout détruire : qu'est-ce donc, hélas ! que les femmes ? »

« Ensuite, ayant congédié la nymphe avec des paroles affectueuses, irrité contre lui-même, il s'astreignit aux plus atroces macérations.

« Dix nouveaux siècles encore, l'anachorète à la splendeur infinie parcourut cette difficile carrière.

« Ses bras levés en l'air, debout, sans appui, se tenant sur la pointe d'un seul pied, immobile sur la même place, comme un tronc d'arbre, n'ayant pour aliments que les vents du ciel; enveloppé de cinq feux, l'été; dans l'hiver, sans abri, qui le défendît contre les nuages pluvieux, et couché l'hiver dans l'eau : voilà quelle fut la grande pénitence, à laquelle s'astreignit cet énergique ascète. Il resta ainsi lié à cette cruelle, à cette culminante pénitence une révolution entière de cent années; et la crainte alors vint saisir tous les Dieux au milieu du ciel.

« Le roi des Immortels, Çakra lui-même tomba dans une extrême épouvante; il se mit à chercher dans sa pensée la ruse qui pouvait mettre un obstacle dans cette pénitence. Et bientôt, appelant à lui Rambhâ, la séduisante apsarâ, l'auguste monarque, environné par l'essaim des Vents, adresse à la nymphe ce discours, qui doit le sauver et perdre le fils de Kouçika :

« Éblouissante Rambhâ, voici une affaire qu'il te sied de conduire à bonne fin dans l'intérêt des Immortels : séduis par les grâces accomplies de ta beauté le fils de Kouçika, au plus fort de ses macérations.

« Moi, sous la forme d'un kokila, dont les chants ravissent tous les cœurs, dans cette saison, où les fleurs embaument sur la branche des arbres, je me tiendrai *sans cesse* à tes côtés, accompagné de l'Amour. »

« Décidée à ces mots du roi des Immortels, Rambhâ, la nymphe aux bien jolis yeux, se fit une beauté ravissante et vint agacer Viçvâmitra. Indra et l'Amour de complot avec lui, Indra même, changé en kokila, se tenait auprès d'elle, et son ramage délicieux allumait le désir au sein de Viçvâmitra.

« Dès que le gazouillement suave du kokila, qui semait dans le bois ses concerts, et la musique douce, énamourante des chansons de la nymphe eut frappé son oreille; dès que le vent eut fait courir sur tout son corps de voluptueux attouchements, et qu'embaumé de parfums célestes il eut fait goûter à son odorat ces impressions qui mettent le comble aux ivresses des amants, le grand anachorète se sentit l'âme et la pensée ravies.

« Il fit un mouvement vers le côté d'où venait cette mélodie charmante, et vit Rambhâ dans sa beauté enchanteresse.

« Ce chant et cette vue enlevèrent d'abord l'anachorète à lui-même; mais alors, se rappelant que déjà pareilles séductions avaient brisé tout le fruit de sa pénitence, il entra dans la méfiance *et le soupçon*. Pénétrant au fond de ce piége avec le regard de la contemplation *ascétique*, il vit que c'était l'ouvrage de la Déité aux mille yeux. Aussitôt il s'enflamma de colère et jeta ce discours à Rambhâ : « Parce que tu es venue ici nous tenter par tes qualités accomplies, change-toi en rocher, et reste enchaînée sous notre malédiction une myriade complète d'années dans ce bois des mortifications. »

« Mais à peine Viçvâmitra eut-il métamorphosé la nymphe en un *roc stérile*, que ce grand anachorète tomba dans une poignante douleur, car il s'aperçut qu'il venait de céder à l'empire de la colère.

Et, s'adressant à lui-même ses plus vifs reproches, il s'écria : « Je n'ai pas encore vaincu mes sens ! » Ensuite, le grand solitaire abandonna la sainte contrée de l'Himâlaya; et, dirigeant sa route vers la plage orientale, il parvint dans le Vadjrasthâna, où, d'une résolution inébranlablement arrêtée, il recommença le cours de sa pénitence, observa le vœu du silence un millier d'années, et se tint immobile comme une montagne.

« Quand ils virent l'anachorète sans colère, sans amour, l'âme entièrement placide, abordé à la plus haute perfection par son insigne pénitence, alors, *vaillant* dompteur de tes ennemis, alors tous les Dieux, tremblants et l'esprit agité, s'en vinrent, avec Indra, leur chef, au *palais de* Brahma, et dirent à ce Dieu, trésor de pénitence :

« Qu'il obtienne le don qu'il désire, cet illustre saint, le plus éminent des ascètes, avant qu'il ne tourne sa pensée vers le dessein même d'obtenir le royaume du ciel ! »

« Ces paroles dites, tous les chœurs des Immortels, sur les pas de Brahma, qui marchait à leur tête, se rendent à l'ermitage de Viçvâmitra et lui tiennent alors ce langage : « Rishi-brahme, cesse dorénavant ces triomphantes macérations; en effet, voici que tu as mérité, grâce à ta pénitence, le *brahmarshitwat*, ce grade si difficile à conquérir! Laisse reposer maintenant tes indomptables macérations.

« A ces mots, Brahma s'en alla, escorté des Immortels, dont les chœurs avaient accompagné son auguste divinité. Quant à Viçvâmitra, élevé au rang supérieur de brahme et parvenu ainsi au comble de ses vœux, il parcourut la terre d'une âme juste et parfaite. »

Dès qu'il eut ouï ce *long* discours de Çatânanda, prononcé devant Râma et devant *son frère* Lakshmana, le roi Djanaka joignit alors ses mains et dit à Viçvâmitra : « C'est pour moi un bonheur, c'est une faveur *du ciel*, grand anachorète, que tu sois venu, accompagné du *noble* Kakoutsthide, assister à mon sacrifice. Ta seule vue enfante ici pour moi de bien nombreux mérites. »

Ensuite, quand l'aube eut rallumé sa lumière pure et quand il eut vaqué aux devoirs pieux du matin, le monarque vint trouver le magnanime Viçvâmitra et le vaillant fils de Raghou. Puis, lorsqu'il eut rendu à l'anachorète et aux deux héros les honneurs enseignés par le Livre *des Bienséances*, le vertueux roi tint ce discours à Viçvâmitra : « Sois le bienvenu ici! Que faut-il, grand ascète, que je fasse pour toi? Daigne ta sainteté me donner ses ordres, car je suis ton serviteur. »

A ces mots du magnanime souverain, Viçvâmitra, le sage, l'équitable, le plus distingué par la parole entre les hommes éloquents, répondit en ces termes : « Ces fils du roi Daçaratha, ces deux guerriers illustres dans le monde, ont un grand désir de voir l'arc divin, qui est religieusement gardé chez toi. Montre cette *merveille*, s'il te plaît, à ces jeunes fils de roi; et, quand tu auras satisfait leur envie par la vue de cet arc, ils feront ensuite ce que tu peux souhaiter d'eux. »

A ce discours, le roi Djanaka joignit les mains et fit cette réponse : « Ecoutez *d'abord* la vérité sur cet arc, et pour quelle raison il fut mis chez moi. — Un prince nommé Dévarâta fut le sixième dans ma race après Nimi : c'est à ce monarque magnanime que cet arc fut confié en dépôt. Au temps passé, dans le carnage qui baigna de sang le sacrifice du vieux Daksha, ce fut avec cet arc invincible, que Çankara mutila tous les Dieux, en leur jetant ce reproche mérité : Dieux, *sachez-le bien*, si j'ai fait tomber avec cet arc tous vos membres sur la terre, c'est que vous m'avez refusé dans le sacrifice la part qui m'était due. »

« Tremblants d'épouvante, les Dieux alors de s'incliner avec respect devant l'invincible Roudra, et de s'efforcer à l'envi de reconquérir sa bienveillance. Çiva fut enfin satisfait d'eux; et souriant il rendit à ces Dieux pleins d'une force immense tous les membres abattus par son arc magnanime.

« C'est là, saint anachorète, cet arc céleste du sublime Dieu des Dieux, conservé maintenant au sein même de notre famille, qui l'environne de ses plus religieux honneurs.

« J'ai une fille belle comme les Déesses et douée de toutes les vertus; elle n'a point reçu la vie dans les entrailles d'une femme, mais elle est née un jour d'un sillon, que j'ouvris dans la terre : elle est appelée Sîtâ, et je la réserve comme une digne récompense à la force. Très-souvent des rois sont venus me la demander en mariage, et j'ai répondu à ces princes : « Sa main est destinée en prix à la plus grande vigueur. » — Ensuite, tous ces prétendus couronnés de ma fille, désirant chacun faire une expérience de sa force, se rendaient eux-mêmes dans ma ville ; et là, je montrais cet arc à tous ces rois, ayant, *comme eux*, envie d'éprouver quelle était leur mâle vigueur, mais, brahme vénéré, ils ne pouvaient pas même soulever cette arme.

« Maintenant je vais montrer au *vaillant* Râma et à son frère Lakshmana cet arc céleste dans le nimbe de sa resplendissante lumière ; et, s'il arrive que Râma puisse lever cette arme, je m'engage à lui donner la main de Sitâ, afin que la cour du roi Daçaratha s'embellisse avec une bru qui n'a pas été conçue dans le sein d'une femme. »

Alors ce roi, qui semblait un Dieu, commanda aux ministres en ces termes : « Que l'on apporte ici l'arc divin pour en donner la vue au fils de Kâauçalyâ ! »

A cet ordre, les conseillers du roi entrent dans la ville et font aussitôt voiturer l'arc *géant* par des serviteurs actifs. Huit cents hommes d'une stature élevée et d'une grande vigueur traînaient avec effort son étui pesant, qui roulait porté sur huit roues.

Le roi Djanaka, *se tournant* vers l'anachorète et vers les Daçarathides, leur tint ce langage : — « Brahme vénéré, ce que l'on vient d'amener sous nos yeux est ce que mon palais garde *si religieusement*, cet arc, que les rois n'ont pu même soulever et que ni les chœurs des Immortels, ni leur chef Indra, ni les Yakshas, ni les Nâgas, ni les Rakshasas, *personne enfin des êtres plus qu'humains* n'a pu courber, excepté Çiva, le Dieu des Dieux. La force manque aux hommes pour bander cet arc, tant s'en faut qu'elle suffise pour encocher la flèche et tirer la corde. »

A ce discours du roi Djanaka, Viçvâmitra, qui personnifiait le devoir en lui-même, reprit aussitôt d'une âme charmée : « Héros aux longs bras, empoigne cet arc céleste ; déploie ta force, noble fils de Raghou, pour lever cet arc, le roi des arcs, et décocher avec lui sa flèche *indomptée !* »

Sur les paroles du solitaire, aussitôt Râma s'approcha de l'étui, où cet arc était renfermé, et répondit à Viçvâmitra : « Je vais d'une main lever cet arc, et, quand je l'aurai bandé, j'emploierai toute ma force à tirer cet arc divin ! »

« Bien ! » dirent à la fois le monarque et l'anachorète. Au même instant, Râma leva cette arme d'une seule main, comme en se jouant, la courba sans beaucoup d'efforts et lui passa la corde en riant, à la vue des assistants, répandus là près de lui et par tous les côtés. Ensuite, quand il eut mis la corde, il banda l'arc d'une main robuste; mais la force de cette héroïque tension était si grande qu'il se cassa par le milieu; et l'arme, en se brisant, dispersa un bruit immense, comme d'une montagne qui s'écroule, ou tel qu'un tonnerre lancé par la main d'Indra sur la cime d'un arbre *sourcilleux*.

A ce fracas assourdissant, tous les hommes tombèrent; frappés de stupeur, excepté Viçvâmitra, le roi de Mithilâ et les deux petits-fils de Raghou. — Quand la respiration fut revenue *libre* à ce peuple *terrifié*, le monarque, saisi d'un indicible étonnement, joignit les mains et tint à Viçvâmitra le discours suivant : « Bienheureux solitaire, déjà *et souvent* j'avais entendu parler de Râma, le fils du roi Daçaratha; mais ce qu'il vient de faire ici est plus que prodigieux et n'avait pas encore été vu par moi. Sîtâ, ma fille, en donnant sa main à Râma, le Daçarathide, ne peut qu'apporter *beaucoup* de gloire à la famille des Djanakides ; et moi, j'accomplis ma promesse en couronnant par ce mariage une force héroïque. J'unirai donc à Râma cette belle Sîtâ, qui m'est plus chère que la vie même. »

Des courriers sont envoyés au roi d'Ayodhyâ.

Annoncés au monarque, les messagers, introduits bientôt dans son palais, virent là ce magnanime roi, le plus vertueux des rois, environné de ses conseillers ; et, réunissant leurs mains en forme de coupe, ils adressent, porteurs d'agréable nouvelle, ce discours au magnanime Daçaratha : « Puissant monarque, le roi du Vidéha, Djanaka te demande, à toi-même son ami, si la prospérité habite avec toi et si ta santé est parfaite, ainsi que la santé de tes ministres et celle de ton pourohita. Ensuite, quand il s'est enquis d'abord si ta santé n'est pas altérée, voici les nouvelles, qu'il t'annonce lui-même par notre bouche, cet auguste souverain, aux paroles duquel Viçvâmitra s'associe : — « Tu sais que j'ai une fille et qu'elle fut proclamée comme la récompense d'une force non pareille ; tu sais que déjà sa main fut souvent demandée par des rois, mais aucun ne possédait une force assez grande. Eh bien ! roi puissant, cette noble fille de moi vient d'être conquise par ton fils, que les conseils de Viçvâmitra ont amené dans ma ville.

« En effet, le magnanime Râma a fait courber cet arc fameux de Çiva, et, déployant sa force au milieu d'une grande assemblée, l'a brisé même par la moitié. Il me faut donc maintenant donner à ton fils cette main de Sîtâ, récompense que j'ai promise à la force : je veux dégager ma parole ; daigne consentir à mon désir. Daigne aussi, auguste et saint roi, venir à Mithilâ, sans retard, avec ton directeur spirituel, suivi de ta famille, escorté de ton armée, accompagné de ta cour. Veuille bien augmenter par ton auguste présence la joie que tes fils ont déjà fait naître en mon *cœur* : ce n'est pas une seule, mais deux brus, que je désire, moi, te donner pour eux. »

Après qu'il eut ouï ce discours des messagers, le roi Daçaratha, comblé de joie, tint ce langage à Vaçishtha comme à tous ses prêtres :

« Brahme vénéré, si cette alliance avec le roi Djanaka obtient d'abord ton agrément, allons d'ici promptement à Mithilâ. » — « Bien ! répondirent à ces paroles du roi les brahmes et Vaçishtha, leur chef, tous au comble de la joie ; bien ! Daigne la félicité descendre sur toi ! Nous irons à Mithilâ. »

A peine en eut-elle reçu l'ordre, que l'armée aussitôt prit son chemin à la suite du roi, qui précédait ses quatre corps avec les rishis *ou les saints*. Quatre jours et quatre nuits après, il arrivait chez les Vidéhains ; et la charmante ville de Mithilâ, embellie par le séjour du roi Djanaka, apparaissait enfin à sa vue.

Plein de joie à la nouvelle que cet hôte bien-aimé entrait au pays du Vidéha, le souverain de ces lieux, accompagné de Çatânanda, sortit à sa rencontre et lui tint ce langage : « Sois le bienvenu, grand roi ! Quel bonheur ! te voici arrivé dans mon palais ; mais, quel bonheur aussi pour toi, noble fils de Raghou, tu vas goûter ici le plaisir de voir tes deux enfants ! »

Quand il eut ainsi parlé, le roi Daçaratha fit, au milieu des rishis, cette réponse au souverain de Mithilâ : — « On dit avec justesse : « Ceux qui donnent sont les maîtres de ceux qui reçoivent. » Quand tu ouvres la bouche, sois donc sûr, puissant roi, que tu verras toujours en nous des hommes prêts à faire ce que tu vas dire. »

Aussitôt qu'il eut aperçu le plus saint des anachorètes, Viçvâmitra lui-même, le roi Daçaratha vint à lui, d'une âme toute joyeuse, et, s'inclinant avec respect, il dit : « Je suis purifié, ô maître de moi, par cela seul que je me suis approché de ta sainteté! » Viçvâmitra, plein de joie, lui répondit ainsi : « Tu es purifié non moins et par tes actions et par tes bonnes œuvres; tu l'es encore, ô toi qui es comme l'Indra des rois, par ce Râma. ton fils, aux bras infatigables. »

Ensuite, quand il eut accompli au lever de l'aurore les cérémonies pieuses du matin, Djanaka tint ce discours plein de douceur à Çatânanda, son prêtre domestique :

« J'ai un frère puîné, beau, vigoureux, appelé Kouçadhwadja, qui, suivant mes ordres, habite Sânkâçya, ville magnifique, environnée de tours et de remparts, toute pareille au Swarga, brillante comme le char Poushpaka, et que la rivière Ikshkouvatî abreuve *de ses ondes fraîches*. Je désire le voir, car je l'estime vraiment digne de tous honneurs : son âme est grande, c'est le plus vertueux des rois : aussi est-il bien aimé de moi. Que des messagers aillent donc le trouver d'une course rapide et l'amènent chez moi, avec des égards aussi attentifs que, sur les recommandations mêmes d'Indra, Vishnou est amené dans son palais.

A cet ordre envoyé de son frère, Kouçadhwadja vint; il s'en alla avec empressement savourer la vue de son frère plein d'amitié pour lui ; et, dès qu'il se fut incliné devant Çatânanda, ensuite devant Djananka, il s'assit, avec la permission du prêtre et du monarque, sur un siége très-distingué et digne d'un roi.

Alors ces deux frères, étant assis là ensemble et n'omettant rien dans leur attention, appelèrent Soudâmâna, le premier des ministres, et l'envoyèrent avec ces paroles : « Va, ô le plus éminent des ministres; hâte-toi d'aller vers le roi Daçaratha, et amène-le ici avec son conseil, avec ses fils, avec son prêtre domestique. »

L'envoyé se rendit au palais, il vit ce *prince*, délices de la famille d'Ikshwâkou, inclina sa tête devant lui et dit : « O roi, souverain d'Ayodhyâ, le monarque Vidéhain de Mithilâ désire te voir au plus tôt avec le prêtre de ta maison, avec ta belle famille. » A peine eut-il entendu ces paroles, que le roi Daçaratha, accompagné de sa parenté, se rendit avec la foule de ses rishis au lieu où le roi de Mithilâ attendait *son royal hôte*.

« Roi *puissant*, dit celui-ci, je te donne pour brus mes deux filles : Sîtâ à Râma, Ourmilâ à Laskhmana. Ma fille Sîtâ, *noble* prix de la force, n'a point reçu la vie dans le sein d'une femme : cette vierge à la taille charmante, elle, qu'on dirait la fille des Immortels, est née d'un sillon ouvert pour le sacrifice. Je la donne comme épouse à Râma : il se l'est héroïquement acquise par sa force et sa vigueur.

« Aujourd'hui la lune parcourt les *étoiles dites* Maghâs; mais, dans le jour qui doit suivre celui-ci, les cieux nous ramènent les Phâlgounîs : profitons de cette constellation bienfaisante pour inaugurer ce mariage. »

Quand Djanaka eut cessé de parler, le sage Viçvâmitra, ce grand anachorète, lui tint ce langage, conjointement avec *le pieux* Vaçishtha : « Vos familles à tous les deux sont pareilles à la grande mer : on vante la race d'Ikshwakou ; on vante au même degré celle de Djanaka. De l'une et l'autre part, vos enfants sont égaux en parenté, Sîtâ avec Râma, Ourmilâ avec Lakshmana : c'est là mon sentiment.

« Il nous reste à dire quelque chose ; écoute encore cela, roi des hommes : ton frère Kouçadhwadja, cet héroïque monarque est égal à toi. Nous savons qu'il a deux jeunes filles, à la beauté desquelles il n'est rien de comparable sur la terre ; nous demandons, ô toi, qui es la justice en personne, nous demandons leur main pour deux princes nés de Raghou : le juste Bharata et le prudent Çatroughna. Unis donc avec eux ces deux sœurs, si notre demande ne t'est point désagréable. »

A ces nobles paroles de Viçvâmitra et de Vaçishtha, *le roi* Djanaka, joignant ses mains, répondit en ces termes aux deux éminents solitaires : « Vos Révérences nous ont démontré que les généalogies de nos deux familles sont égales : qu'il en soit comme vous le désirez ! *Ainsi*, de ces jeunes vierges, filles de Kouçadhwadja, *mon frère*, je donne l'une à Bharata et l'autre à Çatroughna. Je sollicite même avec instance une *prompte* alliance, d'où naisse la joie de nos familles. »

Daçaratha charmé répondit en souriant à Djanaka ces paroles affectueuses, douces, imprégnées de plaisir : « Roi, goûte le bonheur ! que la félicité descende sur toi ! Nous allons dans notre habitation faire immédiatement le don accoutumé des vaches et les autres choses que prescrit l'usage. »

Après cet adieu au roi qui tenait Mithilâ sous sa loi, Daçaratha, cédant le pas à Vaçishtha et marchant à la suite de tous les autres saints anachorètes, sortit de ce palais. Arrivé dans sa demeure, il offrit d'abord aux mânes de ses pères un magnifique sacrifice; puis ce monarque, plein de tendresse paternelle, fit les plus hautes largesses de vaches en l'honneur de ses quatre fils. Cet *opulent* souverain des hommes donna aux brahmes cent mille vaches par chaque tête de ses quatre fils, en désignant individuellement chacun d'eux : ainsi, quatre cent mille vaches, flanquées de leurs veaux, toutes bien luisantes et bonnes laitières, furent données par ce descendant auguste de l'antique Raghou.

Dans l'instant propice aux mariages, Daçaratha, entouré de ses quatre fils, déjà tous bénis avec les prières, qui inaugurent un jour d'hyménée, tous ornés de riches parures et costumés de splendides vêtements, le roi Daçaratha, devant lequel marchaient Vaçishtha et même les autres anachorètes, vint trouver, suivant les règles de la bienséance, le souverain du Vidéha, et lui fit parler ainsi :

« *Auguste* monarque, salut ! nous voici arrivés dans ta cour, afin de célébrer le mariage : réfléchis bien là-dessus ; et daigne ensuite ordonner que l'on nous introduise. En effet, nous tous, avec nos parents, nous sommes aujourd'hui sous ta volonté. Consacre donc le nœud conjugal d'une manière convenable aux rites de ta famille. »

A ces paroles dites, le roi de Mithilâ, habile à manier le discours, fit une réponse d'une très-haute noblesse, au monarque des hommes : « Quel garde ai-je donc ici placé à ma porte ? De qui reçoit-on l'ordre ici ? Pourquoi hésiter à franchir le seuil d'une maison, qui est la tienne ! Entre avec toute confiance ! Brillantes comme les flammes allumées du feu, mes quatre filles, consacrées avec les prières qui inaugurent un jour de mariage, sont arrivées déjà au lieu où le sacrifice est préparé. — Je suis tout disposé : je me tiens devant cet autel pour attendre ce qui doit venir de toi : ne mets plus de retard *au mariage*, prince, qui es l'Indra des rois! Pourquoi balances-tu? »

Ce discours du roi Djanaka entendu, aussitôt Daçaratha fit entrer Vaçishtha et les autres chefs des brahmes. Ensuite, le roi des Vidéhains dit au *vaillant* rejeton de *l'antique* Raghou, à Râma, de qui les yeux ressemblaient aux pétales du lotus bleu : « Commence par t'approcher de l'autel. Que cette fille de moi, Sîtâ, soit ton épouse légitime! Prends sa main dans ta main, *digne* rameau du *noble* Raghou.

« Viens, Lakshmana! approche-toi, mon fils; et, cette main d'Ourmilâ, que je te présente, reçois-la dans ta main, suivant les rites, *auguste* enfant de Raghou. »

Lui ayant ainsi parlé, Djanaka, la justice en personne, invita le fils de Kêkéyî, Baratha, à prendre la main de Mândavî. Enfin, Djanaka adressa même ces paroles à Çatroughna, qui se tenait *près de son père* : « A toi maintenant je présente la main de Çroutakîrtî; mets cette main dans la tienne.

« Vous possédez tous des épouses égales à vous par la naissance, héros, à qui le devoir commande avec empire; remplissez bien les nobles obligations propres à votre famille, et que la prospérité soit avec vous! »

A ces paroles du roi Djanaka, les quatre jeunes guerriers de prendre la main des quatre jeunes vierges, et Çatânanda lui-même de bénir leur hymen. Ensuite, tous *les couples*, et l'un après l'autre, d'exécuter un pradakshina autour du feu; puis, le roi d'Ayodhyâ et tous les grands saints d'envoyer au ciel leurs hymnes pour demander *aux Dieux* un bon retour. Pendant le mariage, une pluie de fleurs, où se trouvait mêlée une abondance de grains frits, tomba du ciel à verse sur la tête de tous ceux qui célébraient la cérémonie sainte. Les tymbales célestes frémirent avec un son doux au sein des nues, où l'on entendit un grand, un délicieux concert de flûtes et de lyres. Durant cet hyménée des princes issus de Raghou, les divins Gandharvas chantèrent, les chœurs des Apsarâs dansèrent; et ce fut une chose vraiment admirable!

Quand cette nuit fut écoulée, Viçvâmitra, le grand anachorète, prit congé de ces deux puissants monarques et s'en alla vers la haute montagne du nord. Après le départ de Viçvâmitra, le roi Daçaratha fit ses adieux au souverain de Mithilâ et reprit aussi le chemin de sa ville.

Dans ce moment, le roi des Vidéhains donna pour dot aux jeunes princesses des tapis de laine, des pelleteries, des joyaux, de moelleuses robes de soie, des vêtements variés dans leurs teintes, des parures étincelantes, des pierreries de haut prix et toutes sortes de chars. Le monarque donna même à chacune des jeunes mariées quatre cent mille vaches superbes: dot bien désirée! En outre, Djanaka leur fit présent d'une armée complète en ses quatre corps avec un train considérable, auquel fut ajouté un millier de servantes, qui portaient chacune à leur cou un pesant collier d'or. Enfin, pour mettre le comble à cette dot si riche et si variée, le monarque de Mithilâ, d'une âme toute ravie de joie, leur donna dix mille livres complètes d'or grége ou travaillé; et, quand il eut ainsi distribué ses largesses aux quatre jeunes femmes, le roi de Mithilâ donna congé au roi son hôte et rentra dans sa charmante capitale.

De son côté, le monarque de qui le sceptre gouvernait Ayodhyâ s'éloigna, accompagné de ses magnanimes enfants, et cédant le pas aux brahmes vénérables, à la tête desquels marchait Vaçishtha. Tandis que, libre enfin du mariage célébré, le monarque avec sa suite retournait dans sa ville, des oiseaux, annonçant un malheur, volèrent à sa gauche; mais un troupeau de gazelles, paralysant aussitôt cet augure, de passer vers sa droite.

Un vent s'éleva, grand, orageux, entraînant des tourbillons de sable et secouant la terre en quelque sorte. Les plages de ciel furent enveloppées de ténèbres, le soleil perdit sa chaleur, et l'univers entier fut rempli d'une poussière telle que la cendre. L'âme de tous les guerriers en fut même troublée jusqu'au délire; seuls, Vaçishtha, les autres saints et les héros issus de Raghou n'en furent pas émus.

Ensuite, quand la poussière fut tombée et que l'âme des guerriers se fut rassise, voilà qu'ils virent s'avancer là, portant ses cheveux engerbés en djatâ, le fils de Djamadagni, Râma, non moins invincible que le grand Indra et semblable au dieu Yama, le noir destructeur de tout; *Râma lui-même*, formidable en son aspect, que nul autre des hommes ne peut soutenir, flamboyant d'une lumière pareille au feu, quand sa flamme est allumée, tenant levés sur l'épaule un arc et une hache, resplendissants comme les armes d'Indra, et qui, pénétré de colère, bouillant de fureur, tel qu'un feu mêlé de sa fumée, saisit, en arrivant à la vue du cortége royal, une flèche épouvantable, enveloppée de gémissements.

A l'aspect de l'être si redoutable arrivé près d'eux, les

brahmes et Vaçishtha, leur chef, esprits dévoués à la paix, de réciter leurs prières à voix basse; et tous les saints, rassemblés en conseil, de se dire l'un à l'autre : « Irrité par la mort de son père, cet auguste Râma ne vient-il pas détruire une seconde fois la caste des kshatryas, tout calmé que soit enfin son ressentiment? Il a fait jadis plus d'une fois un terrible carnage de tous les kshatryas : qui peut dire si, dans sa colère, aujourd'hui, il n'exterminera point encore l'ordre *vaillant* des kshatryas? »

Dans cette pensée, les brahmes et Vaçishtha, leur chef, d'offrir au terrible fils de Bhrigou la corbeille hospitalière et de lui adresser en même temps ces paroles toutes conciliatrices: « Râma, sois ici le très-bienvenu! Reçois, maître, cette corbeille, où sont renfermées les huit choses de l'arghya : rejeton saint de Brighou, digne anachorète, calme-toi! Ne veuille pas allumer dans ton cœur une nouvelle colère! »

Sans répondre un seul mot à ces éminents solitaires, Râma le Djamadagnide accepta cet hommage et dit sur-le-champ à Râma le Daçarathide :

« Râma, fils de Daçaratha, ta force merveilleuse est vantée partout : j'ai ouï parler de cet arc céleste qui fut brisé par toi. A la nouvelle que tu avais pu rompre un tel arc d'une manière si prodigieuse, j'ai pris l'arc géant, que tu vois *sur mon épaule*, et je suis venu. C'est avec lui, Râma, que j'ai vaincu toute la terre; bande cet arc même, enfant de Raghou, et, sans tarder, montre-moi ta force! Encoche ce trait et tire-le : ... prends donc, avec cet arc céleste, cette flèche que je te présente. Si tu parviens à mettre la corde de cet arc dans la coche de cette flèche, je t'accorde ensuite l'honneur d'un combat sans égal et dont tu pourras justement glorifier ta force. »

A ces paroles de Râma le Djamadagnide, Râma le Daçarathide jeta ce discours *au terrible anachorète :* « J'ai entendu raconter quel épouvantable carnage fit un jour ton bras : j'excuse une action qui avait pour motif le châtiment dû au meurtre de ton père. Ces générations de kshatryas, qui tombèrent sous tes coups, avaient perdu la vigueur et le courage : ainsi, ne t'enorgueillis pas de cet exploit, dont la barbarie dépasse toute férocité. Apporte cet arc divin! Vois ma force et ma puissance : reconnais, fils de Brighou, qu'aujourd'hui même la main d'un kshatrya possède encore une grande vigueur! »

Ayant ainsi parlé, Râma le Daçarathide prit cet arc céleste aux mains de Râma le Djamadagnide, en laissant échapper un léger sourire. Quand ce héros illustre eut de sa main levé cette arme, sans un grand effort, il ajusta la corde à la coche du trait et se mit à tirer l'arc solide. A ce mouvement pour envoyer son dard, le fils du roi Daçaratha prit de nouveau la parole en ces nobles termes : « Tu es brahme, tu mérites donc à ce titre et à cause de Viçvâmitra mes hommages et mes respects : aussi, ne lancerai-je pas contre toi, bien que j'en aie toute la puissance, cette flèche, qui ôte la vie! Mais je t'exclurai de cette voie céleste, que tu as conquise par les austérités, et je te fermerai, sous la vertu de cette flèche, l'accès des mondes saints, des mondes incomparables. En effet, cette grande et céleste flèche de Vishnou, cette flèche, qui détruit l'orgueil de la force, ne saurait partir de ma main sans qu'elle portât coup. »

Ensuite, Brahma et les autres Dieux vinrent de compagnie, avec la rapidité de la pensée, contempler Râma le Daçarathide, qui tenait au poing la plus excellente des armes.

Dès qu'il eut vu de son regard *à la vision* céleste que les Dieux étaient là présents et reconnu, par sa puissance de contemplation et sa faculté de s'absorber en Dieu, que Râma était né de l'essence même de Nârâyana, alors ce Djamadagnide, de qui le Daçarathide avait surpassé la force, joignit les mains et lui tint ce langage : « O Râma, quand la terre fut donnée par moi à Kaçyapa : *Je l'accepte*, me dit-il, *sous la condition que* tu n'habiteras point dans mon domaine. *Je consentis*, et depuis lors, Kakoutsthide, je n'habite nulle part sur la terre : « Puissé-je ne manquer jamais à cette parole donnée! » Ce fut là ma pensée bien arrêtée. Ne veuille donc pas, *noble* enfant de Raghou, fermer pour moi le chemin par où le ciel roule d'un mouvement aussi rapide que la pensée ; exclus-moi seulement des mondes saints par la vertu de cette flèche. Cet arc m'a fait reconnaître à sa colère ennemie que tu es l'être impérissable, éternel qui ravit le jour à Madhou : sois bon pour moi ; et puisse sur toi descendre la félicité! »

A ces mots, Râma, le descendant *illustre* de *l'antique* Raghou, décocha la flèche dans les mondes de Râma le Djamadagnide à la splendeur infinie. Depuis lors celui-ci, par l'efficace du trait divin, n'eut plus de monde qu'il pût habiter. Ensuite, quand il eut décrit autour de Râma le Daçarathide un pradakshina, Râma le Djamadagnide s'en retourna dans son héritage.

Ayaudhyâ était pavoisée d'étendards flottants, résonnante de musique, dont toutes les espèces d'instruments jetaient les sons au milieu des airs. Arrosée, délicieusement parée, jonchée de fleurs et de bouquets, la rue royale était remplie de citadins, la voix épanchée en bénédictions et le visage tourné vers le roi, qui fit ainsi *pompeusement* sa rentrée dans la ville et dans son palais.

Kâauçalyâ, et Soumitrâ, et Kêkéyì à la taille charmante, et les autres dames, qui étaient les épouses du monarque, reçurent les *nouvelles* mariées avec une *politesse* attentive.

Dès lors, comblées de joie, trouvant le bonheur dans le bien et l'amour de leurs maris, elles commencèrent à goûter *chastement* le plaisir *conjugal.* Mais ce fut surtout la belle Mithilienne, fille du *roi* Djanaka, qui, plus que les autres, sut charmer son époux. Après que l'hymen eut joint Râma *d'un chaste nœud* à cette jeune fille aimée, d'un rang égal au sien, d'une beauté, à laquelle rien n'était supérieur, ce fils d'un roi saint en reçut un grand éclat, comme un autre invincible Vishnou de son mariage avec Çrî, *la déesse même de la beauté.*

Or, après un certain laps de temps, le roi Daçaratha fit appeler son fils Bharata, de qui la noble Kêkéyì était mère, et lui dit ces paroles : « Le fils du roi de Kékaya, qui habite ici *depuis quelque temps*, ce héros, ton oncle maternel, mon enfant, est venu pour te conduire chez ton aïeul. — Il te faut donc t'en aller avec lui voir ton grand-père : observe *à ton aise*, mon fils, cette ville de ton aïeul. »

Alors, dès qu'il eut recueilli ces mots du *roi* Daçaratha, le fils de Kêkéyì se disposa à faire ce voyage, accompagné de Çatroughna. Son père le baisa au front, embrassa même avec étreinte ce jeune guerrier, semblable au lion par sa noble démarche, et lui tint ce langage devant sa cour assemblée :

« Va, bel enfant, sous une heureuse étoile, au palais de ton aïeul; mais écoute, *avant de partir*, mes avis, et suis-les, mon chéri, avec le plus grand soin. Sois distingué par un bon caractère, mon fils, sois modeste et non superbe; cultive soigneusement la société des brahmes, riches de science et de vertus. Consacre tes efforts à gagner leur affection; demande-leur ce qui est bon pour toi-même, et n'oublie pas de recueillir comme l'ambroisie même la sage parole de ces hommes saints. En effet, les brahmes magnanimes sont la racine du bonheur et de la vie : que les brahmes soient *donc pour toi*, dans toutes les affaires, comme la bouche même de Brahma. Car les brahmes furent de vrais Dieux, *habitants du ciel;* mais les Dieux supérieurs, mon fils, *nous* les ont envoyés, comme les Dieux de la terre, dans le monde des hommes, pour *éclairer* la vie des créatures. Acquiers dans la fréquentation de ces prêtres sages et les Védas, et le Çâstra impérissable des Devoirs, et le Traité sur le grand art de gouverner, et le Dhanour-Véda complétement.

« Sois même, vaillant héros, sois même instruit dans beaucoup d'arts et de métiers : rester dans l'oisiveté un seul instant ne vaut rien pour toi, mon ami. Aie soin de m'envoyer sans cesse des courriers, qui m'apportent les nouvelles de ta santé; car, *dans mes regrets de ton absence*, au moins faut-il que mon âme soit consolée en apprenant que tu vas bien ! »

Quand le roi eut ainsi parlé, ses yeux baignés de larmes et d'une voix sanglotante, il dit à Bharata : « Va, mon fils ! » Celui-ci donc salua d'un adieu son père, il salua d'un adieu Râma à la vigueur sans mesure; et, s'étant d'abord incliné devant les *épouses du roi*, *ses* mères, il partit, accompagné de Çatroughna,

Après quelques jours comptés depuis son départ, après qu'il eut traversé des forêts, des fleuves, des montagnes du plus ravissant aspect, l'auguste voyageur atteignit la ville et l'agréable palais du roi son grand-père. Près de là, faisant halte, Bharata envoya un messager de confiance dire au monarque, son aïeul : « Je suis arrivé. »

Transporté de joie à ces paroles du messager, le roi fit entrer, comblé des plus grands honneurs, son petit-fils dans *les faubourgs de* sa ville, pavoisée d'étendards, embaumée du parfum des aromates, parée de fleurs et de bouquets, festonnée de guirlandes des bois, jonchée de sable fin dans toute sa rue royale, soigneusement arrosée d'eau et pourvue de tonnes pleines disposées çà et là. Ensuite, les habitants reçurent aux *portes de* la ville Bharata exposé à tous les yeux et réjoui par les concerts de tous les instruments, qui exprimaient des chants joyeux sur un mouvement vif; Bharata, suivi par les troupes des plus belles courtisanes, qui jouaient de la musique ou dansaient devant lui : telle fut son entrée dans la ville.

Puis, arrivé dans le palais du roi, tout rempli d'officiers richement costumés, il y fut comblé d'honneurs, traité à la satisfaction de tous ses désirs; et le fils de Kêkéyî habita cette cour dans un bien-être délicieux, comme le plus heureux mortel des mortels heureux.

Sans désir même que le sceptre vînt dans ses mains suivant l'ordre héréditaire de sa famille, Râma pensait que monter au sommet de la science est préférable à l'honneur même de monter sur un trône. Il était plein de charité pour tous les êtres, secourable à ceux qui avaient besoin de secours, libéral, défenseur des gens de bien, ami des *faibles*, réfugiés sous sa protection, reconnaissant, aimant à payer de retour le bon office reçu, vrai dans ses promesses, ferme dans ses résolutions, maître de son âme, sachant distinguer les vertus, parce qu'il était vertueux lui-même. Adroit, ayant le travail facile et l'intelligence des affaires, il prenait en main les intérêts de tous ses amis, et les menait au succès avec un langage affectueux.

Ce prince illustre eût volontiers renoncé à la vie, à la plus opulente fortune ou même à ses voluptés les plus chères; mais à la vérité, jamais. Droit, généreux, faisant le bien, modeste, de bonnes mœurs, doux, patient, invincible aux ennemis dans le combat, il avait un grand cœur, une grande énergie, une grande âme : *en un mot*, c'était le plus vertueux des hommes, rayonnant de splendeur, d'un aspect aimable comme la lune et pur comme le soleil d'automne.

Quand le roi Daçaratha vit ce fléau des ennemis, cette féconde mine de vertus briller d'un éclat sans égal par cette foule de qualités et par d'autres encore, il se mit à rouler continuellement cette pensée au fond de son âme, venue et déjà fixée même dans ce projet : « Il faut que je sacre mon fils Râma comme associé à ma couronne et prince de la jeunesse. »

Cette idée s'agitait sans cesse dans le cœur du monarque sage : « Quand verrai-je l'onction royale donnée à Râma! Il est digne de cette couronne : sachant donner à tous les êtres la chaîne de l'amour, il est plus aimé que moi et règne déjà sur mes sujets par toutes ses vertus. Égal en courage à Indra, égal à Vrihaspati par l'intelligence, égal même à la terre en stabilité, il est mieux doué que moi en toutes qualités. Quand j'aurai vu ce fils, *ma gloire*, élevé par moi-même sur ce trône, qui gouverne toute l'étendue si vaste de la terre, j'irai doucement au ciel, où me conduit cet âge *avancé.* »

Dès qu'ils eurent connaissance des sentiments du monarque, les hommes de bon jugement et qui savaient pénétrer dans le fond des choses, instituteurs spirituels, conseillers d'État, citadins et même villageois se réunirent, tinrent conseil, arrêtèrent une résolution, et tous, de toutes parts, ils dirent au vieux roi Daçaratha : « Auguste monarque, te voilà un vieillard devenu plusieurs fois centenaire : ainsi daigne consacrer ton fils Râma comme héritier de ta couronne. »

A ce discours, tel que son cœur l'avait souhaité, il dissimula son désir et répondit à ces hommes, dont il voulait connaitre mieux toute la pensée : « Pourquoi vos excellences désirent-elles que j'associe mon fils à mon trône dans le temps même où je *suffis à* gouverner la terre avec justice? »

Ces habitants de la ville et des campagnes répondirent à ce magnanime : « Nombreuses et distinguées, ô roi, sont les qualités de ton fils. Il est doux, il a des mœurs honnêtes, une âme céleste, une bouche instruite à ne dire que des choses aimables et jamais d'invectives ; il est bienfaisant, il est comme le père et la mère de tes sujets.

« A quelque guerre, ô mon roi, que tu ordonnes à ton fils de marcher, il s'en retourne d'ici et de là toujours victorieux, après que sa main a terrassé l'ennemi; et, quand il revient parmi nous, triomphant des armées étrangères, ce héros, tirant de la victoire même une modestie plus grande, nous comble encore de ses politesses.

« Rentre-t-il d'un voyage, monté sur un éléphant ou porté dans un char, s'il nous voit sur le chemin royal, il s'arrête, il s'informe de nos santés, et toujours ce prince affectueux nous demande si nos feux sacrés, nos épouses, nos serviteurs, nos disciples, *toute chose enfin* va bien chez nous.

« Puissions-nous voir bientôt sacrer par tes ordres, comme héritier présomptif du royaume, ce Râma aux yeux de lotus bleu, au cœur plein d'affection pour les hommes! Daigne maintenant, ô toi, qui es comme un Dieu chez les hommes, associer à ta couronne sur la terre ce fils si digne d'être élu roi, ce Râma, le seigneur du monde, le maître de son âme et l'amour des hommes, dont il fait les délices par ses vertus! »

Ensuite, ayant fait appeler Sumantra, le roi Daçaratha lui dit : « Amène promptement ici mon vertueux Râma! » « Oui! » répondit le serviteur obéissant; et, sur l'ordre intimé par son maître, ce ministre sans égal dans l'art de conduire un char eut bientôt amené Râma dans ce lieu même.

Alors, s'étant assis là, tous les rois de l'occident, du nord, de l'orient et du midi, ceux des Mlétchhas, ceux des Yavanas, ceux même des Çakas, qui habitent les montagnes, bornes du monde, s'échelonnèrent sous leur *auguste* suzerain Daçaratha, comme les Dieux sont rangés sous *Indra*, le fils de Vasou.

Assis dans son palais au milieu d'eux et tel qu'Indra au milieu des Maroutes, le saint monarque vit s'avancer, monté sur le char et semblable au roi des Gandharvas ce fils au courage déjà célèbre dans tout l'univers, aux longs bras, à la grande âme, au port *majestueux* comme la démarche d'un éléphant ivre d'amour. L'auguste souverain ne pouvait se rassasier de contempler ce Râma au visage désiré comme l'astre des nuits, à l'aspect infiniment aimable, qui attirait l'esprit et la vue des hommes par ses vertus, sa noblesse, sa beauté, et marchait, semant la joie autour de lui, comme le Dieu des pluies sur les êtres, consumés par les feux de l'été.

Aussitôt qu'il eut aidé le jeune rejeton de l'antique Raghou à descendre du char magnifique, Soumantra, les mains jointes, le suivit par derrière, tandis que le vaillant héros s'avançait vers son père.

Joignant ses mains, inclinant son corps, il s'approcha du monarque, et, se nommant, il dit : « Je suis Râma. » Puis il toucha du front les pieds de son père. Mais celui-ci, ayant vu son bien-aimé fils prosterné à son côté, les paumes réunies en coupe, saisit les deux mains jointes, le tira *doucement* à soi et lui donna un baiser.

Ensuite, le fortuné monarque offrit du geste à Râma un siége incomparable, éblouissant, le plus digne parmi tous, orné d'or et de pierreries. Alors, quand il se fut assis dans le noble siége, Râma le fit resplendir, comme le Mérou, que le soleil à son lever illumine de ses clartés sans tache.

Le puissant monarque se réjouit à la vue de ce fils chéri, noblement paré et qui semblait Daçaratha lui-même réfléchi dans la surface d'un miroir. Ce roi, le meilleur des pères, ayant donc adressé la parole à son fils avec un sourire, lui tint ce langage, comme Kaçyapa au souverain des Dieux :

« Râma, tu es mon enfant bien-aimé, le plus éminent par tes vertus et né, fils égal à moi, d'une épouse mon égale et la première de mes épouses. Enchaînés par tes bonnes qualités, ces peuples te sont déjà soumis : reçois donc le sacre, comme associé à ma couronne, en ce temps, où la lune va bientôt faire sa conjonction avec l'astérisme Poushya, *constellation propice.* J'aime à le reconnaître, mon fils; la nature t'a fait modeste et même vertueux; mais ces vertus n'empêcheront point ma tendresse de te dire ce qu'elle sait d'utile pour toi. Avance-toi plus encore dans la modestie; tiens continuellement domptés les organes des sens, et fuis toujours les vices, qui naissent de l'amour et de la colère. Jette les yeux sur la Cause première, et que sans cesse ton âme, *comme la sienne*, Râma, se cache et se montre dans la défense de tes sujets. D'abord, sois dévoué au bien, exempt d'orgueil, escorté sans cesse de tes vertus; ensuite, protége ces peuples, mon fils, comme s'ils étaient eux-mêmes les fils nés de ta propre chair.

« *Noble* enfant de Raghou, examine d'un œil vigilant tes soldats, tes conseillers, tes éléphants, tes chevaux et tes finances, l'ami et l'ennemi, les intermédiaires et les rois neutres. Lorsqu'un roi gouverne de telle sorte la terre, que ses peuples heureux lui sont *inébranlablement* dévoués, ses amis en ressentent une joie égale à cette allégresse des Immortels, devenus enfin les heureux possesseurs de la divine ambroisie. Impose le frein à ton âme, et sache, mon fils, te conduire ainsi! »

A peine le monarque avait-il achevé son discours, que des hommes, messagers de cette agréable nouvelle, couraient déjà en faire part à Kâauçalyâ. Elle, la plus noble des femmes, elle distribua à ces porteurs d'une nouvelle si flatteuse et de l'or, et des vaches, et toutes sortes de pierreries.

Quand il se fut incliné devant le roi son père, le Raghouide, éclatant de lumière, monta dans son char; puis, environné de foules nombreuses, il revint dans son palais.

Après le départ des citadins, le monarque, ayant délibéré une seconde fois avec ses ministres, arrêta une résolution, en homme qui sait prendre une décision. « Demain, l'astérisme Poushya doit se lever sur l'horizon; que mon fils Râma, à la prunelle dorée comme la fleur des lotus, soit donc sacré demain dans l'hérédité présomptive du royaume ! » Ainsi parla ce puissant monarque.

Entré dans sa maison, Râma en sortit au même instant et se dirigea vers le gynæcée de sa mère.

Là, il vit cette mère inclinée, revêtue de lin, sollicitant la Fortune dans la chapelle de ses Dieux. — Ici déjà s'étaient rendus avant lui Soumitrâ, Lakshmana et Sitâ, elle, que l'agréable nouvelle du sacre avait rendue toute joyeuse.

Râma, s'étant approché, s'inclina devant sa mère ainsi recueillie, et dit ces paroles faites pour lui causer de la joie : « Mère chérie, mon père m'a désigné pour gouverner ses peuples; on doit me sacrer demain : c'est l'ordre de mon père. Il faut que Sitâ passe avec moi cette nuit dans le jeûne, comme le roi me l'a prescrit avec le ritouidj et nos maîtres spirituels. Veuille donc répandre sur moi et sur la Vidéhaine, ma belle épouse, ces paroles heureuses, d'une si grande efficacité pour mon sacre, dont le jour que celui-ci précède verra l'*auguste* cérémonie. »

Ayant appris cette nouvelle, objet de ses vœux depuis un long temps, Kâauçalyâ répondit à Râma ces mots, troublés par des larmes de joie : « Mon bien-aimé Râma, vis un grand âge ! Périsse l'ennemi devant toi ! Puisse ta félicité réjouir sans cesse ma famille et celle de Soumitrâ !

« Tu es né en moi, cher fils, sous une étoile heureuse

et distinguée, toi, à qui tes vertus ont gagné l'affection du *roi* Daçaratha, ton père. O bonheur! ma dévotion pour l'Homme-*Dieu* aux yeux de lotus ne fut pas stérile, et j'augure que sur toi va se poser aujourd'hui cette félicité merveilleuse du saint roi Ikshwâkou! »

Après ce langage de sa mère, Râma, jetant sur Lakshmana, assis devant lui, son corps incliné et ses mains jointes, un regard accompagné d'un sourire, lui adressa les paroles suivantes : « Lakshmana, gouverne avec moi ce monde; tu es ma seconde âme, et ce bonheur qui m'arrive est en même temps pour toi! Fils de Soumitrâ, goûte ces jouissances désirées et savoure ces *doux* fruits de la royauté; car, si j'aime et la vie et le trône, c'est à cause de toi! »

Quand il eut ainsi parlé à son cher Lakshmana, Râma, s'étant incliné devant ses deux mères, fit prendre congé à Sitâ et retourna dans son palais.

La rue royale se trouvait alors dans Ayodhyâ tout obstruée par les multitudes entassées des hommes, dont cet événement avait excité la curiosité, et de qui les danses joyeuses dispersaient un bruit semblable à celui de la mer, quand *le vent* soulève ses humides flots. La noble cité avait arrosé et balayé ses grandes rues, elle avait orné de guirlandes sa rue royale, elle s'était pavoisée de ses vastes étendards.

En ce moment tous les habitants d'Ayodhyâ, hommes, femmes, enfants, par le désir impatient de voir le sacre de Râma, soupiraient après le retour du soleil. Chacun désirait contempler cette grande fête.

Râma se purifia d'une âme recueillie; puis, avec la *belle* Vidéhaine, *son épouse*, comme Nârâyana avec Lakshmî, il entra *dans le sanctuaire domestique*. Alors il mit sur sa tête, suivant la coutume, une patère de beurre clarifié et versa dans le feu allumé cette libation en l'honneur du grand Dieu. Ensuite, quand il eut mangé ce qui restait de l'oblation et demandé aux Immortels ce qui était avantageux pour lui, ce fils du meilleur des rois, voué au silence et méditant sur le dieu Nârâyana, se coucha dans une sainte continence avec la *charmante* Vidéhaine sur un lit de verveine, jonchée avec soin dans la brillante chapelle consacrée à Vishnou.

Au temps où la nuit fermait sa dernière veille, il sortit du sommeil et fit arranger tout avec un ordre soigné dans les meubles de son appartement. — Puis, quand il entendit les brillantes voix des poëtes et des bardes entonner les paroles de bon augure, il adora l'aube naissante, murmurant sa prière d'une âme recueillie. Dévotement prosterné, il célébra même l'ineffable meurtrier de Madhou, et, revêtu d'un habit de lin sans tache, il donna l'essor à la voix des brahmes.

Aussitôt le son doux et grave de leurs chants, auxquels se mêlaient dans ce jour de fête les accords des instruments de musique, remplit toute la ville d'Ayodhyâ. A la nouvelle que le noble enfant de Raghou avait accompli avec son épouse la cérémonie du jeûne, tous les habitants de se livrer à l'effusion de la joie; et les citadins, n'ignorant pas que le sacre de Râma venait avec ce jour déjà si près de paraître, se mirent tous à décorer la ville une seconde fois, aussitôt qu'ils virent la nuit s'éclairer aux premières lueurs du matin.

Sur les temples des Immortels, dont les faîtes semblent une masse blanche de nuages, dans les carrefours, dans les grandes rues, sur les bananiers sacrés, sur les plateformes des palais, sur les bazars des trafiquants, où sont amoncelées toutes les sortes infinies des marchandises, sur les splendides hôtels des riches pères de famille, sur toutes les maisons destinées à réunir des assemblées, sur les plus majestueux des arbres, flottent dressés les étendards et les banderolles de couleurs variées. De tous les côtés on entend les troupes des danseurs, des comédiens et des chanteurs, dont les voix se modulent pour le *délicieux* plaisir de l'âme et des oreilles.

Quand fut arrivé le jour du sacre, les hommes s'entretenaient, assis dans les cours ou dans leurs maisons, de conversations qui roulaient toutes sur les éloges de Râma ; et, de tous côtés, les enfants mêmes, qui s'amusaient devant les portes des maisons, *désertant le jeu*, s'entretenaient aussi de conversations, qui roulaient toutes sur les éloges de Râma. Pour fêter le sacre du jeune prince, les citadins avaient brillamment décoré, parfumé de la résine embaumée de l'encens, paré de fleurs et de présents la rue royale ; et, par une *sage* prévoyance contre l'arrivée de la nuit, afin de ramener le jour dans les ténèbres, ils avaient planté au long des rues dans toute la ville des arbres d'illuminations.

Dans ce temps, une suivante de Kêkéyî, sa parente éloignée, qui l'avait emmenée avec elle dans Ayodhyâ, monta d'elle-même sur la plate-forme du palais ; et là, promenant ses yeux, elle vit la rue du roi brillamment décorée, la ville pavoisée de grands étendards, ses voies remplies d'un peuple nombreux et rassasié.

A cet aspect de la cité riante et pleine de monde en habits de fête, elle s'approcha d'une nourrice placée non loin d'elle, et fit cette demande : « D'où vient aujourd'hui cette joie extrême des habitants ? Dis-le-moi ! Quelle chose aimée des citoyens veut donc faire le puissant monarque? Pour quelle raison, au comble d'un enchantement suprême, la mère de Râma verse-t-elle aujourd'hui ses trésors *comme une pluie* de largesses? »

Interrogée ainsi par cette femme bossue, la nourrice, toute ravie de plaisir, commence à lui raconter ce qui en était du sacre attendu pour l'association à la couronne : « Demain, au moment où la lune se met en conjonction avec l'astérisme Poushya, le roi fait sacrer comme héritier du trône son fils Râma, cette mine opulente de vertus. C'est pour cela que tout ce peuple est en joie dans l'attente du sacre, que les habitants ont décoré la ville et que tu vois la mère de Râma si heureuse. »

A peine eut-elle ouï ce langage désagréable pour elle, soudain, transportée de colère, la femme bossue descendit précipitamment de cette plate-forme du palais. La Mantharâ, qui avait conçu une mauvaise pensée, vint donc, les yeux enflammés de fureur, tenir ce langage à Kêkéyî, qui n'était pas encore levée : « Femme aveugle, sors du lit! Quoi! tu dors! Un affreux danger fond sur toi! Malheureuse, ne comprends-tu pas que tu es entraînée dans un abyme! »

Kêkéyî, aux oreilles de qui cette bossue à l'intention méchante avait jeté dans sa fureur ces mots si amers, lui fit à son tour cette demande : « Pourquoi es-tu *si* en colère, Mantharâ? Apprends-moi quelle est cette chose que tu ne peux supporter : en effet, je te vois toute pleine de tristesse et le visage bouleversé. »

A ces paroles de Kêkéyî, la Mantharâ, qui savait ourdir un discours artificieux, lui répondit ainsi, les yeux rouges de colère et d'envie, pour augmenter le trouble de sa maîtresse et la séparer enfin de Râma, dont cette femme à la pensée coupable désirait la perte : « Une chose bien grave te menace, une chose que tu ne dois pas tolérer, ô ma reine : c'est que le roi Daçaratha se dispose à consacrer *son fils* Râma comme héritier de sa couronne.

« Telle qu'une mère, à qui, séduite par un langage artificieux, sa bienveillance a fait recueillir un ennemi : ainsi, toi, imprudente, tu as réchauffé un serpent dans ton sein ! En effet, ce que pourrait faire, soit un serpent, soit un ennemi, que tu ne vois pas derrière toi et comme sous tes pieds, Daçaratha le fait aujourd'hui à ton fils et à toi. L'épouse bien-aimée de ce roi au langage traître et mensonger va mettre son Râma sur le trône; et toi, imprévoyante créature, tu seras immolée avec ton enfant ! »

A ces paroles de la bossue, Kêkéyî, ravie de joie, ôta de sa parure un brillant joyau et l'offrit en cadeau à la Mantharâ. Qnand elle eut donné à la perfide suivante ce magnifique bijou, en témoignage du plaisir *que lui inspirait sa nouvelle*, Kêkéyî enchantée lui répondit alors en ces termes : « Mantharâ, ce que tu viens de raconter m'est agréable ; c'est une chose que je désirais : aussi ai-je du plaisir à te donner une seconde fois ce gage de ma vive satisfaction. Il n'y a dans mon cœur aucune différence même entre Bharata et Râma : je verrai donc avec bonheur que le roi donne l'onction royale à celui-ci. »

A ces mots, rejetant le bijou de Kêkéyî, Mantharâ lui répondit en ces termes, accompagnés d'une imprécation : « Pourquoi, femme ignorante, te réjouis-tu, quand le danger plane sur toi? Ne comprends-tu pas que tu es submergée dans un océan de tristesse? *Tu le veux*, insensée : *eh bien!* cœur lâche, que le serpent *des soucis* te dévore, malheureuse, toi, que la science n'éclaire pas et qui vois les choses de travers! Je l'estime heureuse, cette Kâaucalyâ, qui dans ce jour, où la lune entre en conjonction avec l'astérisme Poushya, verra son fils, au corps semé de signes propices, oint et sacré comme l'héritier du trône paternel! Mais toi, femme ignorante, dépouillée de ta grandeur, tu seras soumise, comme une servante, à Kâaucalyâ grandie et parvenue même à la plus haute domination. On verra l'épouse de Râma savourer les jouissances du trône et de la fortune; mais ta bru à toi sera obscurcie et rabaissée! »

Kêkéyî, fixant les yeux sur la Mantharâ, qui parlait ainsi d'un air vivement affligé, se mit joyeusement à vanter elle-même les vertus de Râma.

A ces paroles de sa maîtresse, la Mantharâ, non moins profondément affligée, répondit à Kêkéyî, après un long et brûlant soupir : « O toi, de qui le regard manque de justesse, femme ignorante, ne t'aperçois-tu pas que tu te plonges toi-même dans un abime, dans la mort, dans un enfer de peines? Si Râma devient roi; si, après lui, son fils monte sur le trône; puis, le fils de son fils; ensuite, le rejeton né de son petit-fils, Bharata ne se trouvera-t-il point, Kêkéyî, rejeté hors de la famille du monarque? En effet, tous les fils d'un roi n'ont pas le trône de leur père chacun dans son avenir. Entre plusieurs fils, c'est un seul, qui reçoit l'onction royale; car si tous avaient droit à ceindre le diadème, ne serait-ce pas une bien grande anarchie? Aussi est-ce toujours dans les mains de leurs fils ainés, vertueux ou non, que les maitres de la terre, femme charmante, remettent les rênes du royaume? *De leur côté, arrivés au terme de la vie*, ces fils ainés trans-

6.

mettent à leurs fils aînés le royaume, sans partage; mais à leurs frères, jamais! C'est là une chose incontestable. *Que suit-il* de là? C'est que ton fils sera dépouillé à perpétuité des honneurs, privé du plaisir, comme un orphelin sans appui, et déchu à jamais de l'hérédité royale. Je suis accourue ici, conduite par ton intérêt; mais tu ne m'as point comprise, toi, qui veux me donner un cadeau quand je t'annonce l'agrandissement de ton ennemie! Car, une chose immanquable! Râma, une fois qu'il aura ceint le diadème, Râma, débarrassant le chemin de cette *gênante* épine, enverra Bharata en exil, ou, ce qui est plus sûr, à la mort.

« Enivrée de ta beauté, tu as toujours, dans ton orgueil, dédaigné la mère de Râma, épouse comme toi du même époux; comment ne ferait-elle pas tomber maintenant le poids de sa haine sur toi! »

A ces mots de la suivante, Kêkéyî poussa un soupir et répondit ces paroles : « Tu me dis la vérité, Mantharâ; je connais ton dévouement sans égal pour moi. Mais je ne vois aucun moyen par lequel on puisse faire obtenir de force à mon fils ce trône de son père et de ses aïeux. »

A ces paroles de sa maîtresse, la bossue, poursuivant son dessein criminel, délibéra dans son esprit *un instant* et lui tint ce langage : « Si tu veux, je t'aurai bientôt mis ce Râma dans un bois, et je ferai même donner l'onction royale à Bharata. »

A ces mots de la Mantharâ, Kêkéyi, dans la joie de son âme, se leva un peu de sa couche mollement apprêtée et lui répondit ces paroles : « Dis-moi, ô femme d'une intelligence supérieure; Mantharâ, dis-moi par quel moyen on pourrait élever Bharata sur le trône et jeter Râma dans une forêt? »

A peine eut-elle ouï ces mots de la reine, Mantharâ, bien résolue dans sa pensée coupable, tint ce langage à Kêkéyî pour la ruine de Râma : « Ecoute, et réfléchis bien, quand tu m'auras entendue. Jadis, au temps de la guerre entre les Dieux et les Démons, ton invincible époux, sollicité par le roi des Immortels, s'en fut affronter ces combats. — Il descendit, vers la plage méridionale, dans la contrée nommée Dandaka, où le Dieu qui porte à son étendard l'image du *poisson* Timi possède une ville appelée Vêdjayanta.

« Là, non vaincu par les armées célestes, un grand Asoura, qui avait nom Çambara, puissant par la magie, livra bataille à Çakra. Dans cette terrible journée, le roi fut blessé d'une flèche ; il revint ici victorieux ; et ce fut par toi, reine, qu'il fut pansé lui-même. La plaie, grâce à toi, fut cicatrisée; et, ravi de joie, l'auguste malade t'accorda, femme illustre, deux faveurs *à ton choix*. Mais toi : « Réserve l'effet de ces deux grâces pour le temps où j'en souhaiterai l'accomplissement ! » *N'est-ce pas* ainsi *qu'*alors tu parlas à ton magnanime époux, qui te répondit : Oui? J'étais ignorante de ces choses, et c'est toi, qui jadis, reine, me les a contées.

« Réclame de ton époux ces deux grâces; demande pour l'une le sacre de Bharata et pour l'autre l'exil de Râma pendant quatorze années. Montre-toi courroucée, ô toi, de qui le père est un monarque; entre dans l'appartement de la colère; et, vêtue d'habits souillés, couchée sur la terre nue, ne jette pas un regard de tes yeux sur le roi, ne lui adresse pas même une parole, comme une abandonnée qui dort sur la terre, femme qu'on nommait hier la brillante et qu'il faut appeler maintenant la désolée. Bientôt, *près du sol dégarni*, *où tu seras étendue*, le monarque, plongé dans la tristesse, viendra lui-même tâcher de regagner tes bonnes grâces et te demander ce que tu désires : car, je n'en puis douter, ton époux t'aime beaucoup.

« Si ton époux t'offrait des perles, de l'or et toutes sortes de bijoux, ne tourne pas un regard vers ses présents.

« Mais si, voulant donner à ses deux grâces tout leur effet, ton époux te relevait de ses mains ; enchaîne-le d'abord sous la foi du serment ; ensuite, radieuse beauté, demande-lui, comme grâce première, l'exil de Râma durant neuf ans ajoutés à cinq années, et, comme seconde, l'hérédité du royaume conférée à Bharata.

« Ainsi, heureuse *mère*, ton Bharata, sans nul doute, obtiendra la plus haute fortune sur la terre ; ainsi, Râma, sans nul doute, ira lui-même dans l'exil.

« O toi, de qui la nature est toute candide, comprends quelle puissance la beauté met dans tes mains ! Le roi n'aura ni la force d'exciter ni la force de mépriser ta colère ; le monarque de la terre pourrait-il enfreindre une seule parole de ta bouche, puisqu'il renoncerait à sa vie même pour l'amour de toi? »

Excitée par la suivante, sa maîtresse vit sous les couleurs du bien ce qui était mauvais ; et son âme, troublée par les influences d'une malédiction, ne sentit pas que l'action était coupable. En effet, dans son enfance, au pays des Kékéyains, elle avait jeté sur un brahme, qui semblait un homme stupide, l'injure d'une parole blessante ; et ce magnanime avait maudit *en ces termes* la jeune fille inconsidérée : « Puisque tu as injurié un brahme dans l'ivresse de l'orgueil, que t'inspire *déjà* ta beauté, tu recueilleras toi-même un jour le blâme et les mépris dans le monde ! »

Il dit, et, chargée de sa malédiction, Kêkéyi tomba *fatalement* sous la domination de Mantharâ; elle prit donc la bossue aux vues criminelles dans ses bras, la serra fortement contre son cœur; et toute à l'excès d'une joie qui troublait sa raison, elle tint résolûment ce langage à Mantharâ : « Je suis loin de mépriser ta prévoyance exquise, ô toi qui sais trouver les plus sages conseils : il n'existe pas dans ce monde une seconde femme égale à toi pour l'intelligence. »

Ainsi flattée par Kêkéyi, la bossue, pour animer davantage la reine couchée dans son lit, répondit en ces termes : « Il est superflu de jeter un pont sur un fleuve dont le canal est à sec; lève-toi donc, illustre dame! assure ta fortune, et mets le trouble dans le cœur du monarque! » « Oui! » répondit Kêkéyi, approuvant ces paroles; et, suivant les conseils de Mantharâ, elle s'affermit dans la résolution de faire donner l'onction royale à Bharata.

La noble reine ôta son collier de perles, enrichi de précieux bijoux et de joyaux magnifiques; elle se dépouilla de toutes ses autres parures; et, l'âme remplie de haine par cette Mantharâ, elle entra dans la chambre de la colère, où elle s'enferma seule avec l'orgueil que lui inspirait la force de sa prospérité.

Alors, avec un visage assombri sous les nuages de sa colère excitée, ayant détaché rubans, torsades et joyaux de son buste si pur, l'épouse charmante de l'Indra des hommes devint comme le ciel enveloppé de ténèbres, quand l'astre de la lumière s'est éclipsé.

Or, quand il eut fait connaître *le jour et l'instant où* l'onction royale *serait* donnée à Râma, le puissant monarque entra dans son gynœcée pour annoncer cette agréable nouvelle à Kêkéyî. Là, ce maître du monde, apprenant qu'elle était couchée sur la terre, abattue dans une situation indigne de son rang, il en fut comme foudroyé par la douleur. Ce vieillard s'avança tout affligé vers sa jeune femme, plus aimée de lui que sa vie même; de lui à l'âme sans reproche, elle, qui nourrissait une pensée coupable.

S'étant donc approché de son épouse, qui désirait avec folie une chose funeste, odieuse à tous les hommes et qui serait blâmée du monde, il vit la noble dame renversée par terre. Il se mit à côté et la caressa tendrement, comme un grand éléphant caresse avec la trompe sa plaintive compagne, que la flèche empoisonnée *d'un chasseur* a blessée.

Après que ses mains eurent bien caressé la femme éplorée, de qui la respiration *sanglotante* ressemblait aux sifflements d'un serpent, le roi tint, d'une âme tremblante, ce langage à Kêkéyî : « Je ne sais pas ce qui put allumer cette colère en toi. Qui donc osa t'offenser, reine! Ou par qui l'honneur qui t'est dû ne te fut-il pas rendu? Pourquoi, femme naguère *si* heureuse et maintenant *si* désolée, pourquoi, à ma *très-vive* douleur, es-tu couchée sur la terre nue et dans la poussière, comme une *veuve* sans appui, en ce jour où mon âme est toute joyeuse? »

Il dit et releva sa femme éplorée. Elle, qui brûlait de lui dire cette chose funeste, qui devait augmenter le chagrin de son époux, répondit *sur-le-champ* à ces mots : « Je n'ai reçu aucune offense de personne, *magnanime* roi; l'honneur qui m'est dû ne m'a pas été refusé; mais, quel que soit mon désir, daigne faire en ce jour une chose qui m'est chère. Donne-m'en l'assurance maintenant, si tu veux bien la faire; et quand j'aurai, moi, reçu ta promesse, je t'expliquerai ce qu'est mon désir. »

A ces paroles de cette femme chérie, le monarque, tombé sous l'empire de son épouse, entra dans ce piége à sa ruine, comme une antilope s'engage étourdiment au milieu d'un filet. Le prince, qui voyait toute consumée de sa douleur cette Kêkéyî, épouse bien-aimée, elle qui jamais ne manqua au vœu conjugal, elle *si* attentive à tout ce qui pouvait lui être utile ou agréable : « Femme charmante, dit-il, tu ne sais donc pas! Excepté Râma seul, il n'existe pas dans tous les mondes une seconde créature que j'aime plus que toi!

« Je m'arracherais ce cœur même pour te le donner : ainsi, ma Kêkéyî, regarde-moi et dis ce que tu désires.

« Tu vois que je possède en moi la puissance, ne veuille donc plus balancer : je ferai ta joie; *oui*, je le jure par toutes mes bonnes œuvres! » Alors, satisfaite de ce langage, Kêkéyî joyeuse révéla son dessein très-odieux et d'une profonde scélératesse.

« Que les Dieux réunis sous leur chef Indra même entendent ce serment solennel de ta bouche, que tu me donneras la grâce demandée! Que la lune et le soleil, que les autres planètes mêmes, l'Éther, le jour et la nuit, les plages du ciel, le monde et la terre; que les Gandharvas et les Rakshasas, les Démons nocturnes, *qui abhorrent les clartés du jour*, et les Dieux domestiques, à qui plaît d'habiter nos maisons; que les êtres animés, *d'une autre espèce et de quelque nature qu'ils soient*, connaissent la parole échappée de tes lèvres!

« Ce grand roi qui a donné sa foi à la vérité, pour qui le devoir est une science bien connue, de qui les actes sont pleinement accompagnés de réflexion, s'engage à mettre les objets d'une grâce dans mes mains : Dieux, je vous en prends donc à témoins ! »

Quand la reine eut ainsi enveloppé ce héros au grand arc dans le réseau du serment, elle tint ce discours au monarque, dispensateur des grâces, mais aveuglé par l'amour :

« Jadis, ô roi, satisfait de mes soins, dans la guerre, que les Dieux soutenaient contre les Démons, tu m'as octroyé deux grâces, dont je réclame aujourd'hui l'accomplissement. Que Bharata, *mon fils,* reçoive l'onction royale, comme héritier du trône, dans la cérémonie même que tes soins préparent ici pour associer Râma à la couronne. En outre, que celui-ci, portant le djatâ, la peau de biche et l'habit d'écorce, s'en aille dans les bois durant neuf et cinq ans : voilà ce que je choisis pour mes deux grâces. Si donc tu es vrai dans tes promesses, exile Râma dans les forêts et consacre Bharata, mon fils, dans l'hérédité du royaume. »

Ce langage de Kêkéyi blessa au cœur le puissant monarque, et son poil se hérissa d'effroi, comme sur la peau d'une antilope mâle, quand il voit la tigresse devant lui. S'affaissant aussitôt sous le coup de cette grande douleur, il tomba hors de lui-même sur terre veuve de ses tapis. « Hélas ! s'écria-t-il, ô malheur ! » A ces mots, en proie à sa douleur, il tomba sur la terre, et, blessé au *milieu du* cœur par la flèche des cruelles paroles, il fut à l'instant même absorbé dans un profond évanouissement.

Longtemps après, quand il eut repris connaissance, l'âme noyée dans l'affliction, il dit, plein de tristesse et d'amertune, il dit avec colère à Kêkéyî : « Scélérate, femme aux voies corrompues, que t'a fait Râma, ou que t'ai-je fait, destructrice de ma famille, ô toi, de qui les vues sont toutes criminelles ? N'est-ce pas à toi qu'il rend ses hommages, avant même de les rendre à Kâauçalyâ ? Pourquoi donc es-tu si acharnée à la ruine de Râma ?

« Que j'abandonne, ou Kâauçalyâ, ou Soumitrâ, ou ma royale splendeur et ma vie, soit ! mais non ce Râma, si plein d'amour filial. C'est assez ! renonce à ta résolution, femme aux desseins criminels : *tu le vois !* je touche avec mon front tes pieds mêmes ; fais-moi grâce ! »

Le cœur déchiré à ce discours d'une grande amertume, à ces mots épouvantables même de son épouse, le roi consterné avait l'esprit égaré, les traits de son visage convulsés, tel qu'un buffle vigoureux, assailli par une tigresse. Lui, ce dominateur du monde, ce protecteur des malheureux, il tomba sur la terre, embrassant les pieds de sa femme, dont les mains, *pour ainsi dire*, serraient son cœur d'une pression douloureuse, et, *d'une voix sanglotante*, il jetait ces mots : « Grâce, ô ma reine ! grâce ! »

Tandis que le grand roi, dans une posture indigne de lui, était gisant à ses pieds mêmes, Kêkéyî jeta encore ces mots si durs, elle sans crainte à lui portant l'effroi dans ses yeux, avec le trouble dans son âme triste et malheureuse : « Toi, de qui les sages vantent continuellement la vérité dans les paroles et la fidélité dans la foi jurée, pourquoi, seigneur, quand tu m'as accordé ces deux grâces, hésites-tu *à m'en donner l'accomplissement ?* »

Irrité de ces paroles de Kêkéyî, le roi Daçaratha lui répondit alors, plein d'émotion et gémissant : « Femme ignoble, mon ennemie, goûte donc, hélas! ce bonheur, Kêkéyî, de voir ton époux mort et Râma, ce *fier* éléphant des hommes, banni dans un bois!

« Cruel, moi! âme méchante, esclave d'une femme, est-ce là se montrer père à l'égard d'un fils si magnanime et doué même de toutes les vertus! — Maintenant qu'il est fatigué par le jeûne, la continence et les instructions de nos maîtres spirituels, il ira donc, à l'heure enfin arrivée de sa joie, trouver l'infortune au milieu des forêts!

« Malheur à moi cruel, nature impuissante, subjuguée par une femme, homme de petite vigueur, incapable même de s'élever jusqu'à la colère, sans énergie et sans âme! Une infamie sans égale, une honte certaine et le mépris de tous les êtres me suivront dans le monde, comme un criminel! »

Tandis que le monarque exhalait en ces plaintes le chagrin qui troublait son âme, le soleil s'inclina vers son couchant et la nuit survint. Au milieu de tels gémissements et dans sa profonde affliction, cette nuit, composée de trois veilles seulement, lui parut aussi longue que cent années.

A la suite de ces plaintes, le monarque éleva ses deux mains jointes vers Kêkéyî, essaya encore de la fléchir et lui dit ces nouvelles paroles : « O ma bonne, prends sous ta protection un vieillard malheureux, faible d'esprit, esclave de ta volonté et qui cherche en toi son appui; sois-moi propice, ô femme charmante! Si ce n'est là qu'une feinte mise en jeu par l'envie de pénétrer ce que j'ai au fond du cœur : *eh bien! sois contente*, femme au gracieux sourire, voilà ce qu'est en vérité mon âme : je suis de toute manière ton serviteur. Quelque chose que tu veuilles obtenir, je te le donne, hors l'exil de Râma : *oui*, tout ce qui est à moi, ou même, *si tu la veux*, ma vie ! »

Ainsi *conjurant et* conjurée, elle d'une âme si corrompue et lui d'une âme si pure, cette femme cruelle à son époux n'accorda rien aux prières de ce roi, sur les joues duquel tombaient des larmes et dont *les tourments intérieurs se révélaient aux yeux par* les formes bien tourmentées de sa personne. Ensuite, quand le monarque vit son épouse, affermie dans la méchanceté, parler encore avec inimitié sur l'odieuse action d'exiler son fils, il perdit une seconde fois la connaissance et, couché sur la terre, il sanglota dans la tristesse et le trouble de son âme.

Tandis que son époux désolé, malade du chagrin, dont l'injuste exil de son fils tourmentait son cœur, et tombé sans connaissance sur la terre, se débattait convulsivement, Kêkéyi lui jeta ces nouvelles paroles : « Pourquoi es-tu là gisant, évanoui sur la face de la terre, comme si tu avais commis un lourd péché, quand tu m'accordas spontanément les deux grâces? Ce qui est digne de toi, c'est de rester ferme dans la vérité *de ta promesse.*

« Le premier devoir, c'est la vérité, ont dit ces hommes sincères qui savent les devoirs : si tu fus sollicité par moi, c'est que je m'étais dit, car je *pensais* te connaître : « Sa parole est une vérité ! » Çivi, le maître de la terre, ayant sauvé la vie d'une colombe, s'arracha le cœur à lui-même, *pour ne pas manquer à sa promesse*, et le fit manger au vautour : c'est ainsi qu'il mérita de passer au ciel en quittant la terre. Jadis, certaines limites furent acceptées de l'Océan, ce roi des fleuves ; et, depuis lors, fidèle à son traité, il n'est jamais sorti de ses rivages, malgré son impétuosité. Alarka même s'arracha les deux yeux pour les donner au brahme qui l'implorait : action, qui valut au saint roi de monter, après cette vie, dans les demeures célestes.

« Pourquoi donc, si tu es vrai dans tes promesses, toi qui, au temps passé, voulus bien m'accorder ces deux grâces, pourquoi, *dis-je*, m'en refuses-tu aujourd'hui l'accomplissement, comme un avare et un homme vil? Envoie Râma, ton fils, habiter les forêts! Si tu ne combles pas maintenant le désir manifesté dans mes paroles, je vais, ô roi, jeter là ma vie sous tes yeux mêmes! »

Le monarque, enlacé par Kêkéyî, comme autrefois Bali par Vishnou, dans les rets de ses artifices, ne put alors en déchirer les mailles.

Quand la nuit commençait à s'éclaircir aux premières lueurs de l'aube matinale, Soumantra vint à la porte, et, s'y tenant les mains jointes, il réveilla son maître : « O roi, voici que ta nuit s'est déjà bien éclairée, disait-il : que sur toi descende la félicité ! Réveille-toi, ô tigre des hommes ! Recueille et le bonheur et les biens ! Croîs en richesses, puissant monarque de la terre, croîs en toute abondance, tel que la mer se gonfle et croît au lever de la pleine lune ! Comme le soleil, comme la lune, comme Indra, comme Varouna jouissent de leur opulence et de leur félicité, jouis ainsi des tiennes, auguste dominateur de la terre ! »

Quand il entendit son écuyer lui chanter ces heureux souhaits, *vœux accoutumés* pour son réveil, le monarque, consumé par sa douleur immense, lui adressa la parole en ces termes : « Pourquoi viens-tu, conducteur de mon char, pourquoi viens-tu me féliciter, moi, de qui la tristesse n'est pas un thème bien assorti aux félicitations? Tu ajoutes par ton langage une douleur nouvelle à mes souffrances, »

Quand il entendit ces mots prononcés par le roi malheureux, Soumantra s'éloigna vite de ces lieux, non sans *rougir* un peu de honte.

Sur ces entrefaites, Kêkéyî, obstinée dans sa volonté criminelle, jeta de nouveau ces paroles à son époux étendu par terre, à son époux, qu'elle voulait stimuler avec l'aiguillon de son langage :

« Pourquoi parles-tu ainsi, en ces termes désolés, comme un être de la plus basse condition? Mande ici Râma; envoie-le sans faiblesse habiter les forêts! Si tu es fidèle en tes promesses, donne-moi l'accomplissement d'une parole qui m'est chère. »

Alors, blessé par l'aiguillon de ces paroles, comme un éléphant avec la pointe aiguë *de son cornac*, le roi, consumé par le feu du chagrin, dit ces mots à Soumantra :

« Conducteur de mon char, je suis lié avec la chaîne de la vérité; mon âme est pleine de trouble. Amène ici Râma sans délai, je désire le voir. »

A peine eut-elle entendu ces mots du roi, Kêkéyî sur-le-champ dit aussi d'elle-même à l'écuyer : « Va! amène Râma; et fais-le se hâter, de manière qu'il vienne au plus tôt! »

Ensuite, Soumantra sortit avec empressement : arrivé sur le pas *intérieur* de la porte, il y vit les rois de la terre; et quand il eut franchi le seuil *extérieur*, il trouva dehors les conseillers et les prêtres du palais, qui se tenaient là tous réunis dans l'attente.

Dans ce jour même, où la lune était parvenue à sa

conjonction avec l'astérisme Poushya, on avait disposé en vue de Râma toutes les choses nécessaires à la cérémonie d'un sacre. On avait préparé un trône d'or, éblouissant, magnifiquement orné, sur lequel s'étalait une peau, riche dépouille du roi des quadrupèdes. On avait apporté de l'eau puisée au confluent du Gange et de l'Yamounâ; on avait apporté de l'eau prise dans les autres fleuves sacrés, qui tournent le front, soit à l'orient, soit à l'occident, ou qui serpentent dans un canal tout à fait sinueux. On avait apporté même de l'eau recueillie dans toutes les mers.

Les urnes, pleines de ces ondes, étaient d'or massif; autour de leurs flancs, on avait tressé en guirlandes les jeunes pousses des arbres qui se plaisent au bord des eaux, mêlées aux fleurs des nymphéas et des lotus. Des limons, des grenades, du beurre clarifié, du miel, du lait, du caillé, de la vase même et de l'eau, envoyés des plus saints tirthas, s'y mêlaient à toutes les choses distinguées par une influence heureuse.

On avait également préparé en vue de Râma un sceptre, somptueusement orné de joyaux et d'un éclat aussi pur que les rayons de la lune, un chasse-mouche, un magnifique éventail, décoré avec une radieuse guirlande et tel que le disque en son plein de l'astre des nuits. On avait encore exécuté pour l'assomption de Râma au trône paternel un vaste parasol, *emblème de royauté*. Là étaient réunis un taureau blanc, un cheval au blanc pelage, un éléphant de choix, superbe et dans l'ivresse du rut, huit belles jeunes filles, sur la personne desquelles resplendissaient les plus riches parures, des poëtes laudateurs, vêtus d'un opulent costume, et toutes les espèces d'instruments, qui servent à la musique.

Arrivé dans la rue du roi, Soumantra fendit les ondes arrêtées là du peuple et recueillit dans sa route les paroles échangées des conversations, qui toutes se rattachaient aux louanges de Râma.

« Aujourd'hui Râma, disaient-ils, va recevoir l'hérédité du royaume, suivant les ordres mêmes de son père. Oh ! quelle grande fête aujourd'hui l'on va donner pour nous dans la ville ! Ce héros doux, maître de lui-même, bon pour les habitants de la ville, et qui trouve son plaisir dans le bonheur de toutes les créatures, Râma, sans aucun doute, sera aujourd'hui même notre prince de la jeunesse. Oh ! combien les faveurs *du ciel* pleuvent aujourd'hui sur nous, puisque Râma, qui est l'amour des hommes vertueux, va désormais nous protéger, comme un père défend les fils qui sont nés de sa chair ! »

Telles étaient les paroles que, de tous les côtés, Soumantra entendait sortir de cette foule épaisse, tandis qu'il s'en allait chez Râma, d'une marche pressée, afin de le ramener au palais de son père.

Descendu en face de cette maison, où régnait une vaste abondance, l'illustre cocher fut saisi de plaisir et de joie à la vue des ornements luxueux qui décoraient ce palais, tout émaillé de pierreries, comme celui du *céleste* époux qui mérita le choix de *la belle* Çatçhî.

Il vit le pas de ses portes couvert par une multitude officielle de poëtes, de bardes, de chanteurs et de panégyristes, qui, attachés à sa maison pour ramener agréablement le sommeil ou le réveil sur ses paupières, célébraient à l'envi les vertus de sa royale personne.

Quand il eut traversé dans ce riche palais six enceintes, dont les foules pressées des hommes remplissaient l'étendue, il pénétra dans la septième, parfaitement distribuée.

Soumantra, s'étant approché d'un air modeste, s'inclina pour saluer Râma, d'une beauté en quelque sorte flamboyante et semblable au soleil qui vient de naître *sur un ciel sans nuages*.

« Que la reine Kâauçalyâ est heureuse de posséder un tel fils! Le roi, en compagnie de Kêkéyî, désire te voir. Viens donc, Râma, s'il te plaît! »

A ces mots du cocher, Râma, qui avait reçu, la tête inclinée, cet ordre venu de son père, Râma aux yeux de lotus tint ce langage à Sîtâ : « Sîtâ, le roi et la reine se sont réunis ensemble pour délibérer, sans aucun doute, sur mon sacre comme héritier de la couronne. Assurément, Kêkéyî, ma mère, guidée par le désir même de faire une chose qui m'est agréable, emploie tout son art en ce moment pour mettre de ses mains le diadème sur mon front. Je pars donc sans délai; j'*ai hâte de* voir ce maître de la terre, assis dans sa chambre secrète seul avec Kêkéyî et libre de soucis. »

A ces paroles de son mari : « Va, mon noble époux, lui dit Sîtâ, voir ton père et même avec lui ta mère. »

Sorti de son palais, ce prince d'une splendeur incomparable vit rassemblés devant les portes une foule de serviteurs, curieux de voir le *noble* maître. A leur aspect, il s'approcha d'eux et les salua tous ; puis, sans perdre un instant, il s'élança dans un char d'argent, déjà même attelé. Élevé sur le char opulent, dont le fracas égalait celui du tonnerre, Râma sortit de son palais, comme la lune sort des nuages blancs.

Alors, tenant un parasol avec un chasse-mouche dans ses mains, Lakshmana aussitôt monta derrière l'auguste Râma, comme Oupéndra se tient derrière le dieu Indra, et lui fit sentir agréablement les doux offices de l'ombrelle et du chasse-mouche. Un cri de « Halâ! halâ! » s'éleva immense, et le cœur de tous se dilata, quand on vit s'avancer dans son char ce Râma, le plus noble des hommes qui possèdent un char.

Il s'avançait lentement et répondait à ces foules d'hommes par des saluts, distinguant chacun d'eux avec un mot, un sourire, un coup d'œil, un mouvement du front, un geste de la main.

Les épouses mêmes des habitants, accourues à leurs fenêtres, contemplaient cette marche de Râma et vantaient ses vertus, qui tenaient leur âme enchaînée avec un lien d'amour.

« Râma, disaient les unes, suivra le chemin dans lequel ont marché ses aïeux et même avant eux ses vénérables ancêtres, car il possède un nombre infini de vertus. Ainsi que son aïeul et son père nous ont gouvernés, ainsi nous gouvernera-t-il, et même beaucoup mieux, sans aucun doute. Loin de nous aujourd'hui le boire et le manger! loin de nous aujourd'hui toute jouissance des choses aimées, tant qu'il n'aura pas obtenu d'être associé à la couronne! »

« Oh! disaient les autres, il n'existe pour nous aucune chose préférable au sacre du vaillant Râma : il nous est même plus cher que la vie! Que la reine Kâauçalyâ se réjouisse de voir en toi son fils, et que Sitâ monte avec toi, noble enfant de Raghou, au sommet de la plus haute fortune! Quand le don paternel t'aura mis sur le front cette couronne désirée, vis, Râma, une longue vie, assis dans le plaisir sur tes ennemis vaincus! »

Tandis que le beau jeune homme poursuivait sa marche vers le palais du monarque, son oreille était frappée de ces discours et par différentes autres acclamations flatteuses, que lui jetait encore une foule assise sur les plates-formes des maisons. Aucun homme, aucune femme ne pouvait séparer de lui ses regards, ni lui reprendre son âme, ravie par les qualités d'un héros si plein de majesté.

Râma vit son père assis dans un siége, en compagnie de Kêkéyî, et montrant la douleur peinte sur *tous les traits* de sa figure desséchée par le chagrin et l'insomnie. D'abord, s'étant prosterné et joignant les mains, il toucha du front ses pieds; ensuite et sans tarder, il s'inclina de nouveau et rendit le même honneur à ceux de Kêkéyî.

Le fils de Soumitrâ vint après lui honorer les pieds du roi, son père; et, plein de modestie comme d'une joie suprême, il salua également ceux de Kêkéyî.

A l'aspect de Râma, qui se tenait en face de lui avec un air modeste, le roi Daçaratha n'eut pas la force d'annoncer l'odieuse nouvelle à ce fils sans reproche et bien-aimé. A peine eut-il articulé ce seul mot : « Râma! » qu'il demeura muet, comme bâillonné par l'impétuosité de ses larmes; il ne put dire un mot de plus, ni même lever ses regards vers cet enfant chéri.

Quand Râma, assiégé d'inquiétudes, vit cette révolution, qui s'était faite dans l'esprit de son père, si différent de ce qu'il était auparavant, il tomba lui-même dans la crainte, comme s'il eût touché du pied un serpent.

Alors ce noble fils, qui trouvait son plaisir dans le bonheur de son père, se mit à rouler ces pensées en lui-même : « Pour quel motif ce roi ne peut-il soulever ses yeux sur moi? Pourquoi n'a-t-il pas continué son discours, après qu'il eut dit : « Râma? » N'aurais-je pas commis une faute, soit d'ignorance, soit d'inattention? »

Ensuite Râma, tel qu'un malheureux consumé de chagrin, jeta sur Kêkéyi un regard de son visage consterné et lui tint ce langage : « Reine, n'aurais-je point commis par ignorance je ne sais quelle offense contre le maître de la terre; offense, pour laquelle, triste et le visage sans couleur, il ne daigne plus me parler? Ce qui fait son tourment, est-ce une peine de corps ou d'esprit? Est-ce la haine d'un ennemi? car il n'est guère possible de conserver une paix inaltérable. Reine, est-il arrivé quelque malheur à Bharata, ce jeune prince, les délices de son père? En est-il arrivé même à Çatroughna? Ou bien encore aux épouses du roi? Ne suis-je pas tombé par ignorance dans une faute qui a soulevé contre moi le courroux de mon père? Dis-le-moi; obtiens de lui mon pardon! »

Elle, à qui la bonne foi et la véracité du jeune prince était bien connues, Kêkéyî, cette âme vile, corrompue aux discours de la Mantharâ, lui tint ce langage : « Jadis, noble enfant de Raghou, dans la guerre que les Dieux soutinrent contre les Démons, ton père, satisfait de mes bons services, m'accorda librement deux grâces. Je viens de lui en réclamer ici l'accomplissement : j'ai demandé pour Bharata le sacre, et pour toi un exil de quatorze ans. Si donc tu veux conserver à ton père sa *haute renommée de* sincérité dans les promesses, ou si tu as résolu de soutenir dans ta parole même toute sa vérité, abandonne ce diadème, quitte ce pays, erre dans les forêts sept et sept années, à compter de ce jour, endossant une peau de bête pour vêtement et roulant tes cheveux comme le djatâ des *anachorètes.* »

Alors il se réfugia dans la force de son âme pour soutenir le poids de ce langage, qui eût écrasé même un homme ferme; et, regardant la parole engagée par le père comme un ordre qui enchaînait le fils étroitement, il résolut de s'en aller au milieu des forêts.

Ensuite, ayant souri, le bon Râma fit cette réponse au discours qu'avait prononcé Kêkéyî : « Soit! revêtant un habit d'écorce et les cheveux roulés en gerbe, j'habiterai quatorze ans les bois, pour sauver du mensonge la promesse de mon père! Je désire seulement savoir une chose : pourquoi n'est-ce pas le roi qui me donne cet ordre lui-même, en toute assurance, à moi, le serviteur obéissant de sa volonté? Je compterais comme une grande faveur, si le magnanime daignait m'instruire lui-même de son désir. Quelle autorité, *noble* reine, ce roi n'a-t-il pas sur moi, son esclave et son fils? »

Kêkéyî répondit à ces mots : « Retenu par un sentiment de pudeur, ce roi n'ose te parler lui-même : il n'y a pas autre chose ici, n'en doute pas, *vaillant* Raghouide, et ne t'en fais pas un sujet de colère. Tant que tu n'auras point quitté cette ville pour aller dans les bois, le calme, Râma, ne peut renaître dans l'esprit affligé de ton père. »

Le monarque entendit, les yeux fermés, ces cruelles paroles de Kêkéyî l'ambitieuse, qui n'osait encore se fier à la résolution du vertueux jeune homme. Il jeta, par l'excès de sa douleur, cette exclamation prolongée : « Ah! je suis mort! » et retombant aussitôt dans la torpeur, il se noya dans les pleurs de sa tristesse.

A l'audition amère de ce langage horrible au cœur et d'une excessive cruauté, Râma, que Kêkéyî frappait ainsi avec la verge de ses paroles, comme un coursier plein de feu, bien qu'il se précipitât de lui-même, en toute hâte, vers son exil au sein des bois; Râma, *dis-je*, n'en fut pas troublé et lui répondit en ces termes :

« Je ne suis pas un homme qui fasse des richesses le principal objet de ses désirs ; je ne suis pas, reine, ambitieux d'une couronne ; je ne suis pas un menteur ; je suis un homme, de qui la parole est sincère et l'âme candide : pourquoi te défier ainsi de moi? Toute chose utile à toi, qu'il est en ma puissance de faire, estime-la comme déjà faite, fût-ce même de sacrifier pour toi le souffle bien-aimé de ma vie! Certes! exécuter l'ordre émané d'un père est supérieur à tout devant mes yeux, le devoir excepté : néanmoins, reine, je partirai dans le silence même de mon père, et j'habiterai les bois déserts quatorze années, sur la parole de ta majesté seule.

« Aussitôt que j'aurai dit adieu à ma mère et pris congé de mon épouse, je vais au même instant habiter les forêts : sois contente! Tu dois veiller à ce que Bharata gouverne bien l'empire et soit docile au roi, *son père*. C'est là pour toi un devoir imprescriptible et de tous les instants. »

A peine le monarque, revenu un peu à lui-même et baigné dans ses tristes larmes, eut-il ouï ce discours de Râma, qu'il perdit une seconde fois la connaissance.

Après que Râma, le corps incliné, eut touché de sa tête les pieds de son père évanoui ; après qu'il eut adressé le même salut aux pieds de Kêkéyî ; après que, les mains jointes, il eut décrit un pradakshina autour du *roi* Daçaratha et de sa vile épouse, il quitta incontinent ce palais de son père. Lakshmana, au corps tout parsemé de signes heureux, mais les yeux obscurcis de larmes, suivit l'invincible, qui sortait devant lui : il marchait derrière, agitant la pensée de faire abandonner son dessein au vaillant Râma, qui se hâtait d'aller résolument habiter au fond des bois.

Dès que Râma, plein de respect, mais détournant d'elles ses regards, eut décrit un pradakshina autour des choses destinées à la cérémonie du sacre, il s'éloigna lentement.

Il revit ses gens avec un visage riant; il répondit à leurs saluts par les siens, avec les bienséances requises, et s'en alla d'un pied hâté voir Kâauçalyâ au palais même qu'habitait sa royale mère. Aucun homme, si ce n'est Lakshmana seul, ne s'aperçut du chagrin qu'il renfermait dans son âme, contenue par sa fermeté.

Dans ce même instant, la pieuse reine Kâauçalyâ prosternée adressait aux Dieux son adoration et s'acquittait d'un vœu, dont elle s'était liée vis-à-vis des Immortels. Elle espérait que son fils serait bientôt sacré comme prince de la jeunesse; et, vêtue d'une robe blanche, toute dévouée à sa religieuse cérémonie, elle ne permettait pas à son âme de s'égarer sur des objets étrangers.

Râma, voyant sa mère, la salua avec respect; il s'approcha d'elle et lui dit ces réjouissantes paroles : « Je suis Râma ! » Elle, aussitôt qu'elle vit arriver ce fils, les délices de sa mère, elle tressaillit de plaisir et de tendresse, comme la vache aimante reconnaît son veau chéri. S'étant abordés, Râma, caressé, embrassé par elle, honora sa mère, comme Maghavat honore la déesse Aditi.

Kâauçalyâ répandit sur lui ses bénédictions pour l'accroissement et la prospérité de ce fils bien-aimé : « Que les Dieux, lui dit-elle, ravie de joie, que les Dieux t'accordent, mon fils, les années, la gloire, la justice, digne apanage de ta famille, et dont furent doués jadis tous ces magnanimes saints, antiques rois de ta race ! Reçois, donnée par ton père, une puissance immuable, éternelle; et, comblé d'une félicité suprême, *foulant aux pieds* tes ennemis vaincus, que la vue de ton bonheur fasse la joie de tes ancêtres ! »

A ces paroles de Kâauçalayâ, il répondit en ces termes, l'âme quelque peu troublée de cette douleur, où l'avaient noyée les paroles de Kêkêyî : « Mère, tu ne sais donc pas le grand malheur qui est tombé sur moi, pour la douleur amère de toi, de mon épouse et de Lakshmana? Kêkêyi a demandé au roi son diadème pour Bharata ; et mon père, qu'elle avait enlacé d'abord avec un serment, n'a pu lui refuser son royaume. Le puissant monarque donnera l'hérédité de sa couronne à Bharata ; mais, quant à moi, il ordonne que j'aille aujourd'hui même habiter les forêts.

« J'aurai quatorze années, reine, les bois pour ma seule demeure, et loin des tables exquises, j'y ferai ma nourriture de racines et de fruits *sauvages.* »

Consumée par sa douleur, à ces mots de Râma, la chaste Kâauçalyâ tomba, comme un bananier tranché par le pied. Râma, voyant la malheureuse étendue sur le sol, releva sa mère consternée, défaillante, évanouie ; et, tournant autour de l'infortunée, remise en pieds, les flancs battus, comme une cavale *essoufflée*, il essuya de sa main la poussière dont la robe de sa mère était couverte.

Quand elle eut un peu recouvré le souffle, Kâauçalyâ, délirante de chagrin et jetant les yeux sur Râma, s'écria d'une voix que ses larmes rendaient balbutiante : « Plût au ciel, Râma, que tu ne fusses pas né mon fils, toi qui rends plus vives toutes mes douleurs, je ne sentirais pas aujourd'hui la peine que fait naître ma séparation d'avec toi ! Certes ! la femme stérile a bien son chagrin, mais celui seul de se dire : « Je n'ai pas d'enfants ! » encore, n'est-il pas égal à cette peine, que nous cause la séparation d'avec un fils bien-aimé ?

« Râma, tu ne dois pas obéir à la parole d'un père aveuglé par l'amour.

« Demeure ici même! Que peut te faire ce monarque usé par la vieillesse? Tu ne partiras pas, mon fils, si tu veux que je vive ! »

Le gracieux Lakshmana, ayant vu dans un tel désespoir cette mère trop sensible de Râma, dit alors ces mots appropriés à la circonstance : « Il me déplait aussi, noble dame, que ce digne enfant de Raghou, chassé par la voix d'une femme, abandonne ainsi la couronne et s'en aille dans un bois.

« Je ne vois pas une offense, ni même une faute minime, par laquelle Râma ait pu mériter du roi ce bannissement hors du royaume et cet exil au fond des bois.

« Tandis que cet événement n'est parvenu encore à la connaissance d'aucun homme, jette, aidé par moi, ta main sur l'empire, dont tu portes le droit inhérent à toi-même! Quand moi, ton fidèle serviteur, je serai à tes côtés, soutenant de mes efforts ton assomption à la couronne, qui pourra mettre obstacle à ton sacre comme héritier du royaume? »

Il dit; à ce discours du magnanime Lakshmana, Kâauçalyâ, noyée dans sa tristesse amère, dit à Râma : « Tu as entendu, Râma, ces bonnes paroles d'un frère, dont l'amour est comme un culte envers toi. Médite-les, et qu'elles soient exécutées promptement, s'il te plait. Tu ne dois pas, fléau des ennemis, fuir dans les bois sur un mot de ma rivale, et m'abandonner en proie à tous les feux du chagrin. Si tu suis le sentier de la vertu antique, toi qui en possèdes la science, sois docile à ma voix, reste ici, accomplis ce devoir le plus élevé de tous. Jadis, vainqueur des villes ennemies, Indra, sur l'ordre même de sa mère, immola ses frères les rivaux de sa puissance, et mérita ainsi l'empire des habitants du ciel. Tu me dois, mon fils, le même respect que tu dois à ton père : tu n'iras donc pas dans les bois au mépris de ma défense; car il est impossible que je vive, privée de toi. »

A ces mots de l'infortunée Kâauçalyâ, qui gémissait ainsi, Râma répondit en ces termes, que lui inspirait le sentiment de son devoir, à lui, qui était, *pour ainsi dire,* le devoir même incarné : « Il ne m'est aucunement permis de transgresser les paroles de mon père. Je te prie, la tête courbée à tes pieds, *d'accepter mon excuse;* j'exécuterai la parole de mon père! Certes! je ne serai pas le seul qui aurai jamais obéi à la voix d'un père! Et d'ailleurs ce qu'on vante le plus dans la vie des hommes saints, n'est-ce point d'habiter les forêts?

« Ordinairement, c'est la route foulée par les hommes de bien qu'on se plaît à suivre : j'accomplirai donc la parole de mon père : que je n'en sois pas moins aimé par toi, bonne mère! Les éloges ne s'adressent jamais à quiconque ne fait pas ce qu'ordonne son père. »

Il dit ; et, quand il eut parlé de cette manière à Kâauçalyâ, il tint à Lakshmana ce langage : « Je connais, Lakshmana, la nature infiniment élevée de ton dévouement : ta vie est toute pour moi, je le sais encore, Lakhsmana. Mais toi, faute de savoir, tu rends plus déchirante la flèche dont m'a percé la douleur.

« N'arrive jamais ce temps où je pourrais encore désirer vivre un seul instant, après ma désobéissance à l'ordre même de mon père!

« Calme-toi, vertueux Lakshmana, si tu veux une chose qui m'est agréable. La stabilité dans le devoir est la plus haute des richesses : le devoir se tient immuable.

« Laisse donc une inspiration sans noblesse, indigne de la science que professe le kshatrya; et, rangé sous l'enseigne de nos devoirs, conçois une pensée vertueuse, comme il te sied. »

Il dit; et, quand il eut achevé ce discours à Lakhsmana, dont *l'amitié* augmentait sa félicité, Râma joignit ses deux mains en coupe et, baissant la tête, il adressa encore ces paroles à Kâauçalyâ : « Permets que je parte, ô ma royale mère; je veux accomplir ce commandement, que j'ai reçu de mon père. Tu pourras jurer désormais par ma vie et mon retour : ma promesse accomplie, je reverrai sain et sauf tes pieds *augustes*. Que je m'en aille avec ta permission et d'une âme libre de soucis. Jamais, reine, je ne céderai ma renommée au prix d'un royaume : je le jure à toi par mes bonnes œuvres! Dans ces bornes si étroites, où la vie est renfermée sur le monde des hommes, c'est le devoir que je veux pour mon lot, et non la terre sans le devoir! Je t'en supplie, courbant ma tête, femme inébranlable en tes devoirs, souris à ma prière; daigne lever ton obstacle! Il faut nécessairement que j'aille habiter les bois pour obéir à l'ordre que m'impose le roi : accorde-moi ce congé, que j'implore de toi, la tête inclinée. »

Ce prince, qui désirait aller dans la forêt Dandaka, ce noble prince discourut longtemps pour fléchir sa mère : elle enfin, touchée de ses paroles, serra étroitement une et plusieurs fois son fils contre son cœur.

Quand elle vit Râma ainsi ferme dans sa résolution de partir, la reine Kâauçalyâ, *sa mère,* lui tint ce discours, le cœur déchiré, gémissante, malade entièrement de son chagrin, elle, si digne du plaisir, et néanmoins toute plongée dans la douleur :

« Si, mettant le devoir avant tout, tu veux marcher dans sa ligne, écoute donc ma parole, conforme à ses règles, ô toi le plus distingué entre ceux qui obéissent à ses lois ! C'est à ma voix surtout que tu dois obéir, mon fils, car tu es le fruit obtenu par mes pénibles vœux et mes laborieuses pénitences. Quand tu étais un faible enfant, Râma, c'est moi qui t'ai protégé dans une haute espérance ; maintenant que tu en as la force, c'est donc à toi de me soutenir sous le poids du malheur. Considère, mon fils, que ton exil me prive en ce jour de la vie, et ne donne point à Kêkéyî, mon ennemie, le bonheur de voir ses vœux réalisés.

« Méprisée vis-à-vis de Kêkéyî surtout, il m'est impossible, Râma, de supporter ces outrages d'une nature si personnelle. Toujours en butte aux ardentes vexations de mes rivales, je me réfugie à l'ombre de mon fils, et mon âme revient au calme. Mais aujourd'hui, arrivée, pour ainsi dire, à la saison des fruits, je ne pourrais vivre ce jour seulement, si j'étais privée de toi, Râma, de toi, mon arbre *à l'ombre délicieuse*, aux branches pleines de fruits.

« Tu ne dois pas obéir à la parole de ce monarque, esclave d'une femme, qui vit, comme un impur et un méchant, sous la tyrannie de l'Amour ; et qui, foulant aux pieds cette antique justice, bienséante à la race d'Ikshwâkou, veut sacrer ici Bharata, au mépris de tes droits. »

Alors, déployant tous ses efforts, le *vertueux* rejeton de l'antique Raghou se mit à persuader sa mère avec un langage doux, modeste et plein de raisons : « Le roi, notre seigneur, l'emporte non-seulement sur moi, reine, mais encore sur ta majesté même, et ton autorité ne peut aller jusqu'à m'empêcher *de lui obéir*. Daigne, reine, ô toi, si pieuse et la plus distinguée entre ceux qui pratiquent le devoir, daigne m'accorder ta permission d'habiter les bois cinq ans surajoutés à neuf années.

« Car un époux est un Dieu pour la femme; un époux est appelé Içvara (1) : ainsi, tu ne dois pas empêcher l'ordre signifié au nom de ton époux.

« Une fois ma promesse accomplie, grâces à ta *permission* bienveillante, je reviendrai ici heureux, sain et sauf: ainsi, calme-toi et ne t'afflige pas.

« Reine, excuse-moi : ton mari est ton Dieu et ton gourou; ne veuille donc pas, dans ton amour *aveugle* pour moi, t'insurger contre l'arrêt de ton époux. Je dois obéir, sans balancer, à l'ordre émané de mon père le magnanime : cette conduite est ce qui sied le mieux à ta vertu et surtout à moi. Si, rétif de ma nature ou léger par mon âge, je résistais à la parole de mon père, ne serait-ce pas à toi, qui aimes l'obéissance, à me ramener dans sa voie? A plus forte raison te convient-il, à toi qui sais tout le prix de la soumission, reine, d'augmenter bien davantage cette résolution dans mon esprit, qui l'a conçue naturellement.

« Que Kêkéyî à la haute fortune et Bharata à la haute renommée ne subissent pas le moindre mot qui puisse être une offense : excuse encore *ce conseil*. Il te faut con-

(1) *Le seigneur*, un des noms de Çiva.

sidérer Bharata comme moi-même, et tu dois, par affection, voir une sœur dans Kêkéyî.

« Si Bharata laisse orner sa tête d'une couronne, que son père lui a donnée, ce n'est point là un crime pour en accuser le magnanime Bharata.

« Si Kêkéyî, à qui fut accordée jadis une grâce du roi, en obtient de son époux la réalisation aujourd'hui, est-ce là, dis-moi, un crime, dont elle se rend coupable ? Si jadis le roi s'est engagé avec une promesse et si maintenant, par la crainte du mensonge, il en donne à Kêkéyî l'accomplissement, y a-t-il en cela une faute pour blâmer ce roi, de qui la parole fut toujours une vérité ?

« Excuse-moi ! c'est une prière que je t'adresse ; ce n'est d'aucune manière une leçon. Veuille bien, mère vénérée, veuille bien m'accorder ta permission, à moi, victime consacrée déjà pour l'habitation des forêts solitaires. »

Ainsi disait le plus vertueux des hommes qui observent le devoir, ce Râma, qui, dirigeant son esprit avec sa pensée vers la résolution de s'enfoncer dans les forêts, suivi de Lakshmana, employa même de nouvelles paroles dans le but de persuader sa mère.

A ces paroles de son fils bien-aimé, elle répondit ces mots, noyés dans ses larmes : « Je n'ai pas la force d'habiter au milieu de mes rivales. Emmène-moi, mon fils, avec toi dans les bois, infestés par les animaux des forêts, si ta résolution d'y aller, par égard pour ton père, est bien arrêtée dans ton esprit. »

A ce langage, il répondit en ces termes : « Tant que son mari vit encore, c'est l'époux, et non le fils, qui est le Dieu pour une femme. Ta grandeur et moi pareillement, nous avons maintenant pour maître l'auguste monarque :

je ne puis donc t'emmener de cette ville dans les forêts. Ton époux vit; par conséquent, tu ne peux me suivre avec décence. En effet, qu'il ait une grande âme, ou qu'il ait un esprit méchant, la route qu'une femme doit tenir, c'est *toujours* son époux. A combien plus forte raison, quand cet époux est un monarque magnanime, reine, et bien-aimé de toi! Sans aucun doute, Bharata lui-même, la justice en personne, modeste, aimant son père, deviendra légalement ton fils, comme je suis le tien *naturellement*. Tu obtiendras même de Bharata une vénération supérieure à celle dont tu jouis auprès de moi. En effet, je n'ai jamais eu à souffrir de lui rien qui ne fût pas d'un sentiment élevé. Moi sorti une fois de ces lieux, il te sied d'agir en telle sorte que les regrets donnés à l'exil de son fils ne consument pas mon père d'une trop vive douleur.

« Tu ne dois pas m'accorder, à moi dans la fleur nouvelle éclose de la vie, un intérêt égal à celui que réclame un époux courbé sous le poids de la vieillesse et tourmenté de chagrins à cause de mon absence.

« Veuille donc bien rester dans ta maison et trouver là continuellement ta joie dans l'obéissance à ton époux; car c'est le devoir éternel des épouses vertueuses. Pleine de zèle pour le culte des Immortels, faisant ton plaisir de vaquer aux devoirs qui siéent à la maîtresse de maison, tu dois servir ici ton époux, en modelant ton âme sur la sienne. Honorant les brahmes, versés dans la science des Védas, reste ici, pieuse épouse, dans la compagnie de ton époux et l'espérance de mon retour. *Oui!* c'est dans la compagnie de ton époux que tu dois me revoir à mon retour dans ces lieux, si toutefois mon père, séparé de moi, peut supporter la vie. »

A ce discours de Râma, où le respect senti pour sa mère se mêlait aux enseignements sur le devoir, Kâauçalyâ dit, les yeux baignés de larmes :

« Va, mon fils ! Que le bonheur t'accompagne ! Exécute l'ordre même de ton père. Revenu ici heureux, en bonne santé, mes yeux te reverront un jour. *Oui !* je saurai me complaire dans l'obéissance à mon époux, comme tu m'as dit, et je ferai toute autre chose qui soit à faire. Va donc, suivi de la félicité ! »

Ensuite, quand elle vit Râma tout près d'accomplir sa résolution d'habiter les forêts, elle perdit la force de commander à son âme ; et, saisie tout à coup d'une vive douleur, elle sanglota, gémit et se mit à parler d'une voix où l'on sentait des larmes.

Au même instant, la princesse du Vidéha, absorbant toute son âme dans une seule pensée, attendait, pleine d'espérance, la consécration de son époux, comme héritier de la couronne. Cette pieuse fille des rois, sachant à quels devoirs les monarques sont obligés, venait d'implorer, avec une âme recueillie, non-seulement la protection des Immortels, mais encore celle des Mânes ; et maintenant, impatiente de voir son époux, elle se tenait au milieu de son appartement, les yeux fixés sur les portes du palais, et pressait vivement de ses désirs l'arrivée de son Râma.

Alors et tout à coup, dans ses chambres pleines de serviteurs dévoués, voici Râma, qui entre, sa tête légèrement inclinée de confusion, l'esprit fatigué et laissant percer un peu à travers son visage abattu la tristesse de son âme. Quand il eut passé le seuil d'un air qui n'était pas des plus riants, il aperçut, au milieu du palais, sa bien-aimée Sîtâ debout, mais s'inclinant à sa vue avec respect, Sîtâ, cette épouse dévouée, plus chère à lui-même que sa vie et douée éminemment de toutes les vertus qui tiennent à la modestie.

A l'aspect de son époux, cette reine à la taille si gracieuse alla au-devant, le salua et se mit à son côté; mais, remarquant alors son visage triste, où se laissait entrevoir la douleur cachée dans son âme : « Qu'est-ce, Râma? fit-elle anxieuse et tremblante. Les brahmes, versés dans ces connaissances, t'auraient-ils annoncé que la planète de Vrihaspati opère à cette heure sa conjonction avec l'astérisme Poushya, *influence sinistre*, qui afflige ton esprit? Couvert du parasol, zébré de cent raies et tel que l'orbe entier de la lune, pourquoi ne vois-je pas briller sous lui ton charmant visage? O toi, de qui les beaux yeux ressemblent aux pétales des lotus, pourquoi ne vois-je pas le chasse-mouche et l'éventail récréer ton visage, qui égale en splendeur le disque plein de l'astre des nuits? Dis-moi, noble sang de Raghou, pourquoi n'entends-je pas les poëtes, les bardes officiels et les panégyristes à la voix éloquente te chanter, à cette heure de ton sacre, comme le roi de la jeunesse? Pourquoi les brahmes, qui ont abordé à la rive ultérieure *dans l'étude sainte* des Védas, ne versent-ils pas sur ton front du miel et du lait caillé, suivant les rites, pour donner à ce *noble* front la consécration royale?

« Pourquoi ne vois-je pas maintenant s'avancer derrière toi, dans la pompe du sacre, un éléphant, le plus grand de tous, marqué de signes heureux, et versant par trois canaux une sueur d'amour sur les tempes? Pourquoi enfin, devant toi, ne vois-je marcher, *nous* apportant la fortune et la victoire, un coursier *d'une beauté* non pareille, au blanc pelage, au corps doué richement de signes prospères? »

A ces mots, par lesquels Sîtâ exprimait l'incertitude inquiète de son esprit, le fils de Kâauçalyâ répondit en ces termes avec une fermeté qu'il puisait dans la profondeur de son âme : « Toi, qui es née dans une famille de rois saints; toi, à qui le devoir est si bien connu; toi, de qui la parole est celle de la vérité, arme-toi de fermeté, noble Mithilienne, pour entendre ce langage de moi. Jadis, le roi Daçaratha, sincère dans ses promesses, accorda deux grâces à Kêkéyî, en reconnaissance de quelque service. Sommé tout à coup d'acquitter sa parole aujourd'hui, que tout est disposé en vue de mon sacre, comme héritier de la couronne, mon père s'est libéré en homme qui sait le devoir. Il faut que j'habite, ma bien-aimée, quatorze années dans les bois; mais Bharata doit rester dans Ayodhyâ et porter ce même temps la couronne. Près de m'en aller dans les bois déserts, je viens ici te voir, ô femme comblée d'éloges : je t'offre mes adieux : prends ton appui sur ta fermeté et veuille bien me donner congé.

« Mets-toi jusqu'à mon retour sous la garde de ton beau-père et de ta belle-mère; accomplis envers eux les devoirs de la plus respectueuse obéissance; et que jamais le ressentiment de mon exil ne te pousse, noble dame, à risquer mon éloge en face de Bharata. En effet, ceux qu'enivre l'orgueil du pouvoir ne peuvent supporter les éloges donnés aux vertus d'autrui : ne loue donc pas mes qualités en présence de Bharata. Désirant conserver sa vérité à la parole de mon père, j'irai, suivant son ordre, aujourd'hui même dans les forêts : ainsi, fais-toi un cœur inébranlable! Quand je serai parti, noble dame, pour les bois chéris des anachorètes, sache te plaire, ô ma bien-aimée, dans les abstinences et la dévotion.

« Tu dois, chère Sitâ, pour l'amour de moi, obéir d'un cœur sans partage à ma *bonne* mère, accablée sous le poids de la vieillesse et par la douleur de mon exil. »

Il dit ; à ce langage désagréable à son oreille, Sîtâ aux paroles toujours aimables répondit en ces termes, jetés comme un reproche à son époux : « Un père, une mère, un fils, un frère, un parent quelconque mange seul, ô mon noble époux, dans ce monde et dans l'autre vie, le fruit né des œuvres, qui sont propres à lui-même. Un père n'obtient pas la récompense ou le châtiment par les mérites de son fils, ni un fils par les mérites de son père ; chacun d'eux engendre par ses actions propres le bien ou le mal pour lui-même, *sans partage avec un autre.* Seule, l'épouse dévouée à son mari obtient de goûter au bonheur mérité par son époux ; je te suivrai donc en tous lieux où tu iras. Séparée de toi, je ne voudrais pas habiter dans le ciel même : je te le jure, noble enfant de Raghou, par ton amour et ta vie ! Tu es mon seigneur, mon gourou, ma route, ma divinité même ; j'irai donc avec toi : c'est là ma résolution dernière. Si tu as *tant de* hâte pour aller dans la forêt épineuse, impraticable, j'y marcherai devant toi, brisant *de mes pieds*, *afin de t'ouvrir un passage*, les grandes herbes et les épines. Pour une femme de bien, ce n'est pas un père, un fils, ni une mère, ni un ami, ni son âme à elle-même, qui est la route à suivre : non ! son époux est sa voix suprême ! Ne m'envie pas ce *bonheur ;* jette loin de toi cette pensée jalouse, comme l'eau qui reste au *fond du vase* après que l'on a bu : *emmène-moi*, héros, emmène-moi sans défiance : il n'est rien en moi qui sente la méchanceté. L'asile inaccessible de tes pieds, mon seigneur, est, à mes yeux, préférable aux palais, aux châteaux, à la cour des rois, aux chars de nos Dieux, *que dis-je?* au ciel même. Accorde-moi cette faveur : que j'aille, accompagnée de toi, au milieu de ces bois fréquentés seulement par des lions, des éléphants, des tigres, des sangliers et des ours! J'habiterai avec bonheur au milieu des bois, heureuse d'y trouver un asile sous tes pieds, aussi contente d'y couler mes jours avec toi, que dans les palais du *bienheureux* Indra.

« J'emprunterai, comme toi, ma seule nourriture aux fruits et aux racines; je ne serai d'aucune manière un fardeau incommode pour toi dans les forêts. Je désire habiter dans la joie ces forêts avec toi, au milieu de ces régions ombragées, délicieuses, embaumées par les senteurs des fleurs diverses. Là, plusieurs milliers mêmes d'années écoulées près de toi sembleraient à mon âme n'avoir duré qu'un seul jour. Le paradis sans toi me serait un séjour odieux, et l'enfer même avec toi ne peut m'être qu'un ciel préféré. »

A ces paroles de son épouse chère et dévouée, Râma fit cette réponse, lui exposant les nombreuses misères attachées à l'habitation au milieu des forêts : « Sitâ, ton origine est de la plus haute noblesse, le devoir est une science que tu possèdes *à fond*, tu ceins la renommée *comme un diadème* : partant, il te sied d'écouter et de suivre ma parole. Je laisse mon âme ici en toi, et j'irai de corps seulement au milieu des bois, obéissant, malgré moi, à l'ordre émané de mon père.

« Moi, qui sais les dangers bien terribles des bois, je ne me sens pas la force de t'y mener, par compassion même pour toi.

« Dans le bois repairent les tigres, qui déchirent les hommes, conduits *par le sort* dans leur voisinage : on est à cause d'eux en des transes continuelles, ce qui fait du bois, mon amie, une chose affreuse !

« Dans le bois circulent de nombreux éléphants, aux joues inondées par la sueur de rut ; ils *vous* attaquent et *vous* tuent ; ce qui fait du bois, mon amie, une chose affreuse !

« On y trouve les deux points extrêmes de la chaleur et du froid, la faim et la soif, les dangers sous mille formes ; ce qui fait du bois, mon amie, une chose affreuse !

« Les serpents et toutes les espèces de reptiles errent dans la forêt impénétrable au milieu des scorpions aux subtils venins ; ce qui fait du bois, mon amie, une chose affreuse !

« On rencontre dans les sentiers du bois, tantôt errants d'une marche tortueuse, comme les sinuosités d'une rivière, tantôt couchés dans les creux de la terre, une foule de serpents, dont le souffle et même le regard exhalent un poison mortel. Il faut traverser là des fleuves, dont l'approche est difficile, profonds, larges, vaseux, infestés par de longs crocodiles.

« C'est toujours sur un lit de feuilles ou sur un lit d'herbes, couches incommodes, que l'on a préparées de ses mains, sur le sein même de la terre, ô femme *si* délicate, que l'on cherche le sommeil dans la forêt déserte. On y mange pour seule nourriture des jujubes sauvages, les fruits de l'ingüa ou du myrobolan emblic, ceux du cyâmâka (1), le riz né sans culture ou le fruit amer du

(1) *Panicum frumentaceum.*

tiktaka (1) à la saveur astringente. Et puis, quand on n'a pas fait provision de racines et de fruits sauvages dans les forêts, il arrive que les anachorètes de leurs solitudes s'y trouvent réduits à passer beaucoup de jours, dénués absolument de toute nourriture. Dans les bois, on se fait des habits avec la peau des bêtes, avec l'écorce des arbres; on est contraint de tordre *sans art* ses cheveux en gerbe, de porter la barbe longue et le poil non taillé sur un corps tout souillé de fange et de poussière, sur des membres desséchés par le souffle du vent et la chaleur du soleil : aussi, le séjour dans les bois, mon amie, est-il une chose affreuse!

« De quel plaisir ou de quelle volupté pourrai-je donc être là pour toi, quand il ne restera plus de moi, consumé par la pénitence, qu'une peau sèche sur un squelette aride? Ou toi, qui, m'ayant suivi dans la solitude, y seras toute plongée dans tes vœux et tes mortifications, quelle volupté pourras-tu m'offrir dans ces forêts? Mais alors, moi, te voyant la couleur effacée par le hâle du vent et la chaleur du soleil, ton *corps si frêle* épuisé de jeûnes et de pénitences, ce spectacle de ta peine dans les bois mettra le comble à mes souffrances.

« Demeure ici, tu n'auras point cessé pour cela d'habiter dans mon cœur; et, si tu restes ici, tu n'en seras pas, ma bien-aimée, plus éloignée de ma *pensée !* »

A ces mots, Râma se tut, bien décidé à ne pas conduire une femme si chère au milieu des bois ; mais alors, vivement affligée et les yeux baignés de pleurs :

« Les inconvénients attachés au séjour des bois, répondit à ces paroles de son mari la triste Sîtâ, de qui les

(1) *Trichosantes diœca.*

pleurs inondaient le visage; ces inconvénients, que tu viens d'énumérer, mon dévouement pour toi, *cher* et noble époux, les montre à mes yeux comme autant d'avantages. Le dieu Çatacratou lui-même n'est pas capable de m'enlever, défendue par ton bras : combien moins le pourraient tous ces animaux qui errent dans les forêts! Je n'ai aucune peur *naturellement* des lions, des tigres, des sangliers, ni des autres bêtes, dont tu m'as peint l'abord si redoutable au milieu des bois. Combien moins puis-je en redouter les dents ou le venin, si la force de ton bras étend sur moi sa défense! Mourir là *d'ailleurs* vaut mieux pour moi que vivre ici!

« Jadis, fils de Raghou, cette prédiction me fut donnée par des brahmes versés dans la connaissance des signes : « Ton sort, m'ont dit ces hommes véridiques, ton sort, *jeune* Sitâ, est d'habiter *quelque jour* une forêt déserte. » Et moi, depuis ce temps où les devins m'ont tiré cet horoscope, j'ai senti continuellement s'agiter dans mon cœur un vif désir de passer ma vie au milieu des bois.

« Voici le moment arrivé; donne à la parole des brahmes toute sa vérité.

« Emmène-moi, fils de Raghou! car j'ai un désir bien grand d'habiter les forêts avec toi : je t'en supplie, courbant la tête! Dans un instant, s'il te plaît, tu vas me voir déjà prête, *noble* Raghouide, à partir. Ce pieux voyage à tes côtés dans les bois est mon *brûlant* désir.

« Je suis déterminée à te suivre; mais, si tu refuses que j'accompagne ta marche, je le dis en vérité, et tes pieds, que je touche, m'en seront témoins, j'aurai bientôt cessé d'être, n'en doute pas! »

A ces mots, prononcés d'un accent mélodieux, la belle Mithilienne au doux parler, triste, navrée de sa douleur, tout enveloppée à la fois de colère et de chagrin, éclata en pleurs, arrosant le désespoir avec les gouttes brûlantes de ses larmes.

Quoiqu'elle fût ainsi tourmentée, larmoyante, amèrement désolée, Râma ne se décida pas encore à lui permettre de partager son exil; mais il arrêta ses yeux un instant sur l'amante éplorée, baissa la tête et se mit à rêver, considérant sous plusieurs faces les peines semées dans un séjour au milieu des bois.

La source, née de sa compassion pour sa bien-aimée, ruissela de ses yeux, où débordaient ses tristes pleurs, comme on voit la rosée couler sur deux lotus. Il releva doucement cette femme chérie de ses pieds, où elle était renversée, et lui dit ces paroles affectueuses pour la consoler :

« Le ciel même sans toi n'aurait aucun charme pour moi, femme aux traits suaves ! Si je t'ai dit, ô toi, en qui sont rassemblés tous les signes de la beauté, si je t'ai dit, quoique je pusse te défendre : « Non, je ne t'emmènerai pas ! » c'est que je désirais m'assurer de ta résolution, femme de qui la vue est toute charmante. Et puis, Sîtâ, je ne voulais pas, toi, qui as le plaisir en partage, t'enchaîner à toutes ces peines qui naissent autour d'un ermitage au sein des forêts. Mais puisque, dans ton amour dévoué pour moi, tu ne tiens pas compte des périls que la nature a semés au milieu des bois, il m'est aussi impossible de t'abandonner qu'au sage de répudier sa gloire.

« Viens donc, suis-moi, comme il te plaît, ma chérie ! Je veux faire toujours ce qui est agréable à ton *cœur*, ô femme digne de tous les respects !

« Donne en présents nos vêtements et nos parures aux

brahmes vertueux et à tous ceux qui ont trouvé un refuge dans notre assistance. Ensuite, quand tu auras dit adieu aux personnes à qui sont dus tes hommages, viens avec moi, charmante fille du roi Djanaka ! »

Joyeuse et au comble de ses vœux, l'illustre dame, obéissant à l'ordre qu'elle avait reçu de son héroïque époux, se mit à distribuer aux *plus* sages des brahmes les vêtements *superbes*, les *magnifiques* parures et toutes les richesses.

Quand le beau Raghouide eut ainsi parlé à Sîtâ, il tourna ses yeux vers Lakshmana, modestement incliné, et, lui adressant la parole, il tint ce langage : « Tu es mon frère, mon compagnon et mon ami; je t'aime autant que ma vie : fais donc par amitié ce que je vais te dire. Tu ne dois en aucune manière venir avec moi dans les bois : en effet, guerrier sans reproche, il te faut porter ici un pesant fardeau. »

Il dit; à ces mots, qu'il écouta d'une âme consternée et le visage noyé dans ses larmes, Lakshmana ne put contenir sa douleur. Mais il tomba à genoux, et, tenant les pieds de son frère serrés fortement avec les pieds de Sitâ : « Il n'y a qu'un instant, dit à Râma cet homme plein de sens, ta grandeur m'a permis de la suivre au milieu des bois, pour quelle raison me le défend-elle maintenant ? »

Râma dit ensuite à Lakshmana, qui se tenait devant lui prosterné, la tête inclinée, tremblant et les mains jointes : « Si tu quittes ces lieux pour venir avec moi dans les forêts, Lakshmana, qui soutiendra *nos mères*, Kâauçalyâ et Soumitrâ, cette illustre femme ? Ce monarque des hommes, qui versait *à pleines mains* ses grâces sur nos deux mères, ne les verra sans doute plus avec les mêmes yeux que dans les jours passés, maintenant qu'il est tombé sous le pouvoir d'*un autre* amour. Un jour, enivrée par les fumées de la toute-puissance, Kêkéyî, incapable de modérer son âme, fera sentir quelque dureté à ses rivales. C'est pour consoler surtout et défendre nos mères, fils de Soumitrâ, qu'il te faut rester ici jusqu'à mon retour. Tu seras ici pour elles deux, comme je l'étais moi-même, un bras où elles pourront s'appuyer dans les chemins difficiles et un refuge assuré contre les persécutions. »

Il dit; à ces mots de son frère, Lakshmana, le mieux doué entre les hommes, sur lesquels Çrî a répandu ses faveurs, joignit les mains et répondit en ces termes à Râma : « Seigneur, il serait possible à Kâauçalyâ d'entretenir, *pour sa défense*, plusieurs milliers d'hommes de mon espèce, elle, à qui dix centaines de villages furent données pour son apanage ; et d'ailleurs, sans aucun doute, par considération pour toi, Bharata ne peut manquer jamais d'honorer nos deux mères : on le verra même apporter le plus grand zèle à protéger Kâauçalyâ et Soumitrâ.

« Je suis ton disciple, je suis ton serviteur, je te suis entièrement dévoué, je t'ai jusqu'ici même suivi partout : sois donc favorable à ma prière ; emmène-moi, vertueux ami ! »

Charmé de ce langage, Râma dit à Lakshmana : « *Eh bien !* fils de Soumitrâ, viens ! suis-moi ! prends congé de tes amis. »

Après que Râma, assisté par son illustre Vidéhaine, eut donné aux brahmes ses richesses, il prit ses armes et les instruments, *c'est-à-dire la bêche et le panier ;* puis, sortant de son palais avec Lakshmana, il s'en alla voir son auguste père. Il était accompagné de son épouse et de son frère.

Aussitôt, pour jouir de leur vue, les femmes, les villageois et les habitants de la cité montent de tous les côtés sur le faîte des maisons et sur les plates-formes des palais. Dans la rue royale, toute couverte de campagnards, on n'eût pas trouvé un seul espace vide, tant était grand alors cet amour du peuple, accourant saluer à son départ ce Râma d'une splendeur infinie. Quand ils virent l'*auguste prince* marcher à pied, avec Lakshmana, avec Sitâ même, alors, saisis de tristesse, leur âme s'épancha en divers discours : « Le voilà, suivi par Lakshmana seul avec Sitâ, ce héros, dans les marches duquel une puissante armée, divisée en quatre corps, allait toujours devant et derrière son char ! Ce guerrier, plein d'énergie, dévoué, juste comme la justice elle-même, ne veut pas que son père fausse une parole donnée, et cependant il a goûté la saveur exquise du pouvoir et du plaisir !

« Elle, Sitâ, dont naguère les Dieux mêmes qui voyagent dans l'air ne pouvaient obtenir la vue, elle est exposée maintenant à tous les regards du vulgaire dans la rue du roi ! Le vent, le chaud, le froid vont effacer toute la fraîcheur de Sitâ, elle, de qui le visage aux charmantes couleurs est paré d'un fard naturel. Sans aucun doute, l'âme du roi Daçaratha est remplacée par une autre âme, puisqu'il bannit aujourd'hui sans motif son fils bien-aimé !

« Laissons nos promenades, les jardins publics, nos lits moelleux, nos siéges, nos instruments, nos maisons ; et, suivant tous ce fils du roi, embrassons une infortune égale à son malheur.

« Que la forêt où va ce noble enfant de Raghou soit désormais notre cité! Que cette ville, abandonnée par nous, soit réduite à l'état d'une forêt! *oui*, notre ville sera maintenant où doit habiter ce héros magnanime! Quittez les cavernes et les bois, serpents, oiseaux, éléphants et gazelles! Abandonnez ce que vous habitez, et venez habiter ce que nous abandonnons! »

Promenant ses regards en souriant au milieu de cette multitude affligée, le jeune prince, affligé lui-même sous l'extérieur du contentement, allait donc ainsi, désirant voir son père et comme impatient d'assurer à la promesse du monarque toute sa vérité.

Mais avant que Râma fût arrivé, accompagné de son épouse et de Lakshmâna, le puissant monarque, plein de trouble et dans une extrême douleur, employait ses moments à gémir.

Alors Soumantra se présenta devant le maître de la terre, et, joignant ses mains, lui dit ces mots, le cœur vivement affligé : « Râma, qui a distribué ses richesses aux brahmes et pourvu à la subsistance de ses domestiques ; lui-même, qui, la tête inclinée, a reçu ton ordre, puissant roi, de partir dans un instant pour les forêts ; ce prince, accompagné de Lakshmana, son frère, et de Sitâ, son épouse ; ce Râma enfin, qui brille dans le monde par les rayons de ses vertus, comme le soleil par les rayons de sa lumière, est venu voir ici tes pieds *augustes* ; reçois-le en ta présence, s'il te plaît ! »

Il dit, et le roi, de qui l'âme était pure comme l'air, poussa de brûlants soupirs, et, dans sa vive douleur, il répondit ainsi :

« Soumantra, conduis promptement ici toutes mes

épouses, je veux recevoir, entouré d'elles, ce digne sang de Raghou ! »

A ces mots, Soumantra de courir au gynæcée, où il tint ce langage : « Le roi vous mande auprès de lui, nobles dames; venez là sans tarder ! » Il dit, et toutes ces femmes, apprenant de sa bouche l'ordre envoyé par leur époux, s'empressent d'aller voir le gémissant monarque.

Toutes ces dames, égales en nombre à la moitié de sept cents, toutes charmantes, toutes richement parées, vinrent donc visiter leur époux, qui se trouvait alors en compagnie de Kêkéyî.

Le monarque ensuite promena ses yeux sur toutes ses femmes, et les voyant arrivées toutes, sans exception : « Soumantra, fit-il, adressant la parole au noble portier, conduis mon fils vers moi sans délai ! »

Du *plus* loin qu'il vit Râma s'avancer, les mains jointes, le roi s'élança du trône où il était assis, environné de ses femmes : « Viens, Râma ! viens, mon fils ! » s'écria le monarque affligé, qui s'en alla vite à lui pour l'embrasser ; mais, dans le trouble de son émotion, il tomba avant même qu'il fût arrivé jusqu'à son fils. Râma, vivement touché, accourut vers le roi qui s'affaissait, et le reçut dans ses bras qu'il n'était pas encore tombé tout à fait sur la terre ; puis, avec une âme palpitante d'émotion, il releva doucement son père ; et, secondé par Lakshmana, aidé même par Sîtâ, il remit le monarque évanoui dans son trône. Ensuite, *le voilà* qui *s'empresse* de rafraîchir avec un éventail le visage du roi sans connaissance.

Alors toutes les femmes remplirent de cris tout le palais du roi ; mais, au bout d'un instant, il revint à la connaissance; et Râma, joignant ses mains, dit au monarque, plongé dans une mer de tristesse :

« Grand roi, je viens te dire adieu; car tu es, prince auguste, notre seigneur. Jette un regard favorable sur moi, qui pars à l'instant pour habiter les forêts. Daigne aussi, maître de la terre, donner congé à Lakshmana comme à la belle Vidéhaine, mon épouse. Car tous deux, refusés par moi, n'ont pu renoncer à la résolution qu'ils avaient formée de s'en aller avec moi habiter les forêts. Veuille donc bien nous donner congé à tous les trois. »

Quand le maître de la terre eut connu que le désir de prendre congé avait conduit Râma dans son palais, il fixa le regard d'une âme consternée sur lui et dit, ses yeux noyés de larmes :

« On m'a trompé, veuille donc imposer le frein à mon délire et prendre toi-même les rênes du royaume. »

A ces mots du monarque, Râma, le premier des hommes qui pratiquent religieusement le devoir, se prosterna devant son père et lui répondit ainsi, les mains jointes: « Ta majesté est pour moi un père, un gourou, un roi, un seigneur, un dieu ; elle est digne de tous mes respects ; le devoir seul est plus vénérable. Pardonne-moi, ô mon roi ; mais le mien est de rester ferme dans l'ordre que m'a prescrit ta majesté. Tu ne peux me faire sortir de la voie où ta parole m'a fait entrer : écoute ce que veut la vérité, et sois encore notre auguste monarque pendant une vie de mille autres années. »

A peine eut-il entendu ce langage de Râma, le roi, que liait étroitement la chaîne de la vérité, dit ces paroles d'une voix que ses larmes rendaient balbutiante : « Si tu es résolu de quitter cette ville et de t'en aller au milieu des bois pour l'amour de moi, vas-y du moins avec moi, car abandonné par toi, Râma, il m'est impossible de vivre ! Règne, Bharàta, dans cette ville, abandonnée par toi et par moi ! »

A ces paroles du vieux monarque, Râma lui répondit en ces termes : « Il ne te sied nullement, auguste roi, de venir avec moi dans les forêts : tu ne dois pas faire un tel acte de complaisance à mon égard. Pardonne, ô mon bien-aimé père, mais que ta majesté daigne nous lier ensemble au devoir : *oui*, veuille bien, ô toi, qui donnes l'honneur, te conserver toi-même dans la vérité de ta promesse. Je te rappelle simplement ton devoir, ô mon roi ; ce n'est pas une leçon que j'ose te donner. Ne te laisse donc pas éloigner de ton devoir maintenant par amitié pour moi ! »

A ces mots de Râma : « Que la gloire, une longue vie, la force, le courage et la justice soient ton domaine éternel ! dit le roi Daçaratha. Va donc, sauvant d'une tache la vérité de ma parole ; va une route sans danger pour un nouvel accroissement de ta renommée et les joies du retour ! Mais veuille bien demeurer ici toi-même cette nuit seule. Quand tu auras partagé avec moi *quelques* mets délicieux et *savouré le plaisir de* mes richesses ; quand tu auras consolé ta mère, toute souffrante de sa douleur, *eh bien !* tu partiras. »

Il dit ; à ces mots de son père affligé, Râma joignit les mains et répondit au sage monarque agité par le chagrin : « J'ai chassé de ma présence le plaisir, je ne puis donc le rappeler. Demain, qui me donnerait ces mets délicieux, dont ta royale table m'aurait offert le régal aujourd'hui ? Aussi aimé-je mieux partir à l'instant, que m'abstenir jusqu'à demain.

« Qu'elle soit donnée à Bharata, cette terre que j'abandonne, avec ses royaumes et ses villes ! moi, sauvant l'honneur de ta majesté, j'irai dans les forêts cultiver la pénitence. Que cette terre, à laquelle je renonce, Bharata la gouverne heureusement, dans ses frontières paisibles, avec ses montagnes, avec ses villes, avec ses forêts! qu'il en soit puissant monarque, comme tu l'as dit! Prince, mon cœur n'aspire pas tant à vivre dans les plaisirs, dans la joie, dans les grandeurs même, qu'à rester dans l'obéissance à tes ordres : loin de toi cette douleur, que fait naître en ton âme ta séparation d'avec moi! »

Ensuite le monarque, étouffé sous le poids de sa promesse, manda son ministre Soumantra et lui donna cet ordre, accompagné de longs et brûlants soupirs : « Que l'on prépare en diligence, pour servir de cortége au digne enfant de Raghou, une armée nombreuse, divisée en quatre corps, munie de ses flèches et revêtue de ses cuirasses. Quelque richesse qui m'appartienne, quelque ressource même qui soit affectée pour ma vie, que tout cela marche avec Râma, sans qu'on en laisse rien ici! Que Baratha soit donc le roi dans cette ville dépouillée de ses richesses, mais que le fortuné Râma voie tous ses désirs comblés au fond même des bois! »

Tandis que Daçaratha parlait ainsi, la crainte s'empara de Kêkéyî; sa figure même se fana, ses yeux rougirent de colère et d'indignation, la fureur teignit son regard; et consternée, le visage sans couleur, elle jeta ces mots d'une voix cassée au vieux monarque : « Si tu ôtes ainsi la moelle du royaume que tu m'as donné avec une foi perfide, comme une liqueur dont tu aurais bu l'essence, tu seras un roi menteur! »

Le roi désolé, que la cruelle Kêkéyî frappait ainsi de nouveau avec les flèches de sa voix, lui répliqua en ces termes : « Femme inhumaine et justement blâmée par tous les hommes de bien, pourquoi donc me piquer sans cesse avec l'aiguillon de tes paroles, moi qui porte un fardeau si lourd et même insoutenable! »

A ces mots du roi, Kêkéyî, dans son horrible dessein, reprit avec ce langage amer, que lui inspirait son génie malfaisant : « Jadis Sagara, ton ancêtre, abandonna résolûment Asamandjas même, son fils aîné ; abandonne, à son exemple, toi, l'aîné de tes Raghouides! »

« O honte ! » s'écrie à ces mots le vieux monarque; et, cela dit, il se met à songer, tout plein de confusion, en secouant un peu la tête.

Alors un vieillard d'un grand sens, connu sous le nom de Siddhârtha et qui jouissait de la plus haute estime auprès du *puissant* roi, s'approche de Kêkéyî et lui tient ce langage : « Reine, apprends de moi, qui vais t'en raconter la cause, pourquoi jadis Asamandjas fut rejeté par Sagara, le maître de la terre. Il est sûr que, poussé d'un naturel méchant, Asamandjas saisissait au cou les jeunes enfants des citadins et les jetait dans les flots de la Çarayoû : voilà, *reine*, le fait tel qu'il nous fut donné par la tradition. En butte à ses vexations : « Dominateur de la terre, choisis, dirent au monarque les citadins irrités, choisis entre abandonner Asamandjas seul ou bien nous tous! »

« Pour quel motif? » reprit cet auguste souverain. A ces mots, les citoyens de lui répondre avec colère : « Poussé d'un naturel méchant, ton fils prend à la gorge nos jeunes enfants et les jette eux-mêmes, tout criant, aux flots de la Çarayoû ! »

« Quand il eut recueilli d'eux cette plainte, le roi Sagara, qui voulait complaire aux habitants de la ville, dégrada son fils et le bannit de sa présence. C'est ainsi que le magnanime Sagara dut renoncer à un fils sans conduite; mais ce monarque-ci, quelle raison a-t-il de chasser Râma, un fils plein de vertus? »

Il dit; à ces paroles de Siddhârta, le roi Daçaratha, d'une voix, que troublait sa douleur, tint à Kêkéyî ce langage : « Je renonce à mon trône et même aux plaisirs, je vais en personne accompagner Râma; toi, ignoble femme, jouis à ton aise et longtemps de cette couronne avec *ton* Bharata! »

Ensuite, Kêkéyî apporta de ses mains les habits d'écorce, et, s'adressant au fils de Kâauçalyâ : « Revêts-toi! » lui dit cette femme sans pudeur dans l'assemblée des hommes.

Aussitôt le jeune prince, ayant quitté ses vêtements du plus fin tissu, endossa les habits d'anachorète, qu'il prit aux mains de Kêkéyî. Après lui, de la même manière, le héros Lakshmana, dépouillant son resplendissant costume, s'habilla avec cette écorce vile sous les yeux de son père.

A l'aspect de ces enveloppes grossières, que lui présentait Kêkéyî, afin qu'elle s'en revêtît elle-même, au lieu de cette robe de soie jaune, dont elle était gracieusement parée, la fille du roi Djanaka rougit de confusion, et, réfugiée à côté de son époux, cette femme au charmant visage les reçut, toute tremblante comme une gazelle qui se voit emprisonnée dans un filet.

Quand Sîtâ eut pris ces vêtements d'écorce avec des yeux voilés par ses larmes, elle dit à son mari, semblable au roi des Gandharvas : « Comment faut-il m'y prendre, noble époux, dis! pour attacher autour de moi ces vêtements d'écorce? »

A ces mots, elle jeta sur ses épaules une partie de l'habillement. La princesse de Mithila prit ensuite la seconde et se mit à songer, car la jolie reine était encore inhabile à revêtir, comme il fallait, un habit d'anachorète. Quand elles virent habillée de cètte écorce vile, comme une *mendiante* sans appui, celle qui avait pour appui un tel époux, toutes les femmes de pousser simultanément des cris, et même : « O honte! disaient-elles à l'envi ; honte! oh! la honte! » A peine le roi eut-il entendu ses femmes crier : « Honte! oh! la honte! » toute sa foi dans la vie, toute sa foi dans le bonheur en fut complétement brisée par la douleur.

Le vieux rejeton d'Ishwâkou poussa un brûlant soupir et dit à son épouse : « Femme cruelle, toi, qui marches dans les voies du péché, la grâce que tu m'as demandée, c'est que Râma seul fût exilé, et non le fils de Soumitrâ, et non la fille du roi Djanaka.

« Pour quelle raison, ô toi, de qui la vue est sinistre et la conduite pleine d'iniquité, leur donnes-tu à tous les deux ces vêtements d'écorce, mauvaise et criminelle femme, opprobre de ta famille? Sîtâ ne mérite point, Kêkéyî, ces habits tissus avec l'écorce et l'herbe sauvage! »

A son père, assis dans le trône, d'où il venait de parler ainsi, Râma, la tête inclinée, adressa les paroles suivantes, impatient de partir aussitôt pour les forêts : « O roi, versé dans la science de nos devoirs, Kâauçalyâ, ma mère, cette femme inébranlablement dévouée à toi, livrée tout entière à la pénitence, d'un naturel généreux et d'un âge avancé, est profondément submergée, par cette inattendue séparation d'avec moi, dans une mer de tristesse. L'infortunée, elle mérite que tu étendes sur elle, pour la consoler, ta *plus haute* considération. Daigne, par amitié pour moi, daigne toujours la couvrir tellement de tes yeux, roi puissant, que, défendue par toi, son protecteur *légal*, elle n'ait point à subir de persécutions. »

A l'aspect de ces habits d'anachorète, que Râma portait déjà en lui parlant ainsi, le monarque se mit à gémir et pleurer avec toutes ses femmes.

« Peut-être ai-je ravi autrefois des enfants chéris à des pères affectionnés, dit-il, puisque je suis fatalement séparé de toi, mon fils, dans mon excessive infortune ! Les êtres animés ne peuvent donc mourir, ô mon ami, avant l'heure fixée par le Destin, puisque la mort ne m'entraîne pas en ce moment, où je me sépare de toi ! »

A ces mots, le roi s'affaissa sur la terre et tomba dans l'évanouissement.

Kâauçalyâ baisa tendrement Sitâ sur le front et dit ces mots à Râma : « Il te faut, ô toi, qui donnes l'honneur, il te faut rester sans cesse, fils de Raghou, aux côtés de Sitâ et de Lakshmana, ce héros, qui t'est *si* dévoué. Il te faut en outre apporter la plus grande attention au milieu de ces arbres nombreux, dont les forêts sont couvertes. »

Râma, les mains jointes, s'approcha d'elle, et, se tenant au milieu des épouses du roi, il tint à sa mère ce langage dicté par le devoir, lui, pour qui le devoir n'était pas une science ignorée : « Pourquoi me donnes-tu ce conseil, mère, à l'égard de Sitâ ?

« Lakshmana est mon bras droit ; et la princesse de Mithila, mon ombre. En effet, il m'est aussi impossible de quitter Sitâ, qu'au sage d'abandonner sa gloire ! Quand je tiens mes flèches et mon arc en main, d'où peut venir un danger pour moi ? *D'aucun être*, pas même de Çatakratou, le seigneur des trois mondes ! Bonne mère, ne sois pas affligée ! obéis à mon père ! La fin de cet exil au milieu des forêts doit arriver pour moi sous une étoile heureuse ! »

Après ce discours, dont le geste accompagnait la matière, il se leva et vit les trois cent cinquante épouses du roi. Lui, alors même, le devoir en personne, il s'approcha, les mains jointes, de ses nobles mères, et, courbant la tête avec modestie, leur tint ce langage : « Je vous adresse à toutes mes adieux. Si jamais, soit inattention, soit ignorance, j'ai commis une offense à l'égard de vous, moi-même, à cette heure, je vous en demande humblement pardon. »

Alors et tandis que le héros né de Raghou tenait ce langage, toutes ces épouses du roi éclatèrent dans une grande lamentation, comme de plaintives ardées. En ce moment, le palais du roi Daçaratha, qui résonnait auparavant des seuls concerts de la flûte, des tambourins et des panavas, retentit de sanglots, de gémissements et de tous les sons perçants, qui jaillissent du malheur.

Ensuite Lakshmana embrassa les pieds de Soumitrâ, qui, voyant son fils prosterné à ses genoux, lui donna sur le front un baiser d'amour, le serra étroitement dans ses bras et lui tint elle-même ce discours :

« Il est *cinq devoirs*, bien dignes de votre famille : ce sont la défense d'un frère aîné, l'aumône, le sacrifice, la pénitence et l'abandon héroïque de la vie dans les combats. Pense que Râma, c'est Daçaratha; pense que la fille du roi Djanaka, c'est moi-même ; pense que la forêt, c'est Ayodhyâ ; et maintenant va, mon fils, à ta volonté ! »

Ensuite, s'approchant d'un air modeste et les mains jointes, comme on voit Mâtali s'avancer vers Indra, *son maître* : « Honneur à toi, fils du roi ! dit Soumantra au digne rejeton de Kakoutstha : c'est toi qu'attend ce grand char attelé.

« Je vais te conduire avec lui où tu as l'envie d'aller. »

A ces nobles paroles du cocher, Râma, accompagné de son épouse, *se prépare à* monter dans ce char magnifique avec Lakshmana. Il déposa lui-même sur le fond du char les différentes espèces d'armes, les deux carquois, les deux cuirasses, la bêche et le panier. Cela fait, et sur l'ordre qu'il en reçut du jeune banni, le cocher du roi y plaça encore une cruche de terre.

Soumantra les fit monter et monta lui-même derrière ces *nobles compagnons d'exil*. Ensuite, ayant jeté le regard d'une âme consternée sur les deux frères assis auprès de la *belle jeune* femme, le troisième avec eux, Soumantra de fouetter ses chevaux, sur le commandement, que Râma en donna lui-même au cocher.

« Hélas ! Râma ! » s'écriaient de tous côtés les foules du peuple.

« Retiens les chevaux, cocher !... Va lentement ! disaient-ils : nous désirons voir la face du magnanime Râma, ce visage aimable comme la lune.

« Notre seigneur, aux yeux de qui le devoir est préférable à tout, s'en va pour un lointain voyage : quand le reverrons-nous enfin revenu des routes sauvages de la forêt ? La mère de Râma a donc un cœur de fer ; il est donc joint solidement, puisqu'il ne s'est pas brisé, quand elle a vu partir son fils bien-aimé pour l'habitation des forêts ! Seule, elle a fait acte de vertu, cette jeune Vidéhaine à la taille menue, qui s'attache aux pas de son époux comme l'ombre suit le corps. Et toi aussi, Lakshmana, tu es heureux, *car* tu satisfais à la vertu, toi, qui suis par dévouement ce frère aîné, que tu aimes, sur la route, où l'entraîne l'amour de son devoir. »

Dans ce moment, Râma, voyant son père, qui, environné de ses femmes, le suivait à pied, en proie à la douleur, et gémissait à chaque pas avec la reine Kâauçalyâ, il ne put, l'infortuné! soutenir un tel spectacle, enchaîné, comme il était, dans les nœuds de son devoir. Quand il vit son père et sa mère aller ainsi à pied, courbés sous le chagrin, eux, à qui le bonheur seul était dû, il se mit à presser le cocher : « Avance! dit-il; avance! » Il ne put, comme un éléphant que l'aiguillon tourmente, supporter de voir ces deux chers vieillards enveloppés ainsi par la douleur.

« Hâ! mon fils Râma!... Hâ! Sitâ!... Hâ! hâ! Lakhsmana! tourne les yeux vers moi! » C'est en jetant ces lamentations, que le roi et la reine couraient après le char.

« Arrête! arrête! » criait le vieux monarque; « Marche! » disait au cocher le jeune Raghouide. La position de Soumantra était alors celle d'un homme entre la terre et le ciel, *qui ne sait trop s'il doit monter ou descendre*. « Quand tu seras de retour chez le roi, tu lui diras : « Je n'avais pas entendu. Cocher, prolonger la douleur, c'est la rendre plus cruelle. » Ainsi Râma parlait à Soumantra.

Aussitôt que celui-ci, l'âme toute contristée, eut connu la pensée du jeune prince, il tourna ses mains jointes vers le vieux monarque et poussa les chevaux.

Le roi, chef de la race d'Ikshwâkou, ne détourna point ses yeux, tant qu'il put encore apercevoir la forme *vague* de ce fils qui marchait vers son exil.

Aussi longtemps que le roi vit de ses yeux ce fils bien-aimé, il supprima en quelque sorte dans son esprit la distance lointaine jetée entre eux. Tant qu'il fut possible au roi de le voir, ses yeux, dont le regard suivait ce fils, non moins vertueux que bien-aimé, ses yeux, marchèrent *comme* pas à pas avec lui. Mais, quand le roi, maître du globe, eut cessé de voir son Râma, alors, pâle et navré de chagrin, il tomba sur la terre.

Kâauçalyâ tout émue accourut à sa droite, et Kêkéyî vint à gauche, toute pleine de sa tendresse *satisfaite* pour son fils Bharata. Ce roi, doué parfaitement de conduite, de justice et de modestie, adressant un regard à cette Kêkéyî, opiniâtre dans sa mauvaise pensée, lui parla en ces termes : « Kêkéyî, ne touche point à mon corps, toi, qui marches dans les voies du péché ; car je ne veux plus que tu offres jamais ta vue à mes yeux ; je ne vois plus en toi mon épouse !

« Si Bharata devient célèbre, quand il aura fait passer ainsi le royaume dans ses mains, que mon ombre ne goûte jamais aux dons funèbres qu'il viendra m'offrir devant ma tombe ! »

Dans ce moment la reine Kâauçalyâ, en proie elle-même à sa douleur, aida le vieux roi, souillé de poussière, à se lever et lui fit reprendre le chemin de son palais.

Le monarque, accompagné de sa tristesse, dit alors ces paroles : « Que l'on me conduise au plus tôt dans l'appartement de Kâauçalyâ, mère de *mon fils* Râma ! »

A ces mots, ceux qui avaient la surveillance des portes mènent le roi dans la chambre de Kâauçalyâ ; et là, à peine entré, il monta sur la couche, où la douleur agita son âme. Là encore il se lamenta pitoyablement à haute voix, désolé, torturé de chagrin et levant ses bras au ciel : « Hélas ! disait-il ; hélas ! enfant de Raghou, tu m'abandonnes !... Heureux vivront alors ces hommes favorisés, qui te verront, mon fils, revenu des bois, à la fin du temps fixé par ton arrêt ! mais, *hélas !* moi, je ne te verrai pas !...

« Bonne Kâauçalyâ, touche-moi de ta main ; car ma vue a suivi Râma, et n'est pas revenue encore à l'instant même. »

La reine jeta les yeux sur le monarque, abattu dans ce lit, d'où sa pensée ne cessait de suivre *son bien-aimé* Râma : elle entra dans cette couche, *près de son époux*, elle, de qui la douleur avait tourmenté les formes, et, poussant de longs soupirs, elle éclata en lamentations d'une manière pitoyable.

Les hommes les plus affectionnés à Râma suivirent ce héros, qui, magnanime et fort comme la vérité, s'avançait vers les bois qu'il devait habiter. Quand le monarque tout-puissant retourna sur ses pas avec la foule de ses amis, ceux-là n'étaient point revenus ; ils continuèrent d'accompagner Râma dans sa route.

Râma, le devoir en personne, promenant sur eux ses regards et buvant de ses yeux, pour ainsi dire, l'amour de ces fidèles sujets, Râma leur tint ce langage, comme si tous ils eussent été ses propres fils : « Faites maintenant reposer entièrement sur la tête de Bharata, pour l'amour de moi, habitants d'Ayodhyâ, l'attachement et l'estime que vous avez mis en ma personne. Dans un âge où l'on est encore enfant, il est avancé dans la science ; il est toujours aimable à ses amis, il est plein de courage, il est audacieux même, et cependant sa bouche n'a pour tous que des mots agréables. »

Ces peuples des villes et des campagnes, malheureux et baignés de larmes, Râma, avec le fils de Soumitrâ, les entraînait derrière lui, enchaînés par ses vertus.

Ensuite le noble prince, ayant décidé qu'on ferait une halte sur le rivage de la Tamasâ, porta ses regards sur la rivière et dit ces paroles au fils de Soumitrâ : « Voici près d'arriver, mon beau Lakshmana, la première nuit de notre habitation au milieu des forêts. Que la félicité descende sur toi ! Ne veuille pas te désoler ! Vois ! partout les forêts vides pleurent, pour ainsi dire, abandonnées par les oiseaux et les gazelles, retirés dans leurs noires demeures. Fils de Soumitrâ, demeurons cette nuit où nous sommes avec ceux qui nous suivent. En effet, ce lieu-ci me plaît dans ses différentes espèces de fruits sauvages. »

Après ces mots adressés au Soumitride, le noble exilé dit à Soumantra même : « Soigne tes chevaux, mon ami, sans rien négliger. »

Le cocher du roi arrêta donc le char en ce moment où le soleil arrivait à son couchant ; et, quand il eut donné à ses coursiers une abondante nourriture, il s'assit vis-à-vis et tout près d'eux.

Ensuite, après qu'il eut récité la prière fortunée du soir, le noble conducteur, voyant la nuit toute venue, prépara de ses mains, aidé par le fils de Soumitrâ, la couche même de Râma. Alors, quand celui-ci eut souhaité une heureuse nuit à Lakshmana, il se coucha avec son épouse dans ce lit fait avec la feuille des arbres, au bord de la rivière.

Ce fut donc ainsi que, parvenu sur les rives de la Tamasâ, qui voit les troupeaux et les génisses troubler ses limpides tîrthas, Râma fit halte là cette nuit avec les sujets de son père. Mais, s'étant levé au milieu de la nuit et les ayant vus tous endormis, il dit à son frère, distingué par des signes heureux : « Vois, mon frère, ces habitants de la ville, sans nul souci de leurs maisons, n'ayant que nous à cœur uniquement, vois-les dormir au pied des arbres aussi tranquillement que sous leurs toits.

« Nous donc, pendant qu'ils dorment, montons vite dans le char et gagnons par cette route le bois des mortifications. Ainsi les habitants de la ville fondée par Ikshwâkou n'iront pas maintenant plus loin, et ces hommes si dévoués à moi ne seront plus réduits à chercher un lit au pied des arbres. »

Aussitôt Lakshmana répondit à son frère, qui était là devant ses yeux comme le devoir même incarné : « J'approuve ton avis, héros plein de sagesse; montons sans délai sur le char! »

Ensuite Râma dit au cocher : « Monte sur ton siége, conducteur du char, et pousse rapidement vers le nord tes excellents coursiers! Quand tu auras marché quelque temps au pas de course, ramène ton char, le front droit au midi, et mets dans les mouvements une telle attention, que les traces du retour ne décèlent pas aux habitants de notre cité le chemin par où je vais m'échapper. »

A ces mots du prince, le cocher à l'instant d'exécuter son ordre, il *alla*, revint et présenta son léger véhicule au vaillant Râma.

Celui-ci monta lestement sur le char avec ses deux compagnons *d'exil*, et se hâta de traverser la Tamasâ. Quand le héros aux longs bras fut arrivé sur l'autre bord de cette rivière, dont les tourbillons agitent la surface, il suivit le cours de l'eau dans une route belle, heureuse, sans obstacle, sans péril et d'un aspect délicieux. Ensuite, quand ces habitants de la grande cité, s'étant réveillés à la fin de la nuit, virent les traces qui annonçaient le retour du char à la ville : « Le fils du roi, pensèrent-ils, a repris le chemin d'Ayodhyâ ; » et, cette observation faite, ils s'en revinrent eux-mêmes à la ville.

Ensuite, le héros né de Raghou vit la Gangâ, nommée aussi la Bhâgîrathî, appelée encore la Tripathagâ, ce fleuve céleste, très-pur, aux ondes froides, non embarrassées de vallisnéries, dont les flots nourrissent les marsouins, les crocodiles, les dauphins, dont les rives, hantées par les éléphants, sont peuplées de cygnes et de grues indiennes ; la Gangâ, qui doit sa naissance au mont Himâlaya, dont les abords sont habités par des saints, dont les eaux purifient tout ce qu'elles touchent et qui est comme l'échelle par où l'on atteint de la terre aux portes du ciel.

Râma, l'homme au grand char de guerre, ayant promené ses regards sur les ondes aux vagues tourbillonnantes, dit à Soumantra : « Faisons halte ici aujourd'hui. En effet, voici, *pour nous abriter*, non loin du fleuve, un arbre ingoudi très-haut, tout couvert de fleurs et de jeunes pousses : demeurons *cette nuit* ici même, conducteur! » « Bien ! » lui répondent Lakshmana et Soumantra, qui aussitôt fait avancer les chevaux près de l'arbre ingoudi. Alors ce digne rejeton d'Ikshwâkou, Râma, s'étant approché de cet arbre délicieux, descendit du char avec son épouse et son frère. Dans ce moment Soumantra, qui avait mis pied à terre lui-même et dételé ses excellents coursiers, joignit ses mains et s'avança vers le noble Raghouide, arrivé déjà au pied de l'arbre.

« Ici habite un ami bien-aimé de Râma, *lui dit-il*, un

prince équitable, de qui la bouche est l'organe de la vérité, ce roi des Nishâdas, qui a nom Gouha aux longs bras. A la nouvelle que Râma, le tigre des hommes, était venu dans sa contrée, ce monarque est accouru à ta rencontre avec ses vieillards, ses ministres et ses parents. »

Après ces mots de son cocher, comme il vit de loin Gouha qui s'avançait, Râma avec le fils de Soumitrâ se hâta de joindre le roi des Nishâdas. Quand il eut embrassé le malheureux exilé : « Que ma ville te soit comme Ayodhyâ ! Que veux-tu, lui dit Gouha, que je fasse pour toi ? »

A ces paroles de Gouha, le noble Raghouide répondit ainsi : « Il ne manque rien à l'accueil et aux honneurs que nous avons reçus de ta majesté. »

Puis, quand il eut baisé tendrement au front ce monarque venu à pied, quand il eut serré Gouha dans ses bras d'une rondeur exquise, Râma lui tint ce langage :

« Je refuse tout ce que ton amitié fit apporter ici, quelle qu'en soit la chose ; car je ne suis plus dans une condition où je puisse recevoir des présents. Sache que je porte le vêtement d'écorce et l'habit tissu d'herbes, que les fruits sont avec les racines toute ma nourriture et le devoir toute ma pensée ; que je suis un ascète *enfin* et que les choses des bois sont les seuls objets permis à mes sens. J'ai besoin d'herbe pour mes chevaux ; il ne me faut rien autre chose : avec cela seul, ta majesté m'aura bien traité. — Car c'est l'attelage favori du roi Daçaratha, mon père : aussi tiendrai-je comme un honneur fait à moi les bons soins donnés à ses nobles coursiers. »

Aussitôt Gouha de jeter lui-même cet ordre à ses gens : « Qu'on se hâte d'apporter aux chevaux de l'herbe et de l'eau ! »

Râma, vêtu de ses habits tissus d'écorce, récita la prière usitée au coucher du soleil et prit seulement un peu d'eau, que Lakshmana lui apporta de soi-même. Puis, quand celui-ci eut lavé les pieds du noble ermite, couché sur la terre avec son épouse, il vint à la souche de l'arbre et s'y tint debout à côté d'eux.

La nuit alors, bien qu'il fût ainsi couché *sur la dure*, coula doucement pour cet illustre, ce sage, ce magnanime fils du roi Daçaratha, qui n'avait pas encore senti la misère et n'avait goûté de la vie que ses plaisirs.

Gouha adressa, consumé par la douleur, ces mots à Lakshmana, qui veillait, sans fermer l'œil un instant, sur le sommeil de son frère : « Ami, c'est pour toi que fut préparé ce lit commode; délasse bien cette nuit, fils de roi, délasse bien tes membres dans cette couche !

« Tous ces gens sont accoutumés aux fatigues, mais toi, as-tu goûté de la vie autre chose que ses douceurs ! Laisse-moi veiller cette nuit à la garde du *généreux* Kakoutsthide. Certes ! il n'y a pas d'homme sur la terre, qui me soit plus cher que Râma : fie-toi donc à cela en toute assurance; je le jure à toi, héros, je le jure par la vérité ! »

« Gardés ici par toi, monarque sans péché, nous sommes tous sans crainte, lui répondit Lakshmana : ce n'est pas tant le corps que la pensée qui veille ici *et, dans sa tristesse, ne peut céder au sommeil*. Comment le sommeil, ou les plaisirs, ou même la vie me seraient-ils possibles, quand ce grand Daçarathide est ainsi couché par terre avec Sîtâ ?

« Vois, Gouha, vois, couché dans l'herbe avec son épouse, celui devant lequel ne pourraient tenir dans une bataille tous les Dieux, ligués même avec les Asouras;

lui, que sa mère obtint à force de pénitences, au prix même de plusieurs grands vœux, le seul fils du roi Daçaratha, qui porte des signes de bonheur égaux aux signes de son père !

« Après le départ de son fils, cet auguste monarque ne vivra pas longtemps ; et la terre, sans aucun doute, la terre elle-même en sera bientôt veuve !

« Et, quand ce temps sera venu, à qui sera-ce donc, si ce n'est à l'heureux Bharata, *à lui*, *resté seul*, d'honorer mon vieux père avec toutes les cérémonies funèbres ?

« Heureux tous ceux qui pourront errer à leur fantaisie dans la capitale de mon père aux larges rues bien distribuées, aux cours délicieuses, où l'on aime à rester *indolemment* ; cette ville, encombrée d'éléphants, de chevaux, de chars, toute remplie de promenades et de jardins publics, heureuse de toutes les félicités, embellie par les plus suaves courtisanes ; cette ville, où tant de fêtes attirent le concours et l'affluence des peuples ; cette grande cité, dont les échos répètent sans cesse les différents sons des instruments de musique, dont les rues se resserrent entre les files des palais et des belles maisons ; cette ville, où s'agite confusément un peuple florissant et joyeux !

« A la fin de notre exil dans les bois, puissions-nous entrer nous-mêmes sains et saufs dans la superbe Ayodhyâ avec ce héros si pieux observateur de la foi donnée ! »

Quand la nuit se fut éclairée aux premières lueurs du matin, Râma, le héros illustre à la vaste poitrine, dit au brillant Lakshmana, son frère, le fils de Soumitrâ : « Voici le moment où l'astre du jour se lève ; la nuit sainte est écoulée ; entends, mon ami, cet oiseau heureux, le kokila chanter sa joie. Déjà même le bruit des éléphants résonne dans la forêt : hâtons-nous, frère chéri, de traverser la Djâhnavî qui se rend à la mer. »

Quand le fils de Soumitrâ, délices de ses amis, eut connu la pensée de Râma, il appela aussitôt le roi des Nishâdas avec le cocher Soumantra, et se tint debout lui-même devant son frère. Ensuite, après qu'ils eurent jeté les carquois sur leurs épaules, attaché les épées à leurs flancs et pris les arcs dans leurs mains, les deux Raghouides, accompagnés de Sîtâ, s'en allèrent donc vers la Gangâ. Là, d'un air modeste, tournant les yeux vers le noble Râma : « Que dois-je faire? dit le cocher, ses mains jointes, à l'auguste jeune homme, bien instruit sur le devoir. »

« Retourne ! lui repartit celui-ci ; je n'ai que faire maintenant du char : je m'en irai bien à pied dans la grande forêt. »

A la vue d'une barque amarrée au bord du fleuve, le prince anachorète, qui désirait passer le Gange au plus vite, Râma dit ces mots à Lakshmana : « Monte, tigre des hommes, monte dans ce bateau, que voici bien à propos. Lève dans tes bras doucement et pose dans la barque *ma chère* pénitente Sîtâ. »

Lui sur-le-champ d'obéir à l'ordre que lui donnait son frère, et d'exécuter cette tâche, qui ne lui était nullement désagréable : il plaça d'abord la princesse de Mithila et monta ensuite de lui-même dans l'esquif *amarré*. Après lui s'embarqua son frère aîné, le magnanime ermite.

Alors, quand il eut salué d'un adieu Soumantra, Gouha et ses ministres : « Entre dans ta barque, heureux nautonnier, dit le Kakoutsthide au pilote; délie ce bateau et conduis-nous à l'autre bord ! »

A cet ordre, le chef de la barque fit traverser le Gange à ces deux héroïques frères.

Quand ils ont abordé le rivage, ces deux princes magnanimes sortent de la barque, et, d'une âme bien recueillie, ils adressent à la Gangâ une humble adoration. Alors ce fléau des ennemis, ce héros, de qui l'aspect ne montrait plus rien qui ne fût de l'anachorête, se mit en route, les yeux noyés de larmes, avec son frère et son épouse.

Mais d'abord ce prince judicieux, voué au séjour des forêts, tint ce langage au brave Lakshmana, douce joie de sa mère : « Marche en avant, fils de Soumitrâ, et que Sîta vienne après ; j'irai, moi, par derrière, afin de protéger Sîtâ et toi! C'est aujourd'hui que ma chère Vidéhaine connaîtra les maux d'une habitation au milieu des bois : il faudra qu'elle supporte les sauvages concerts des sangliers, des tigres et des lions! » Puis, tournant un dernier regard vers cette plage, où se tenait encore Soumantra, nos deux frères, l'arc en main, de marcher avec Sîtâ vers ces grandes forêts. Mais, quand les enfants du roi se furent avancés jusqu'au point de n'être plus visibles, Gouha et le cocher s'en retournèrent de là, remportant avec eux leur amour.

Les trois nouveaux ascètes s'enfoncent dans la forêt immense; et, promenant leur vue çà et là sur différentes portions de terre, sur des régions délicieuses, sur des lieux qu'ils n'avaient pas encore vus, ils arrivent au pays qui était leur but, cette contrée où l'Yamounâ rencontre les saintes eaux de la Bhâgîrathî. Quand il eut suivi longtemps un chemin sans péril et contemplé des arbres de plusieurs essences, Râma dit à Lakshmana vers le temps où le soleil commence à baisser un peu : « Vois, fils de Soumitrâ, vois, près du saint confluent s'élever cette fumée, *comme le* drapeau d'un feu sacré : nous sommes, je pense, dans le voisinage d'un anachorète. Sans doute, nous voici bientôt arrivés à l'endroit heureux où l'Yamounâ mêle ses ondes au cours de la Gangâ : en effet, ce grand bruit qui vient à nos oreilles ne peut naître que de ces deux rivières, dont les vagues s'entrechoquent et se brisent. Ce ne peut être que les anachorètes nés dans la forêt qui ont fendu ce bois pour le feu du sacrifice ; et voici différentes espèces d'arbres, comme en en voit dans l'ermitage de Bharadwâja. »

Quand ils eurent marché encore à leur aise un peu de temps, l'arc en main, ils arrivèrent, accablés de fatigue, après le coucher de l'astre qui donne le jour, à la sainte chaumière de Bharadwâja.

Parvenu avec son frère à l'endroit où se cachait l'ermitage de l'anachorète, le jeune Raghouide y pénétra, sans quitter ses armes, effrayant les gazelles et les oiseaux endormis. Amené par le désir de voir le solitaire à la porte même de son ermitage, le beau Râma s'y arrêta avec son épouse et Lakshmana.

L'anachorète, averti que deux frères, Râma et Lakshmana, se présentaient chez lui, fit introduire aussitôt les voyageurs dans l'intérieur de son ermitage. Râma se prosterna, les mains jointes, avec son épouse et son frère, aux pieds de l'éminent solitaire, qui, assis devant son feu sacré, venait d'y consumer ses religieuses oblations. L'anachorète, environné de pieux ermites, d'oiseaux même et de gazelles accroupies autour de lui, accueillit avec honneur l'arrivée du jeune prince et le félicita.

L'aîné des Raghouides se fit connaître au solitaire en ces termes : « Nous sommes frères, et fils du roi Daçaratha ; on nous appelle Râma et Lakshmana. Mon épouse, que voici, est née dans le Vidéha ; c'est la vertueuse fille du roi Djanaka. Attachée fidèlement aux pas de son époux, elle est venue avec moi dans cette forêt de la pénitence.

« Ce frère chéri est plus jeune que moi ; il est fils de Soumitrâ : ferme dans les vœux qu'il a prononcés, *comme kshatrya*, il me suit de soi-même dans ces bois, où m'exile mon père. Docile à sa voix, je vais entrer dans la grande forêt ; je marcherai là, saint anachorète, sur les pas mêmes du devoir : les fruits et les racines y feront toute ma nourriture. »

A ces mots du sage Kakoutshide, l'anachorète vertueux comme la vertu elle-même lui présenta l'eau, la terre et la corbeille de l'arghya. Puis, quand il eut honoré ce fils de roi en lui offrant un siége et l'eau pour laver, le solitaire invita son hôte à partager son repas de racines et de fruits, lui, dont les fruits seuls étaient la nourriture quotidienne. A son jeune compagnon assis, quand il eut reçu de tels honneurs, Bharadwâdja tint alors ce langage assorti aux *convenances, dont la politesse fait un* devoir : « *Je remercie* la bonne fortune, *qui* t'a conduit, Râma, sain et sauf dans mon ermitage : assurément ! j'ai entendu parler de cet exil sans motif, auquel ton père t'a condamné. Ce lieu solitaire et délicieux, fils de Raghou, est l'endroit célèbre dans le monde par le saint confluent de la Gangâ et de l'Yamounâ. Demeure ici avec moi, Râma, si le pays te plaît : tout ce que tes yeux voient ici appartient en commun aux habitants du bois consacré à la pénitence. »

Râma, joignant les mains, répondit à ces paroles de

l'anachorète : « Ce serait une faveur insigne pour moi, brahme vénéré, d'habiter ici avec toi. Mais notre pays, ô le plus saint des pénitents, est à la proximité de ces lieux ; et mes parents viendraient, sans nul doute, m'y visiter. Pour ce motif, je ne veux pas d'une habitation ici; mais daigne m'indiquer un autre ermitage isolé dans la forêt déserte, où je puisse habiter avec plaisir, sans trouble, ignoré de mes parents, accompagné seulement de Lakshmana et de ma chaste Vidéhaine. »

Il dit; à ce langage de Râma, le grand anachorète Bharadwâdja réfléchit un instant avec recueillement et lui répondit en ces termes : « A trois yodjanas d'ici, Râma, est une montagne, fréquentée des ours, hantée par les singes et dont les échos répètent les cris des golângoulas (1). Cette retraite sainte, fortunée, libérale en tous plaisirs, habitée par de grands sages et semblable au mont Gandhamândana, est nommée le Tchitrakoûta : tu peux demeurer là.

« Tant qu'un homme aperçoit les sommets du Tchitrakoûta, la félicité ne cesse pas de lui sourire et toutes ses pensées lui viennent de la vertu. »

Ensuite Râma, quand il eut mangé, se mit à raconter diverses histoires, entremêlées avec celles de Bharadwâdja, et toute la sainte nuit s'écoula ainsi. Quand elle fut passée, le noble exilé récita la prière du matin et vint respectueusement s'incliner devant le grand saint : « Râma, lui dit le solitaire, va d'ici en diligence au mont Tchitrakoûta avec ton épouse et Lakshmana : tu habiteras ces lieux en toute assurance.

« Dirige-toi vers cette montagne heureuse et bien

(1) C'est-à-dire, *singes à queue de vache.*

charmante, dont les échos répètent les chants des kokilas, des gallinules et des paons, le bruit des gazelles et les cris de nombreux éléphants ivres d'amour : puis, une fois arrivé dans cet ermitage, *occupe-toi d'y* poser ton habitation. »

Leur ayant fait connaître le chemin, Bharadwâdja, salué par le sage Râma, Lakshmana et Sîtâ, revint *dans son ermitage*. Quand l'anachorète fut parti, Râma dit à Lakshmana : « L'intérêt, que l'ermite prend à moi, fils de Soumitrâ, *est comme une eau limpide, qui* lave mes souillures. » Ainsi causant et marchant derrière Sîtâ, les deux héros voués à la pénitence arrivent sur les bords de la Kâlindî (1).

Là, quand ils ont réuni et lié ensemble des bois et des bambous nés sur le rivage, Râma lui-même prend alors Sîtâ dans ses bras et porte doucement sur le radeau cette chère enfant, tremblante comme une liane. Elle une fois placée, Râma et son frère montent dans la frêle embarcation.

Ce fut donc avec ce radeau qu'ils traversèrent l'Yamounâ, cette rivière, fille du soleil, aux flots rapides, aux guirlandes de vagues, aux bords inaccessibles par la masse épaisse des arbres enfants de ses rivages.

Ils se remettent dans la route du Tchitrakoûta, bien résolus d'y fixer leur habitation ; ils s'avancent, pleins de vigueur et d'agilité, en hommes de qui les vues sont arrêtées.

Peu de temps après, les voici qui entrent dans le bois du Tchitrakoûta aux arbres variés, et Râma tient ce lan-

(1) Un des noms donnés à l'Yamounâ.

gage à Sîtâ : « Sîtâ, *ma belle* aux grands yeux, vois-tu, à la fin de la saison froide, ces kinçoukas déjà fleuris et comme en feu, près du fleuve, dont ils ceignent le front d'une guirlande? Vois encore, le long de la Mandâkinî, cette forêt de karnikâras, tout illuminée de ses fleurs splendides, flamboyantes et comme de l'or! Vois ces bhallâtakas, ces vilvas, ces arbres à pain, ces plaqueminiers et tous ces autres, dont les branches pendent sous le poids des fruits. Il nous est possible, femme à la taille svelte, il nous est possible de vivre ici avec des fruits : oh! bonheur! nous voici donc arrivés à ce mont Tchitrakoûta, semblable au paradis!

« Vois, ma belle chérie, vois comme, sur les bords de la Mandâkinî, la nature, au pied de chaque arbre, nous a jonché des lits brodés avec une multitude de fleurs! »

Tandis qu'ils observaient ainsi les ravissants aspects du fleuve Mandâkinî, ils arrivèrent au mont Tchitrakoûta, ombragé par une variété infinie d'arbres en fleurs. A son pied solitaire, environné d'eaux limpides, Râma et Lakshmana, les deux héroïques frères, se construisent un ermitage.

Ils vont chercher au milieu du *bois suave comme un* jardin et rapportent de fortes branches, cassées par les éléphants. *Fichées dans la terre et* rattachées l'une à l'autre avec des lianes épandues, *qui remplissent tous les intervalles*, elles se forment bientôt sous leurs mains en deux huttes séparées. Ils couvrent le toit avec les feuilles nombreuses des arbres. Lakshmana ensuite nettoie les deux cases terminées; et la Vidéhaine à la taille charmante les enduit elle-même d'argile. Alors, voyant son ermitage édifié, Râma dit à Lakshmana :

« Apporte une gazelle, fils de Soumitrâ, et fais-la

cuire, sans tarder : je veux honorer les Dieux de l'ermitage avec ce banquet sacré. »

A ces paroles de son frère, Lakshmana s'en fut tuer une gazelle noire, la rapporta du bois, alluma du feu et fit cuire son gibier parfaitement.

Ensuite Râma lui-même s'assit avec Lakshmana, son frère, et tous deux se mirent à manger sur un plat net et pur, qu'ils se firent avec des feuilles *verdoyantes*, le reste des. choses offertes en sacrifice. Sîtâ avait elle-même servi les mets devant son époux et son beau-frère ; puis, s'étant retirée seule à part, elle revint enlever ce qui restait du festin. Dès ce moment, Râma goûta délicieusement avec Lakshmana les charmes de l'habitation, qu'il était venu demander à cette montagne sourcilleuse, embellie par les guirlandes et les bouquets de fleurs les plus variées, au milieu desquelles gazouillait un nombre infini d'oiseaux de toutes les espèces.

Le cocher Soumantra mit assez peu de temps à traverser de nombreux pays, et des fleuves, et des lacs, et des villages et des cités ; il arriva enfin avec sa tristesse, après la chute du jour, aux portes d'Ayodhyâ, pleine d'un peuple sans joie. Tout bruit s'était alors éteint parmi ses troupes désolées d'hommes et de femmes. Elle semblait abandonnée, tant le silence était vide de son !

Aussitôt qu'ils virent arriver Soumantra, les habitants de courir *à l'envi* par centaines de mille derrière son véhicule *poudreux*, en lui jetant cette question : « Où est Râma ? »

« Ce magnanime, leur dit alors celui-ci, m'a congédié sur les bords du Gange ; et, quand il eut traversé le fleuve, je suis revenu à la ville. »

A ces mots : « traversé le fleuve, » ils s'écrièrent, les yeux baignés de larmes : « Oh! douleur! » et, continuant à gémir : « Nous sommes frappés à mort! » disaient-ils. Alors Soumantra entendit courir autour de lui ces mots proférés d'une bande à l'autre : « Il faut qu'il n'ait pas de honte, cet homme, qui revient ici, après qu'il a délaissé Râma au fond d'un bois! Comment pourrions-nous, joyeux dans l'absence d'un prince, le plus noble des hommes, comment pourrions-nous, sans avoir dépouillé toute pitié, goûter encore le plaisir dans ces grandes fêtes, où l'on vient en foule de toutes parts! Où sera désormais une chose agréable à ce peuple? Quelle chose, d'où lui vienne un plaisir, peut-il maintenant désirer? » Ainsi pensaient *les foules de* ce peuple autour de Soumantra, qui évitait de blesser personne *avec son char*. Il entendait aussi les voix des femmes, qui, accourues à leurs fenêtres, disaient : « Comment, ce malheureux! il est revenu, après avoir quitté Râma! »

Le cocher, navré de chagrin, avait recueilli dans sa route ces paroles et d'autres mots semblables, quand il arriva au palais, où le roi Daçaratha fixait sa résidence. Descendu promptement de son char, il entra dans l'habitation royale aux sept enceintes, mais dépouillée maintenant de son auguste splendeur et toute pleine d'une cour noyée dans la douleur.

Le roi jeta un regard de ses yeux noyés de pleurs à Soumantra, qui s'avançait les mains jointes, et fit ces questions au cocher tout couvert encore de la poussière du char : « Où est allé Râma? dis-moi, Soumantra! où va-t-il habiter? En quel lieu était ce digne enfant de Raghou, quand il t'a quitté? Comment, élevé avec une extrême délicatesse, mon fils pourra-t-il supporter de n'avoir que le sol même pour unique siége? Ou comment dormira-t-il *à ciel nu* dans un bois, ce fils du maître de la terre? Qu'est-ce que dit Râma à la vive splendeur? Quelles paroles m'envoie Lakshmana? Que me fait dire Sîtâ, cette femme vertueuse et dévouée à son époux? Raconte-moi les haltes, les discours, les festins de Râma, sans rien omettre et de la manière que tout s'est passé, depuis qu'il est parti de ces lieux pour habiter les forêts. »

Ainsi invité par l'Indra des hommes, le cocher parla donc au roi, mais d'une voix craintive et balbutiante. Il raconta les événements depuis son départ de la ville jusqu'à son retour :

« Lorsque ces deux héros eurent disposé leurs cheveux en djatâ et que, revêtus d'un habit fait simplement d'écorce, ils eurent traversé le Gange, ils marchèrent, la face tournée vers le confluent. Ensuite, ô mon roi, à l'instant où je m'en retournai, voici que mes coursiers, émus jusqu'à verser eux-mêmes des larmes et suivant Râma de leurs yeux, poussent des hennissements plaintifs.

« Quand j'eus présenté à ces deux fils de mon roi les paumes de mes deux mains jointes et creusées en patère, je suis revenu ici, prince, malgré moi, dans la crainte d'offenser ta majesté.

« Dans ces contrées, ô le plus noble des hommes, on voit les arbres mêmes, avec toutes les feuilles, les bouquets de fleurs et les pousses nouvelles, se faner, languissants d'affliction pour l'infortune de Râma. — Les fleuves semblaient eux-mêmes pleurer avec des eaux tristes et des ondes troublées : les étangs de lotus, dépouillés de splendeur, n'offraient aux yeux que des fleurs toutes fanées. Les volatiles et les quadrupèdes, immobiles, fixant les yeux sur un seul point et plongés dans leurs sombres pensées, oubliaient d'errer çà et là *sous les ombrages :* toute la forêt, comme en deuil par les chagrins du magnanime, était sans gazouillement.

« Dans la ville, dans le royaume, entre les habitants de la cité, parmi ceux des campagnes, je ne vois pas un être, ô mon roi, qui ne s'afflige pour ton fils !

« Cette ville sans joie, sans travail, sans prières ni sacrifices, cette ville, résonnante d'un bruit larmoyant et qui n'a plus d'autre son que des sanglots ou des gémissements ; ta cité, avec ses hommes tristes, malades, consternés, avec les arbres fanés de ses jardins, elle est sans aucun resplendissement depuis l'exil de Râma ! »

Après qu'il eut écouté ces paroles touchantes et d'autres encore de Soumantra, le monarque, saisi par une subite défaillance de son esprit, tomba de son trône une seconde fois, semblable à un corps d'où s'est retiré le souffle de la vie. — Mais, tandis que le prince gémissait ainsi d'une façon touchante, et que, tombé de nouveau, il gisait hors de lui-même sur la terre, la mère de Râma se plaignait sur un ton plus déplorable encore, tout affaissée sous un poids beaucoup plus lourd de chagrin et d'excessive douleur.

Aussitôt que Râma, le tigre des hommes, fut parti avec Lakshmana pour les forêts, Daçaratha, ce roi si fortuné naguère, tomba dans une grande infortune. Depuis l'exil de ses deux fils, ce monarque semblable à Indra fut saisi par le malheur, comme l'obscurité enveloppe le soleil au sein des cieux, à l'heure que vient une éclipse. Le sixième jour qu'il pleurait ainsi Râma, ce monarque fameux, étant réveillé au milieu de la nuit, se rappela une grande faute, qu'il avait commise au temps passé.

A ce ressouvenir, il adressa la parole à Kâauçalyâ en ces termes : « Si tu es réveillée, Kâauçalyâ, écoute mon discours avec attention. Quand un homme a fait une action ou bonne ou mauvaise, noble dame, il ne peut éviter d'en manger le fruit, que lui apporte la succession du temps. — Quiconque, dans les commencements des choses, n'en considère pas la pesanteur ou la légèreté, pour éviter le mal et faire le bien, est appelé un enfant par les sages.

« Jadis, Kâauçalyâ, dans mon adolescence, imprudent jeune homme, fier de mon habileté à toucher un but et vanté pour mon adresse à percer d'un trait la bête que je voyais de l'oreille seulement, il m'est arrivé de commettre une faute. C'est pourquoi mon action coupable a mûri ce fruit de malheur, *que je recueille aujourd'hui*, comme l'efficacité du poison est de tuer la vie dans l'être animé qui en a bu la substance. *Mais* cette mauvaise action des jours passés, je l'ai commise par ignorance, de même qu'à son insu tel homme boirait un poison.

« Je ne t'avais pas encore épousée, reine, et je n'étais encore moi-même que l'héritier présomptif de la couronne : en ce temps, la saison des pluies arrivée répandait la joie dans mon âme.

« En effet, le soleil, ayant brûlé de ses rayons la terre et ravi au sol tous les sucs humides, las de parcourir les régions du nord, était passé dans l'hémisphère hanté par les Mânes. On voyait des nuages délicieux couvrir tous les points du ciel, et les grues, les cygnes, les paons s'ébattre en des mouvements de joie. Cette arrivée des nuages forçait toutes les rivières élargies à déverser leurs flots d'une eau trouble et vaseuse par-dessus les chaussées trop étroites. La terre, égayée par cette riche ondée, conçue au sein des nuées, brillait sous sa verte parure de gazons nouveaux, où se jouaient le paon et le coucou radié.

« Tandis que cette agréable saison marchait ainsi dans sa carrière, j'attachai, dame bien faite, deux carquois sur mes épaules, et, mon arc à la main, je m'en allai vers la rivière Çarayoû. J'arrivai de cette manière sur les rives désertes de cette belle rivière, où m'attirait le désir de tirer sur une bête, *sans la voir*, à son bruit seul, grâces à ma grande habitude des exercices de l'arc. Là, je me tenais caché dans les ténèbres, mon arc toujours bandé en main, près de l'abreuvoir solitaire, où la soif amenait, pendant la nuit, les quadrupèdes habitants des forêts. Là, dirigeant une flèche du côté que j'avais entendu sortir le bruit, il m'arrivait de tuer soit un buffle sauvage, soit un éléphant ou tel autre animal venu au bord des eaux.

« Alors et comme il n'était rien que mes yeux pussent distinguer entre les objets sensibles, j'entendis le son d'une cruche qui se remplissait d'eau, bruit tout semblable même au barit que murmure un éléphant. Moi aussitôt d'encocher à mon arc une flèche perçante, bien empennée, et de l'envoyer rapidement, l'esprit aveuglé par le Destin, sur le point d'où m'était venu ce bruit.

« Dans le moment que mon trait lancé toucha le but, j'entendis une voix jetée par un homme qui s'écria sur un ton lamentable : « Ah ! je suis mort ! Comment se peut-il qu'on ait décoché une flèche sur un ascète de ma sorte ? A qui est la main si cruelle, qui a dirigé son dard contre moi ? J'étais venu puiser de l'eau pendant la nuit dans le fleuve solitaire : qui est cet homme, dont le bras m'a blessé d'une flèche ! A qui donc ai-je fait ici une offense ? Cette flèche va pénétrer, à travers le cœur expiré de son fils, dans le sein même d'un anachorète vieux, aveugle, infortuné, qui vit d'aliments sauvages au milieu de ce bois ! Cette fin malheureuse de ma vie, je la déplore avec moins d'amertume que je ne plains le sort de mon père et de ma mère, ces deux vieillards aveugles. Ce couple d'aveugles, chargé d'ans et nourri longtemps par moi, comment vivra-t-il après mon trépas, ce couple misérable et sans appui ? Qui est l'homme au cœur méchant, de qui la flèche nous a frappés tous les trois, eux et moi, d'un même coup, infortunés, qui vivions *innocemment* ici de racines, de fruits et d'herbes ? »

« Il dit ; et moi, à ces lamentables paroles, l'âme troublée et tremblant de la crainte que m'inspirait cette faute, je laissai échapper les armes que je tenais à la main. Je me précipitai vers lui et je vis, tombé dans l'eau, frappé au cœur, un jeune infortuné, portant la peau d'antilope et le djatâ des anachorètes. Lui, profondément blessé dans une articulation, il fixa les yeux sur moi, *non moins* infortuné, et me dit ces mots, reine, comme s'il eût voulu me consumer par le feu de sa rayonnante sainteté : « Quelle offense ai-je commise envers toi, kshatrya, moi, *solitaire*, habitant des bois, pour mériter que tu me frappasses d'une flèche, quand je voulais prendre ici de l'eau pour mon père ? Ces vieux auteurs de mes jours, sans appui dans la forêt déserte, ils attendent maintenant, ces deux pauvres aveugles, dans l'espérance de mon retour. Tu as tué par ce trait seul et du même coup trois personnes à la fois, mon père, ma mère et moi : pour quelle raison ? n'ayant jamais reçu aucune offense de nous ! Sans doute que ni la pénitence, ni la science sainte ne produisent, je pense, aucun fruit sur la terre, puisque mon père ne sait pas, homme insensé, que tu m'as donné la mort! Et même, quand il le saurait, que ferait-il dans l'état d'impuissance où le met sa triste cécité? Il en est de lui comme d'un arbre, qui ne peut sauver *à ses côtés* un autre arbre que sape la hache *du bûcheron*. Va promptement, fils de Raghou, va trouver mon père et raconte-lui cet événement fatal, de peur que sa malédiction ne te consume, comme le feu dévore un bois sec! Le sentier, que tu vois, mène à l'ermitage de mon père : hâte-toi de t'y rendre et fléchis-le, de peur que, dans sa colère, il ne vienne à te maudire! Mais, avant, retire-moi vite la flèche; car ce trait au contact brûlant comme le feu de la foudre, ce trait, lancé par toi dans mon cœur, ferme la voie à ma respiration. Arrache-moi ce dard! Que la mort ne vienne pas me saisir avec cette flèche dans ma poitrine! Je ne suis pas un brahme ; ainsi, mets de côté la terreur qu'inspire le meurtre commis sur un brahmane. Un brahme, il est vrai, un brahme qui habite ces bois, m'a engendré, mais dans le sein d'une çoudrâ. »

« Voilà en quels termes me parla ce jeune homme, que j'avais percé d'une flèche. A la vue de ce faible adolescent qui se lamentait de cette manière, gisant ainsi dans la Çarayoû, le corps mouillé de ses ondes, poussant de longs soupirs et déchiré par l'atteinte mortelle de ma flèche, je tombai dans un extrême abattement. — Ensuite, hors de moi, je retirai à contre-cœur, mais avec un soin égal à mon désir extrême de lui conserver la vie, cette flèche entrée dans le sein de ce jeune ermite languissant. Mais à peine mon trait fut-il ôté de sa blessure, que le fils de l'anachorète, épuisé de souffrances et respirant d'un souffle, qui s'échappait en *douloureux* sanglots, se convulsa un instant, roula hideusement ses yeux et rendit son dernier soupir.

« Quand le fils du grand saint eut quitté la vie, faisant crouler d'une chute rapide et ma gloire et moi-même, je restai l'âme entièrement consternée, car on ne pouvait douter que je ne fusse tombé dans une calamité sans rivage.

« Après que j'eus retiré au jeune homme la flèche brûlante et semblable au poison d'un serpent, je pris sa cruche et me dirigeai vers l'ermitage de son père. Là, je vis ses deux parents, vieillards infortunés, aveugles, n'ayant personne qui les servît et pareils à deux oiseaux, les ailes coupées. Assis, désirant leur fils, ces deux vieillards affligés s'entretenaient de lui : eux, que j'avais frappés dans leur enfant, ils aspiraient au bonheur que ferait naître en eux sa présence ! *Tel* je vis ce couple inquiet de pénitents se tenir dans son ermitage, quand je m'approchai d'eux, l'âme bourrelée du crime si grand que j'avais commis par ignorance.

« Mais ensuite, comme il entendit le bruit de mon pas, l'anachorète m'adressa la parole : « Pourquoi as-tu donc tardé si longtemps, mon fils? Apporte-moi l'eau promptement ! Yadjnyadatta, mon ami, tu t'es bien attardé à jouer dans l'eau : ta bonne mère et moi aussi, mon fils, nous étions affligés d'une si longue absence. Si j'ai fait, ou même ta mère, une chose qui te déplaise, pardonne et ne sois plus désormais si longtemps, en quelque lieu que tu ailles. Tu es le pied de moi, qui ne peux marcher ; tu es l'œil de moi, qui ne peux voir ; c'est en toi que repose toute ma vie... Pourquoi ne me parles-tu pas ? »

« A ces mots, m'étant approché doucement de ce vieillard, à qui le désir de voir son fils inspirait des paroles si touchantes, je lui dis, agité par la crainte, les mains jointes, la gorge pleine de sanglots, tremblant et d'une voix que la terreur faisait balbutier, mais dont ma fermeté cherchait à soutenir la force : « Je suis un kshatrya, on m'appelle Daçaratha ; je ne suis pas ton fils : je viens chez toi, parce que j'ai commis un forfait épouvantable, en horreur à tous les hommes vertueux. J'étais allé, saint anachorète, mon arc à la main, sur les rives de la Çarayoû, épier les bêtes fauves, que la soif conduirait à ses eaux, où mon plaisir était de les atteindre sans les voir. Dans ce temps, le son d'une cruche qui s'emplissait vint frapper mon oreille : *je dirigeai une flèche sur ce bruit* et je blessai ton fils, croyant que c'était un éléphant. Aux pleurs que lui arracha mon dard en lui perçant le cœur, je courus tout tremblant au lieu *d'où ils partaient*, et je vis un jeune pénitent. C'est bien la pensée que j'avais un éléphant vis-à-vis de moi, saint anachorète, et mon adresse à percer une bête, *sans la voir*, à son bruit seul, qui m'ont fait décocher vers les eaux cette flèche de fer, dont, *hélas !* fut blessé ton fils. Après que j'eus retiré ma flèche de sa blessure, il exhala sa vie et s'en alla au ciel ; mais, avant, il avait déploré bien longtemps le sort de vos saintetés. C'est par ignorance, vénérable anachorète, que j'ai frappé ton fils bien-aimé... Tombé ainsi moi-même sous les conséquences de ma faute, je mérite que tu déchaînes contre moi ta colère. »

« A ces paroles entendues, il demeura un instant comme pétrifié ; mais, quand il eût repris l'usage des sens et recouvré la respiration, il me dit à moi, qui me tenais devant lui mes deux mains humblement réunies : « Si, devenu coupable d'une mauvaise action, tu ne me l'avais pas confessée d'un mouvement spontané, ton peuple même en eût porté le châtiment et je l'eusse consumé par le feu d'une malédiction ! Kshatrya, si, connaissant d'avance sa qualité, tu avais commis un homicide sur un solitaire des bois, ce crime eût bientôt précipité Brahma de son trône, où cependant il est fermement assis. Dans ta famille, ô le plus vil des hommes, le paradis fermerait ses portes à sept de tes descendants et sept de tes ancêtres, si tu avais tué un ermite, sachant bien ce que tu faisais. Mais comme tu as frappé celui-ci à ton insu, c'est pour cela que tu n'as point cessé d'être : en effet, *dans l'autre cas*, la race entière des Raghouides n'existerait déjà plus ; tant il s'en faudrait que tu vécusses toi-même !

« Allons, cruel ! conduis-moi vite au lieu où ta flèche a tué cet enfant, où tu as brisé le bâton d'aveugle qui servait à guider ma cécité ! J'aspire à toucher mon enfant jeté mort sur la terre, si toutefois je vis encore au moment de toucher mon fils pour la dernière fois ! Je veux toucher maintenant avec mon épouse le corps de mon fils baigné de sang, le djatâ dénoué et les cheveux épars, ce corps, dont l'âme est tombée sous le sceptre d'Yama. »

« Alors, seul, je conduisis les deux aveugles, profondément affligés, à ce lieu *funèbre*, où je fis toucher à l'anachorète, comme à son épouse, le corps gisant de leur fils. Impuissants à soutenir le poids de ce chagrin, à peine ont-ils porté la main sur lui que, poussant l'un et l'autre un cri de douleur, ils se laissent tomber sur leur fils étendu par terre. La mère, léchant même de sa langue ce pâle visage de son enfant, se mit à gémir de la manière la plus touchante, comme une tendre vache à qui l'on vient d'arracher son jeune veau :

« Yadjnyadatta, ne te suis-je pas, disait-elle, plus chère

que la vie ? Comment ne me parles-tu pas au moment où tu pars, auguste enfant, pour un si long voyage ? Donne à ta mère un baiser maintenant, et tu partiras après que tu m'auras embrassée : est-ce que tu es fâché contre moi, ami, que tu ne me parles pas? »

« Aussitôt le père affligé, et tout malade même de sa douleur, tint à son fils mort, comme s'il était vivant, ce triste langage, en touchant çà et là ses membres glacés :

« Mon fils, ne reconnais-tu pas ton père, venu ici avec ta mère? lève-toi maintenant! viens! prends, mon ami, nos cous réunis dans tes bras ! De qui, dans la forêt, entendrai-je la douce voix me faire une lecture des Védas, la nuit prochaine, avec un désir *égal au tien*, mon fils, d'apprendre les dogmes saints ? Qui, désormais, qui, mon fils, apportera des bois la racine et le fruit sauvage à nous deux, pauvres aveugles, qui les attendrons, assiégés par la faim ? Et cette pénitente, aveugle, courbée sous le faix des années, ta mère, mon fils, comment la nourrirai-je, moi, de qui toute la force s'est écoulée et qui d'ailleurs suis aveugle comme elle ? car je suis seul maintenant. Ne veuille donc pas encore t'en aller de ces lieux : demain, tu partiras, mon fils, avec ta mère et moi. Avant longtemps le chagrin nous fera exhaler à tous les deux, abandonnés sans appui, le souffle de notre vie dans la mort : *oui*, la sentence, auguste enfant, est déjà prononcée. Entré chez le fils du soleil (1), je mendierai, infortuné père, je mendierai moi-même, et portant mes pas vers lui : « Dieu des morts, lui dirai-je accompagné par toi, fais l'aumône à mon fils ! »

« Qui, après la prière du soir et du matin récitée,

(1) Vivaswat, le soleil, père d'Yama.

après le bain, après l'oblation versée dans le feu ; qui, prenant mes pieds dans ses mains, les touchera tout à l'entour afin de m'y procurer une sensation agréable? Parviens au monde des héros, qui ne retournent pas *dans le cercle des transmigrations*, comme il est vrai, mon fils, que tu es un innocent, tombé sous le coup d'un homme qui fait le mal! Obtiens les mondes éternels des saints pénitents, des sacrificateurs, des brahmes, qui ont rempli dignement l'office de gourou, des héros enfin, qui ne renaissent pas dans un autre monde!

« Va dans ces mondes réservés aux anachorètes, qui ont lu entièrement le Véda et les Védângas ; mondes où sont allés ces rois saints Yayâti, Nahousha et les autres! Entre dans ces mondes ouverts aux chefs de maison qui ne cherchent point la volupté hors des bras de leur épouse, aux chastes brahmatchâris, aux âmes généreuses, qui distribuent en largesses des vaches, de l'or, des aliments et donnent même de la terre *aux deux fois nés!* Va, mon fils, va, suivi par ma pensée, dans ces mondes éternels où vont ceux qui assurent la sécurité des peuples, ceux de qui la parole est la voix de la vérité! Les âmes, qui ont obtenu de naître dans une race comme est la tienne ne vont jamais dans une condition inférieure : tombé de ce lieu-ci, va donc en ces mondes où coulent des ruisseaux de miel. »

« Quand l'infortuné solitaire avec son épouse eut exhalé ces plaintes et d'autres encore, il s'en alla faire, d'une âme consternée, la cérémonie de l'eau en l'honneur de son fils. Aussitôt, revêtu d'un corps céleste et monté sur un magnifique char aérien, le fils du saint ermite apparut et tint ce langage à ses vieux parents :

« En récompense du service dévoué que j'ai rempli

autour de vos saintes personnes, j'ai obtenu une condition pure, *sans mélange* et du plus haut degré : bientôt vos révérences obtiendront elles-mêmes ce désiré séjour. Vous n'avez point à pleurer mon sort ; ce roi n'est pas coupable : il en devait arriver ainsi, qu'un trait lancé par son arc m'enverrait à la mort. »

« Quand il eut dit ces mots, transfiguré dans un corps divin, lumineux, porté au sein des airs sur un char céleste d'une beauté suprême, le fils du rishi monta au ciel. Mais, tandis que je me tenais joignant les mains devant l'anachorète, qui venait d'accomplir, assisté de son épouse, la cérémonie de l'eau en l'honneur de son fils, le saint pénitent me jeta ce discours :

« Comment se peut-il que tu sois né, homme vil et présomptueux, dans la race des Ikshwâkides, ces rois saints, magnanimes et de qui la gloire est célèbre *en tous lieux?* Il n'existait pas d'inimitié entre nous deux, ni au sujet d'une femme, ni à cause d'un champ : pourquoi, les choses étant ainsi, pourquoi m'as-tu frappé d'une même flèche avec mon épouse? Néanmoins, comme tu n'as tué mon fils qu'à ton insu et par un coup de malheur, je ne te maudis pas : mais écoute-moi bien !

« De même que j'abandonnerai forcément l'existence, ne pouvant supporter la douleur que m'inspire cette mort de mon fils ; de même, à la fin de ta carrière, tu quitteras la vie, appelant ton fils de tes vains désirs !

« Chargé ainsi de sa malédiction, je revins à ma ville, et, peu de temps après, le rishi même expira, consumé par la violence de son affliction paternelle. Sans doute, la malédiction du brahme s'accomplit maintenant pour moi : en effet, la douleur de mes regrets *inconsolables* pour mon fils précipite à sa fin le souffle de ma vie.

« Reine, mes yeux ne voient plus ; ma mémoire elle-même vient de s'éteindre : ce sont là, noble dame, les messagers de la mort, qui hâte mon départ de cette vie. Si Râma venait me toucher, ou si j'entendais seulement sa voix, je reviendrais bientôt, je pense, à toute la vie, comme un agonisant qui aurait pu boire de l'ambroisie. Le chagrin que son absence de mes regards fit naître dans mon âme brise les éléments de ma vie, comme la grande furie des vagues rompt les arbres qui croissent sur les rivages d'un fleuve. Heureux ceux qui, le temps de son exil au milieu des forêts accompli, verront de leurs yeux Râma lui-même revenir dans Ayodhyâ, tel que Indra vient du ciel ! Ils ne seront pas des hommes, mais de vrais Dieux, ceux qui verront sa face resplendissante comme la lune en son plein, quand, à son retour des bois, il fera son entrée dans la grande cité !

« O fortunés, vous, qui pourrez contempler ce visage de Râma, semblable à la reine des étoiles, ce visage pur, beau, gracieux, aux dents charmantes, aux yeux comme les pétales du lotus ! Heureux les hommes qui verront la face auguste de mon fils, dont la douce haleine est égale au parfum du lotus quand il s'épanouit dans l'automne ! »

Tandis que les souvenirs de Râma occupaient ainsi la pensée du monarque, étendu sur les tapis de sa couche, l'astre de sa vie s'inclina peu à peu vers son couchant, comme on voit la lune baisser, à la fin de la nuit, vers l'occident. « Hélas ! Râma, disait-il, mon fils ! » et tandis qu'il prononçait languissamment ces mots, le roi des hommes rendit le souffle de la vie, si difficile à quitter, souffle bien-aimé, que lui arrachait la violence du chagrin causé par l'exil de son fils. Dans le temps que l'infortuné monarque, étendu sur sa couche, se répandait en ces regrets sur l'exil de Râma, il exhala sa douce vie à l'heure où la nuit arrivait au milieu de sa carrière.

Quand elle vit le monarque tombé dans le silence, après qu'il se fut ainsi lamenté, Kâauçalyâ désolée se dit : « Il dort ! » et ne voulut pas le réveiller. Sans rien dire à son époux, elle, de qui la fatigue du chagrin avait rendu la voix paresseuse, elle s'endormit de nouveau sur la couche, son âme saturée de tristesse par l'exil de son fils. Bientôt, lorsque la nuit fut écoulée et que fut arrivée l'heure où blanchit l'aube du jour, les poëtes, *réveilleurs* officiels du roi, se répandirent autour *de sa chambre*.

Aussitôt, dans le gynœcée, à ces voix des chantres, des panégyristes, des bardes, toutes les épouses du roi sortent précipitamment du sommeil. On voit s'approcher du monarque, et ses femmes, et la foule de leurs eunuques, et ceux à qui leurs offices respectifs imposent la fonction de se tenir, suivant leurs dignités, près de la personne du roi. En même temps, les baigneurs, tenant des urnes d'argent et d'or, toutes pleines d'une eau de senteur, s'avancent eux-mêmes vers l'auguste souverain. Des hommes versés dans leur ministère apportent aussi et les choses qu'il faut toucher pour attirer le bonheur, et quelque antidote efficace que pourrait exiger telle ou telle circonstance. Ces habiles serviteurs s'étant donc approchés du roi, immobile dans sa couche, les femmes se mirent toutes à faire éclore son réveil dans la crainte de voir le soleil monter sur l'horizon *avant qu'il n'eût ouvert les yeux à sa lumière*.

Mais quand, malgré tous leurs efforts mêmes pour le tirer du sommeil, le monarque endormi ne se fut pas réveillé jusqu'après le lever du soleil, ses épouses tombèrent dans une profonde inquiétude. — Saisies de crainte, incertaines sur la vie du roi, elles s'émurent, comme la pointe des herbes sur les bords d'un fleuve. Ensuite, quand chacune eut touché le prince et reconnu que sa peur n'était pas sans fondement, ce malheur, dont elles avaient douté, se changea pour elles en certitude. Consternées et toutes tremblantes à la vue du roi mort, elles tombèrent alors en criant : « Hélas, seigneur ! tu n'es plus ! »

A ce cri perçant de douleur, Kâauçalyâ et Soumitrâ endormies se réveillèrent dans une grande affliction. « Hélas ! dirent-elles ; hélas ! qu'y a-t-il ? » Puis, ces mots à peine jetés, elles se lèvent du lit en toute hâte, et, saisies d'une terreur soudaine, elles s'approchent du monarque. Quand les deux reines eurent vu et touché leur époux, qui, tout abandonné par la vie, semblait encore jouir du sommeil, leur immense douleur s'exhala en de longs cris. Émues par ce bruit plaintif, de tous côtés les femmes du gynœcée se remirent de groupe en groupe à crier au même instant, comme des bandes de pygargues effrayées. Cette vaste clameur, envoyée dans le ciel par les épouses affligées du gynœcée, remplit entièrement la cité et la réveilla de toutes parts.

Dans un instant, ému, consterné, retentissant de plaintifs gémissements et rempli d'hommes empressés confusément, le palais du monarque, tombé sous l'empire de la mort, n'offrit plus, à l'aspect des siéges et des lits renversés, à l'ouïe des pleurs entremêlés de cris lamentables, que les images du malheur envoyé, *comme une flèche*, dans cette royale maison.

Ensuite, après qu'il eut fait évacuer la salle et tenu conseil avec les ministres, Vaçishtha le bienheureux ordonna ce qu'exigeait la circonstance. Puis, quand il eut fait introduire le corps du roi de Koçala dans une drôni (1), que le sésame avait rempli de son huile, il agita cette question de concert avec les ministres : « Comment fera-t-on venir en ces lieux Bharata et Çatroughna, qui tous deux sont allés depuis longtemps à la cour de leur aïeul maternel ? » En effet, les ministres ne peuvent vaquer aux funérailles du monarque en l'absence de ses fils, et, pour obéir à cette loi, ils gardent le corps inanimé du souverain.

Aussitôt Vaçishtha, le plus saint des hommes qui récitent la prière à voix basse, fit appeler en diligence Açoka, Siddhârtha, Djayanta, et dit à ces trois messagers :

« Allez rapidement sur des chevaux légers à la ville, où s'élève le palais du roi *des Kékéyains* ; et là, dépouillant vos airs affligés, il vous faut parler à Bharata *comme* d'après un ordre même de son père. « Ton père, *lui direz-vous*, et tous les ministres s'enquièrent si tu vas bien et t'envoient ces paroles : « Hâte-toi de venir promptement ; quelque chose d'une extrême importance réclame ici tes soins. » Arrivés là, gardez-vous bien de lui apprendre en aucune manière, fussiez-vous interrogés même là-dessus, que Râma est parti en exil et que son père est allé au ciel. »

Il dit ; et, ces instructions données, les messagers, congédiés par Vaçishtha se mettent en route, d'une âme pleine d'élan, avec une vitesse soutenue par la vigueur.

Après sept nuits passées dans sa route, Bharata, le plus éminent des hommes qui possèdent un char, dit, l'âme contristée à l'aspect de la cité en deuil, ces paroles

(1) Bassin ou vaisseau de forme ovale.

au conducteur de son char : « Cocher, la ville d'Ayodhyâ ne se montre point à mes regards avec des mouvements très-jòyeux : ses jardins et ses bosquets sont flétris ; sa splendeur est comme effacée.

« Je vois même étalés maintenant partout de lugubres symboles : d'où vient, conducteur de mon char, d'où vient ce tremblement qui agite maintenant tout mon corps ? »

Tandis qu'il parlait ainsi, Bharata, avec ses chevaux fatigués, entra dans cette ville délicieuse, au milieu des hommages que rendaient à sa personne les gardes et les concierges des portes.

Quand il vit, *dans son intérieur*, cette noble ville, souillée dans ses portes et ses ventaux brunis de poussière ; cette ville, pleine d'un peuple désolé, et néanmoins déserte dans ses grandes rues, ses édifices, ses carrefours solitaires, il fut encore plus accablé de chagrin. Sous l'aspect de ces choses douloureuses pour l'âme et qui n'existaient pas dans un autre temps au sein de cette royale cité, le jeune magnanime entra dans le palais de son père, la tête courbée sous le poids de son *triste* pressentiment.

Étant donc entré dans ce palais riche, admirable aux yeux et semblable au palais de Mahéndra, Bharata ne vit pas son père. Et, comme il n'avait point aperçu là son père dans cette maison du roi, Bharata de sortir aussitôt pour aller dans l'habitation de sa mère. A peine eut-elle vu son fils arrivé, Kêkéyî s'élança précipitamment de son siége, les yeux épanouis par la joie. Entré d'une âme empressée dans ce palais de sa mère, le tout-puissant Bharata, courbant la tête, prit ses pieds *avec respect*. Elle, à son tour, de baiser Bharata sur la tête, de serrer son fils étroitement dans ses bras, et, le faisant asseoir à son côté, de lui adresser les questions suivantes :

« Combien as-tu compté de jours, mon fils, pour venir jusqu'ici de la ville où règne ton grand-père? As-tu fait un heureux voyage? Es-tu même venu sans fatigue? Ton aïeul est-il bien portant, ainsi que *mon frère* Youdhadjit, ton oncle? Mon fils, ton séjour dans la famille de ton aïeul a-t-il eu pour toi beaucoup de charme? » A ces questions de Kêkéyî, Bharata, dans la tristèsse de son âme, conta rapidement à sa mère toute la suite de son voyage et de son retour.

« Il y a aujourd'hui sept jours que je suis parti de Girivradja; le père de ma bonne mère se porte bien avec mon oncle Youdhadjit. Mon aïeul m'a donné de grandes richesses, magnifique présent de son amitié; mais la fatigue de mes équipages m'a forcé de laisser tout dans ma route, tant je suis venu rapidement, plein de hâte, stimulé par les messagers envoyés du roi, *mon père !* Mais daigne maintenant répondre aux demandes que je désire t'adresser.

« Pourquoi ne voit-on pas, comme à l'ordinaire, cette ville couverte de citadins joyeux, mais pleine d'un peuple abattu, sans travail, sans gaieté, dépouillé entièrement de ses parures et muet partout de ce murmure qui accompagne la récitation des Védas? Pourquoi dans la rue royale ce peuple aujourd'hui ne m'a-t-il pas dit un seul mot? Pourquoi n'ai-je pas vu mon père dans son palais? Est-ce que Sa Majesté serait allée dans l'habitation de Kâauçalyâ, ma bonne mère? »

A ces mots de Bharata, Kêkéyî répondit, sans rougir, avec ce langage horrible, mais où quelque douceur infusée tempérait l'odieuse amertume : « Consumés de chagrins à cause de son fils, le grand monarque, ton père, t'a légué son royaume et s'en est allé dans le ciel, que lui ont mérité ses bonnes œuvres. »

A peine eut-il ouï de sa mère ces paroles composées de syllabes horribles, que Bharata soudain tomba sur la terre, comme un arbre sapé au tronc.

« Relève-toi promptement, Bharata, et ne veuille pas te désoler : car les hommes de ta condition, qui ont médité sur les causes et sur les effets du chagrin, ne s'abandonnent point *ainsi* aux gémissements. Ton père est descendu dans la tombe, après qu'il eut gouverné la terre avec justice, sacrifié suivant les rites, versé des largesses et des aumônes, tu n'as donc pas à le plaindre. Le roi Daçaratha, *ton père*, attaché d'un lien ferme au devoir et à la vérité, s'en est allé dans une région plus heureuse ; tu n'as donc pas, mon fils, à déplorer sa fortune. »

Elle dit : à ces mots déchirants de Kêkéyî, Bharata, dans une extrême douleur, adressa de nouveau ces paroles à sa mère : « Peut-être, *me disais-je*, le roi va-t-il sacrer *le vaillant* Râma : peut-être va-t-il célébrer un sacrifice : » telles étaient les espérances dont se berçait mon esprit et qui me faisaient accourir en toute hâte.

« — Mère, de quelle maladie le roi est-il mort avant que je fusse arrivé ? Heureux, vous, Râma et Lakshmana, qui avez pu environner mon père de vos tendres soins !

— « Mère, quel enseignement suprême t'a laissé pour mon bien le plus excellent des sages, Daçaratha, mon père ? »

Il dit, et Kêkéyî interrogée tint alors ce langage à Bharata : « Magnanime fils de roi, écoute donc la vérité entièrement ; et, ce récit fait, prends garde, ô toi qui donnes l'honneur, de t'abandonner au désespoir. Écoute de quelle manière, ayant quitté la vie, ton père, la justice elle-même incarnée, s'en est allé dans le ciel : je vais te raconter en même temps ce que ton père a dit : « Ah ! mon fils Râma ! s'est-il écrié ; ah ! Lakshmana, mon fils ! » et, quand il eut plusieurs fois jeté cette plainte, c'est alors que ton père a quitté la vie. Ton père s'en est allé au ciel, après qu'il eut prononcé encore cette parole, qui fut la dernière : « Heureux les hommes qui pourront voir mon fils Râma de retour ici des bois avec Sîtâ et Lakshmana, une fois expiré le temps convenu ! »

A ces mots, Bharata que la crainte d'une seconde infortune déchirait comme un poison mortel, interrogea de nouveau sa mère : « Où Râma demeure-t-il maintenant? s'écria-t-il, d'un visage consterné. Et pourquoi s'est-il retiré dans les bois? Pourquoi sa belle Vidéhaine et Lakshmana ont-ils suivi Râma dans les forêts ? »

A ces questions, Kêkéyî de répondre un langage plus horrible encore, bas, odieux même, tout en croyant ne dire à son fils qu'une chose agréable : « Couvert d'un valkala pour vêtement, accompagné de sa Vidéhaine, et suivi de Lakshmana, Râma s'en est allé dans les bois sur l'ordre même de son père; et c'est moi, qui ai su faire exiler ce frère, *ton rival*, au sein des forêts. « Quand ton père l'eut banni, Daçaratha, consumé de chagrins à cause de son fils, quitta ce monde pour le ciel. »

A ces mots, Bharata, soupçonnant *malgré lui* un crime dans une telle mère, Bharata, qui aspirait de tous ses désirs à la pureté de sa famille, se mit à l'interroger en ces termes : « Râma, tout sage qu'il est, n'aurait-il point usurpé le bien des brahmes? Ce digne frère n'aurait-il pas maltraité quelqu'un, riche ou pauvre; offense, pour laquelle mon père a banni de sa présence un fils plus cher à ses yeux que la vie même! »

Ensuite de ces paroles entendues, Kêkéyî, racontant son action et s'en glorifiant même avec une légèreté de femme, répondit à Bharata : « Il n'a point enlevé le bien des brahmes; il n'a maltraité qui que ce soit.

« Il a mérité l'amour du monde entier par son dévouement à son devoir : aussi le roi désirait-il sacrer son fils aîné comme associé à sa couronne.

« *Mais*, aussitôt parvenue à moi cette nouvelle que le monarque avait conçu une telle pensée, je conjurai l'auguste souverain *d'abandonner ce dessein* et de reporter sur ta *noble tête* l'onction royale qu'il destinait à Râma. J'ai demandé au roi l'exil de Râma dans les forêts pendant neuf ans ajoutés à cinq années, et ton père a banni Râma hors de la ville.

« Ainsi donc, saisis-toi du royaume; fais produire son fruit à ma peine; remplis, *terrible* immolateur de tes ennemis, remplis de joie le cœur de tes amis et le mien! Va, mon fils, va trouver bien vite les brahmes et Vaçishtha, leur chef; puis, quand tu auras acquitté les honneurs funèbres que tu dois à ton père, fais-toi sacrer aussitôt, suivant les rites, comme souverain de cet empire, qui t'appartient! »

Ayant donc ouï dire à sa mère que son père était mort et ses deux frères bannis, lui, consumé par le feu de sa douleur, il répondit à Kêkéyi dans les termes suivants : « Femme en butte maintenant au blâme et criminelle en tes pensées, tu es abandonnée par la vertu, Kêkéyi, pour avoir enlevé son diadème à Râma, qui ne fit jamais de mal à personne.

« Pourquoi, si tu veux, grâce à ton désir *impatient* du

trône, aller au fond des enfers, pourquoi m'y entraîner moi-même après toi dans ta chute ?

« Est-ce que ton époux avait commis une offense envers toi? Quelle injustice devais-tu au magnanime Râma, pour les châtier également tous deux, celui-là par la mort, celui-ci par l'exil !

« Puisse être ce monde pour toi,. puisse être même pour toi l'autre monde stérile de bonheur, homicide fatale de ton mari ! Va dans les enfers, Kêkéyî, écrasée par la malédiction de ton époux ! Hélas ! je suis foudroyé, je suis anéanti par ton avide ambition du royaume ! Qu'ai-je besoin maintenant ou de l'empire ou des voluptés, quand tu m'as consumé dans le feu de l'ignominie? Séparé de mon père, séparé de mon frère, qui était un second père à mes yeux, qu'ai-je à faire de la vie même, à plus forte raison d'un empire? »

Dès qu'ils virent arrivée la fin de cette nuit, les chefs de l'armée, les brahmes et tous les colléges des conseillers divers s'étant réunis, entrèrent dans le château royal, veuf d'un souverain qui, *vivant*, ressemblait au grand Indra lui-même. Cette *illustre* assemblée s'assit autour de Bharata, qu'elle voyait affligé, ses yeux remplis de larmes, plongé dans le chagrin, étendu sur la terre et semblable à un homme qui n'a plus sa connaissance.

Vaçishtha, le vénérable saint, dit à cet enfant désolé de Raghou, qui, le front baissé, traçait des lignes sur le sol avec la pointe du pied : « L'homme ferme qui, sans perdre la tête dans l'adversité, remplit comme il faut les obligations qu'il doit nécessairement acquitter est appelé un sage par les maitres de la science. Ainsi, revêts-toi de fermeté, rejette le chagrin de ton cœur, et veuille bien célébrer sans délai, d'une âme rassise, les obsèques de ton père. *Oui!* il a fini comme un être sans appui, ce *vigoureux* appui du monde, ton père, juste comme la justice elle-même. *Alors*, nous avons agité cette question : « N'y aurait-il pas un moyen de procéder aux funérailles sans Bharata? » et nous avons déposé le corps du feu *roi*, ton père, dans un vaisseau d'huile exprimée du sésame. Veuille donc, ô mon ami, célébrer ses royales obsèques.

« Remets la force dans ton âme, Bharata, et ne sois pas un esprit faible. La mort est forte : on ne peut la vaincre, fils de Kakoustha ; nous tous bientôt nous ne serons plus : cette grande affliction ne te sied donc pas! »

A ces paroles de l'anachorète, Bharata, le plus éminent des hommes intelligents, jeta les yeux sur Vaçishtha, et, plus affligé encore, lui répondit en ces termes : « Quand ta sainteté me parle ainsi, *pieux* ermite, je sens mon âme se déchirer en quelque sorte. L'empereur du monde, Râma vit, quel empire ai-je donc ici? Mais conduisez-moi où est le roi mon père : c'est mon désir assurément de célébrer là ses funérailles, aidé par vous ; si toutefois il est possible que mon cœur n'éclate point à cet heure en mille fragments! Que vos éminences me fassent donc voir mon père, *hélas!* privé de la vie. »

Entré dans le palais de Kâauçalyâ avec les veuves du roi, Bharata vit alors son père inanimé chez la mère de Râma. A la vue de son père *gisant ainsi* la vie éteinte et la splendeur effacée, il jeta ce cri : « Hélas! mon roi! » et tomba sur la face de la terre. On eût dit un homme, de qui l'âme s'est échappée.

Mais, quand il a recouvré la connaissance, il tourne

les yeux vers son père, et, tout plein de tristesse, lui tient ce langage comme s'il était vivant : « Roi magnanime, lève-toi! Pourquoi dors-tu? Me voici arrivé sur ton ordre avec hâte, moi Bharata, et Çatroughna m'accompagne. Mon aïeul te demande, ô mon père, comment va ta majesté : ainsi fait mon oncle Youdhadjit, prosternant sa tête devant toi. D'où vient qu'autrefois, incliné devant toi, à mon retour de quelque pays, tu me faisais monter sur ton sein, roi des hommes, tu me donnais sur le front un baiser, tu me comblais des caresses de ton amour? Et pourquoi, dans ce moment, ne m'adresses-tu pas une parole à mon arrivée? Jamais je n'ai commis une offense envers toi; regarde-moi donc maintenant avec bienveillance.

« Heureux ce Râma, par qui ton ordre fut exécuté, roi de la terre! Heureux encore ce Lakshmana, qui a suivi Râma dans l'exil! Mais infortune et souillure à moi par cela même que, pénétré d'une vive douleur, tu as quitté la vie plein de ressentiment contre moi! Sans doute, Râma et Lakshmana ne connaissent point ta mort; car ils auraient quitté les bois à l'instant même, et leur affliction les eût amenés dans ces lieux!

« Si, pour la faute de ma mère, je te suis maintenant odieux, roi des hommes; voici Çatroughna; daigne au moins lui dire en ce moment quelque chose. »

Quand elles entendirent le magnanime Bharata se lamenter ainsi, les épouses du monarque se répandirent en pleurs dans une profonde affliction. Ce fut alors que le plus vertueux des hommes qui murmurent la prière, Vaçishtha et Djâvâli même avec lui tinrent ce discours au gémissant Bharata, que torturait sa douleur : « Ne t'abandonne pas aux larmes, sage Bharata! le maître de la terre ne doit pas être plaint. Veuille bien t'occuper de ses funérailles avec un esprit calme. Les parents et les amis, qui pleurent d'une affection *désolée*, ne font-ils pas tomber du ciel par la chute de ces larmes, fils de Raghou, l'homme à qui ses vertus avaient mérité le Swarga? »

A ces mots de Vaçishtha, Bharata, qui n'ignorait pas le devoir, Bharata, le plus éloquent des êtres qui ont reçu la voix en partage, secoua ce *trop vif* chagrin et répondit en ces termes : « Cet amour si fort de mon cœur à l'égard de mon père me trouble en quelque sorte jusqu'à la démence. Néanmoins, fortifié par les sages conseils de vos saintetés, mes *vénérables* institutrices, je dépose mon chagrin et je vais célébrer, *comme il faut*, les obsèques de mon père. »

Quand cette nuit fut écoulée, les poëtes *de la cour* et les bardes *officiels* de réveiller Bharata dans le sommeil et de chanter ses louanges avec une voix mélodieuse. Soudain les tambours sont battus à grand bruit, et, d'un autre côté, le souffle des musiciens fait résonner une foule de conques et de flûtes aux harmonieux concerts. Le bruit des instruments à la voix si grande qu'elle remplissait, pour ainsi dire, toute la ville, réveilla Bharata, l'âme encore dans le trouble du chagrin.

Aussitôt, arrêtant ces bruyants accords, Bharata de crier à ces réveilleurs officiels : « Je ne suis pas le roi ! » Ensuite, il dit à Çatroughna : « Vois, Çatroughna, quel écrasant déshonneur Kêkéyî a fait tomber sur ma tête innocente par cette action blâmée dans tout l'univers ! La couronne impériale, que le droit de sa naissance avait mise au front de mon père, *flotte incertaine* maintenant qu'elle est séparée de lui, comme un navire sans gouvernail erre, jouet *du vent et* des flots. »

Après qu'on eut écarté le peuple et que l'astre auteur du jour fut monté sur l'horizon, Vaçishtha de parler ainsi à Bharatha, comme à tous les ministres : « Tu vois rassemblés devant toi et chargés des choses nécessaires aux funérailles du roi tous les notables de la ville et tes sujets du plus haut rang.

« Lève-toi promptement, Bharata! Qu'il n'y ait ici, mon seigneur, aucune perte du temps!

« Dépose le roi des hommes dans cette bière, que tu vois là ; enlève sur tes épaules ton père couché dans le cercueil; puis, emmène-le promptement hors de ces lieux. »

Ensuite Bharata, surmontant la violence intolérable de sa douleur, contempla de tous les côtés ce corps du maître de la terre. Mais alors il ne put dompter la fougue de son désespoir, soulevé comme la fureur de l'onde qui bondit au sein du vaste Océan.

Quand il eut déposé le grand roi dans le cercueil, il para le corps et jeta sur lui une robe précieuse, dont il couvrit l'*auguste défunt* tout entier. Il étala ensuite une guirlande de fleurs sur les restes de son père, qu'il parfuma avec les émanations d'un encens divin; puis il répandit *à pleines mains* autour d'eux par tous les côtés des fleurs odorantes d'une senteur exquise. Il souleva le cercueil, assisté par Çatroughna, et le porta désolé, tout en larmes et répétant à chaque pas : « Où es-tu, mon roi ! Il s'en ira *donc en cendres vaines !* » Au milieu de ses pleurs et sur un signe de Vaçishtha, les serviteurs obéissants prirent le cercueil, qu'ils emportèrent aussitôt d'un pied moins hésitant.

Les domestiques du roi, tous pleurant et l'âme dans le trouble du chagrin, marchaient devant la bière, tenant un parasol blanc, un chasse-mouche et même un éventail. Devant le monarque s'avançait flamboyant le feu sacré, que les brahmes et Djâvali, leur chef, avaient commencé par bénir. Ensuite venaient, pour en distribuer les richesses aux gens malheureux et sans appui, des chars pleins d'or et de pierreries. Là, tous les serviteurs du roi portaient des joyaux de mainte espèce, destinés pour être distribués en largesses aux funérailles du maître de la terre. Devant lui marchaient les poëtes, les bardes et les panégyristes, qui chantaient d'une voix douce les éloges décernés aux bonnes actions du monarque.

Alors Bharata et Çatroughna se chargent du cercueil et s'avancent, baignés de larmes, en proie à la douleur et au chagrin.

Arrivés sur les bords de la Çarayoû, dans un lieu solitaire, dans un endroit gazonné d'herbes tendres et nouvelles, on se mit alors à construire le bûcher du roi avec des bois d'aloës et de santal.

Un groupe d'amis, les yeux troublés de larmes, souleva ce corps *glacé* du monarque et le coucha sur le bûcher. Quand ils eurent élevé sur le bois entassé le dominateur de la terre, vêtu avec une robe de lin, les brahmes d'amonceler sur le corps tous les vases du sacrifice.

Ensuite, les chantres du Rig-Véda nettoient ces vases du sacrifice avec un faisceau d'herbes kouças; et, cet office terminé, il jettent aussitôt de toutes parts dans ce bûcher la cuiller et les vases, les anneaux de la colonne victimaire, les graminées kouças, le pilon et le mortier, accompagnés avec les deux morceaux de bois qui, frottés l'un contre l'autre, avaient donné le feu pour le sacrifice.

Après qu'on eut immolé une victime pure, consacrée avec les cérémonies et les hymnes saints, on étala tout à l'entour du roi un grand festin de mets divers. Cela fait, Bharata, aidé de ses parents, ouvrit avec la charrue, *en commençant* à l'orient, un sillon pour enceindre la terre où s'élevait ce grand bûcher; ensuite il mit en liberté, suivant les rites, une vache avec son veau, et, quand il eut arrosé de tous côtés la pile funèbre avec la graisse, l'huile de sésame et le beurre clarifié, il appliqua de sa main le feu au bûcher. Tout à coup la flamme se déroula, et le feu, développant *ses langues* flamboyantes, consuma le corps du roi monté sur le bois entassé.

Assisté de la foule, Bharata, de sa main droite, joncha le bûcher d'un bouquet de fleurs et continua la cérémonie en chancelant, comme s'il eût avalé du poison. Malade, vacillant, égaré même par la douleur, il se prosterne contre la face de la terre, adorant les pieds de son père. Quelques-uns de ses amis le prennent dans leurs bras et font relever malgré lui ce fils malheureux, aux formes toutes empreintes d'affliction, agité, chancelant et l'esprit hors de lui. Mais, aussitôt qu'il vit le feu allumé dans tous les membres de son père, il poussa des cris, ses bras levés au ciel, et s'affaissa de nouveau sous le poids de sa douleur.

Vaçishtha fit relever Bharata et lui tint ce discours : « Ce monde est continuellement affligé par l'antagonisme de principes opposés : te lamenter pour une condition, qui existe de toute nécessité, n'est pas digne toi ! Tout ce qui est né doit mourir ; tout ce qui est mort doit renaître : ne veuille donc plus te désoler pour deux choses à la fatalité desquelles nul homme ne peut dérober sa tête ! »

Soumantra lui-même, tandis qu'il aidait à se relever Çatroughna gisant dessus la face de la terre, lui parla aussi de cette loi qui soumet tous les êtres à la vie et à la mort.

Pendant qu'ils essuyaient les pleurs stillants de leurs yeux, les ministres exhortèrent ces deux nobles frères, l'œil rouge de larmes, à faire la cérémonie de l'eau pour leur auguste père.

Tandis que ce magnanime Bharata donnait l'onde aux mânes paternels, on vit les fleuves saints, la Vipâçâ, et le Çatadrou, et la Gangâ, et l'Yamounâ, et la Sarasvatî, et la Tchandrabhâgâ, et les autres cours d'eau vénérés s'approcher de la Çarayoû.

Bharata, aidé par ses amis, rassasia avec l'eau de ces rivières saintes l'âme de son père, qui était passée de la terre au ciel. Après lui, tous les habitants de la ville, et les ministres, et le pourohita de réjouir, suivant le rite, ces mânes du monarque avec une libation d'eau. Quand ils eurent tous, citadins et villageois, fait la cérémonie de l'eau, ils se mirent, chacun en particulier, à consoler Bharata, de qui l'âme n'avait plus de ressort que pour le chagrin. Ensuite, accompagné et consolé par eux, celui-ci reprit le chemin d'Ayodhyâ, où il n'arriva point sans tomber en défaillance mainte et mainte fois.

Entré dans la demeure paternelle, l'auguste Bharata y joncha le sol de la terre avec un lit d'herbes, où, languissant de tristesse, il resta couché dix jours, sa pensée continuellement fixée sur la mort de son père.

Quand le dixième jour fut écoulé, le fils du roi s'étant purifié, offrit au mânes *de son père* les oblations funèbres du douzième et même du treizième jour. Alors, dans ces royales obsèques, il donna aux brahmes, en vue de son père, une immense richesse, des vêtements précieux, des vaches, des chars et des voitures, des serviteurs et des servantes, les plus magnifiques ornements et des maisons regorgeantes de toutes choses.

Aussitôt que fut expiré le treizième soleil et terminée la cérémonie, qui est immédiate à la fin de ce jour, tous les ministres s'étant rassemblés adressèrent ce langage à Bharata : « Ce monarque, qui était notre seigneur et notre gourou, s'en est allé dans le ciel, après qu'il eut exilé Râma, son bien-aimé fils, et Lakshmana même. Fils de roi, monte sur le trône, où le droit t'appelle ; règne aujourd'hui sur nous avant que ce royaume ne tombe, faute de maître, dans une triste infortune. »

A ces mots, ayant touché les choses du sacre en signe de bon augure, Bharata dit alors aux ministres du feu roi : « Le trône dans ma famille a toujours, depuis Manou, légitimement appartenu à l'aîné des frères : il ne sied donc point à vos excellences de me parler ce langage, comme des gens *de qui la raison est* troublée. Râma; celui des hommes qui sait le mieux à quels devoirs sont obligés les rois; Râma aux yeux de lotus mérite, et comme l'aîné de ses frères et par ses belles qualités, d'être ici le monarque. Vous ne devez pas en choisir un autre; c'est lui-même qui sera notre souverain. Que l'on rassemble aujourd'hui promptement une grande armée, distribuée en ses quatre corps : j'irai *chercher avec elle et* ramener des bois mon frère, ce rejeton vertueux de Raghou. Que *nos* ouvriers me fassent des routes unies dans les chemins raboteux ; et que des hommes experts dans la connaissance des routes, des lieux et des temps marchent devant moi ! »

Il dit : alors tous les ministres du feu roi, le poil hérissé de joie, répondirent à Bharata, qui tenait un langage si bien assorti au devoir : « Daigne Çrî, *appelée d'un autre nom* Padmâ, te protéger, toi, digne enfant de Raghou, qui nous fais entendre ces paroles et qui veux rendre la couronne à ton frère aîné ! »

Joyeux de ce discours plein de sens, qu'ils avaient ouï de ses lèvres, les conseillers et les membres de l'assemblée dirent aussi à Bharata : « O toi, le plus noble des hommes, toi, que le peuple environne de son amour, nous allons, suivant tes ordres, commander à des corps d'ouvriers qu'ils se hâtent d'aplanir ta route. »

Ensuite, dans chaque maison, toutes les épouses des guerriers se hâtent de faire leurs adieux à ceux qui doivent marcher dans cette excursion, et chacune presse *vivement* le départ de son époux. Bientôt les généraux viennent annoncer que l'armée est déjà prête avec ses hommes de guerre, ses chevaux, ses voitures attelées de taureaux et ses admirables chars légers. A cette nouvelle que l'armée attend, Bharata, en présence du vénérable *anachorète* : « Fais promptement avancer mon char ! » dit-il à Soumantra, debout à son côté. A peine eut-il reçu l'ordre, que celui-ci mettant à l'exécuter promptitude et vigueur, prit le véhicule et revint avec le char, attelé des coursiers les plus magnifiques.

Bharata dit alors : « Lève-toi promptement, Soumantra ! va ! fais sonner le rassemblement de mes armées ! Je veux ramener ici Râma, ce noble ermite des bois, en ménageant toutefois ses bonnes grâces. »

Ensuite le beau jeune prince, conduit par le désir de revoir enfin Râma, se mit en route, assis dans un char superbe, attelé de chevaux blancs. Devant lui s'avançaient tous les principaux des ministres, montés sur des chars semblables au char du soleil et traînés par des coursiers rapides. Dix milliers d'éléphants, équipés suivant toutes les règles, suivaient Bharata dans sa marche, Bharata, les délices de la race du grand Ikshwâkou. Soixante mille chars de guerre, pleins d'archers et bien munis de projectiles, suivaient Bharata dans sa marche, Bharata, le fils de roi aux forces puissantes. Cent mille chevaux montés de leurs cavaliers suivaient Bharata dans sa marche, Bharata, le fils de roi et le descendant illustre de *l'antique* Raghou.

On voyait sur des chars au bruit éclatant s'avancer, et Kêkéyi, et Soumitrâ, et l'auguste Kâauçalyâ, joyeuses de *penser qu'elles allaient* ramener *le bien-aimé* Râma.

Ensuite le roi des Nishâdas, à la vue de cette armée *si nombreuse*, arrivée près du Gange et campée sur les bords du fleuve, dit ces paroles à tous ses parents : « Voici de tous les côtés une bien grande armée : je n'en vois pas la fin, tant elle est répandue ici et là *dans un immense espace !* C'est l'armée des Ikshwâkides : on n'en peut douter; car j'aperçois dans un char, loin d'ici, un drapeau, *où je reconnais leur symbole*, un ébénier des montagnes. Bharata irait-il chasser? Veut-il prendre des éléphants? Ou viendrait-il nous détruire? En effet, aucune force d'homme n'est capable de résister à cette armée! Hélas! sans doute, par le désir d'assurer sa couronne, il court avec ses ministres immoler Râma, que Daçaratha, son père, a banni dans les forêts! Car la beauté du trône est capable de séparer, dans un instant, des cœurs le plus étroitement unis par l'amitié fraternelle : le doute m'environne de tous les côtés. Râma le Daçarathide est mon maître, mon parent, mon ami, mon gourou : c'est pour le défendre que je suis accouru vers ce fleuve du Gange. »

Ensuite, le roi Gouha tint conseil avec ses ministres, qui savaient proposer de bons avis; et, sorti de cette délibération, il dit alors ces mots à tout son cortége :

« Si l'armée que voici marche avec des pensées ennemies à l'égard de Râma, l'homme aux actions admirables, certes ! aujourd'hui sa traversée du Gange ne sera point heureuse !

« Dans ce jour même, ou je mettrai fin à une chose des plus difficiles pour le bien de Râma; ou je serai gisant sur la terre, couvert de blessures et souillé de poussière. *Mais non!* je saurai bien repousser devant moi cette armée, qui marche avec tant de coursiers et d'éléphants, moi, soutenu par le désir d'exécuter une œuvre utile à mon cher et magnanime Râma, de qui les nombreuses vertus ont enchaîné mon cœur! »

Alors Gouha prit avec lui des présents, des poissons, de la viande, des liqueurs spiritueuses, et vint trouver Bharata. Quand l'auguste cocher, fils d'un noble cocher lui-même, vit s'approcher le roi des Nishâdas, il annonça d'un air modeste, en homme qui n'ignore pas les bienséances de la modestie, cette visite à Bharata : « Environné par un millier de ses parents, Gouha vient ici te voir : c'est un vieillard; il est ami de Râma, il connaît tous les secrets de la forêt Dandaka. Ainsi, reçois-le en ta présence, lui que t'amènent de bienveillantes dispositions : *il te dira, ce que* sans doute il sait, en quels lieux habitent Râma et Lakshmana. » A ces paroles de Soumantra, le prince intelligent dit alors au conducteur de son char : « Que Gouha soit donc introduit en ma présence ! »

Joyeux de cette permission accordée, le roi des Nishâdas, environné de ses parents, Gouha se présenta devant Bharata, et, s'inclinant, lui tint ce langage : « Ce lieu est tout à fait, pour ainsi dire, sans aucune maison et dépourvu *des choses nécessaires ;* mais voilà, *non loin d'ici*, la demeure de ton esclave; daigne habiter cette maison, *qui est la* tienne, *puisqu'elle est celle* de ton serviteur. Nous avons là des racines et des fruits, que mes Nishâdas ont recueillis, de la chair boucanée ou fraîche, et beaucoup d'autres aliments variés. C'est l'amitié qui m'inspire ce langage pour toi, vainqueur des ennemis. Aujourd'hui, laisse-nous t'honorer, en te comblant de plaisirs variés au gré de tes désirs; tu pourras demain, au point du jour, continuer ton voyage. »

A ces mots du roi des Nishâdas, Bharata, ce prince à la grande sagesse, répondit à Gouha ces paroles, accompagnées de sens et d'à-propos : « Ami, je n'ai, certes! pas un désir, que tu ne satisfasses en cela même que tu veux bien, toi, mon gourou vénéré, traiter avec honneur une telle armée de moi. » Quand le prince à la vive splendeur eut parlé dans ces termes à Gouha, le fortuné Bharata dit encore ces mots au roi des Nishâdas : « Par quel chemin, Gouha, irons-nous à l'ermitage de Bharadwâdja? En effet, cette région pleine de marécages n'offre devant nous qu'une route difficile à suivre et même bien impraticable. »

Quand il eut ouï ces paroles du sage fils des rois, Gouha, de qui les sens étaient accoutumés aux impressions de ces forêts, joignit les mains et lui répondit en ces termes : « Mes serviteurs, l'arc au poing, vont te suivre, attentifs à tes ordres; et, moi-même, je veux t'accompagner avec eux, prince aux forces puissantes.

Mais ne viens-tu pas ennemi attaquer Râma aux bras infatigables? En effet, ton armée, comme je la vois, infiniment redoutable, excite en moi cette inquiétude. »

A Gouha, qui parlait ainsi, Bharata pur à l'égal du ciel tint ce langage d'une voix suave : « Puisse ce temps n'arriver jamais ! Loin de moi une telle infamie! Ne veuille pas me soupçonner *d'inimitié* à l'égard du noble Raghouide; car ce héros, mon frère aîné, est égal devant mes yeux à mon père. Je marche, afin de ramener des forêts, qu'il habite, ce digne rejeton de Kakoutstha; une autre pensée ne doit pas entrer dans ton esprit : cette parole que je dis est la vérité. »

Le visage rayonnant de plaisir à ce langage de Bharata, le roi des Nishâdas répondit ces mots à l'auteur de sa joie · « Heureux es-tu! Je ne vois pas, sur toute la face de la terre, un homme semblable à toi qui veux abandonner un empire tombé dans tes mains sans nul effort. Ta gloire, assurément, ô toi, qui veux ramener dans Ayodhyâ ce Râma précipité dans l'infortune; oui! ta gloire éternelle accompagnera la durée des mondes! »

Tandis que les deux rois s'entretenaient ainsi, le soleil ne brilla plus qu'avec des rayons *près de s'*éteindre, et la nuit s'approcha.

Quand il eut habité sur la rive de la Gangâ cette nuit seule, Bharata, le magnanime, étant sorti de sa couche à l'aube naissante : « Lève-toi! dit-il à Çatroughna; lève-toi! la nuit est passée : pourquoi dors-tu? Vois, Çatroughna, le soleil, qui se lève, qui chasse les ténèbres et qui réveille la fleur des lotus! Amène-moi promptement Gouha, qui règne sur la ville de Çringavéra : c'est lui, héros, qui fera passer le fleuve du Gange à cette armée. »

A ces mots, Çatrouhgna, obéissant à l'ordre que lui donnait Bharata, dit à l'un de ses gens : « Fais amener ici Gouha! » Le magnanime parlait encore, que Gouha vint, joignit ses mains en coupe et s'exprima dans les termes suivants : « As-tu bien passé la nuit sur la rive du Gange, noble enfant de Kakoutstha? Es-tu, ainsi que ton armée, dans un état parfait de santé? Mais cette demande est *moins* l'expression *de mon espérance que celle* de mon désir : en effet, d'où pourrait venir le repos à ta couche, quand, tourmenté par ta *pieuse* tendresse, l'exil de ton frère et la mort du roi ton père assiégent continuellement ta pensée; car les peines de l'esprit et du corps ne chassent point l'amour. »

A la suite de ces mots, l'inconsolable fils de Kêkéyi répondit à Gouha, d'un air bien affligé, le cœur touché néanmoins de son affectueux désir : « Roi, tu nous combles d'honneur, mais notre nuit n'a pas été bonne!... Cependant, que tes serviteurs nous fassent traverser le Gange sur de nombreux vaisseaux. »

A peine eut-il entendu cet ordre de son jeune suzerain, Gouha courut en toute hâte vers sa ville, et là : « Réveillez-vous, mes chers parents! Levez-vous! Que sur vous descende la félicité! Mettez à flot des navires! Je vais passer l'armée à l'autre bord du Gange. » A ces mots, tous se lèvent avec empressement, et, sur l'ordre même du monarque, ils vont de tous les côtés rassembler cinq cents navires.

Ensuite, Gouha fit amener un esquif magnifique, couvert d'un tendelet jaune-pâlissant et sur lequel, résonnant de joyeux concerts, flottait un drapeau marqué du bienheureux swastika (1). Dans ce navire s'embarquèrent, et Bharata, et Çatroughna d'une force immense, et Kâauçalyâ, et Soumitrâ, et les autres épouses du feu roi.

Abordés sur la rive opposée, les bateaux débarquent leur monde et reviennent au bord citérieur, où les parents et les serviteurs de Gouha remplissent de nouveaux passagers et font repartir les carènes aux membres peints. Les cornacs, montés sur les éléphants, poussent vers le Gange ces énormes quadrupèdes, et, portant leur enseigne déployée, ceux-ci paraissent dans la traversée du fleuve comme des montagnes flottantes, sur la cime desquelles ondule un drapeau.

Quand Bharata eut traversé le Gange avec son infanterie, avec ses troupes montées, il dit, sous l'approbation du pourohita, ces paroles à Gouha : « Par quelle région nous faut-il gagner la contrée où se tient l'*ermite* enfant de Raghou? Indique-moi le chemin, Gouha, toi qui as toujours vécu au milieu de ces forêts. »

Ces paroles entendues, Bharata eut cette réponse de Gouha, pour qui l'endroit habité par le pieux Raghouide était une chose bien connue : « A partir d'ici, noble fils de Kakoutstha, va droit à la grande forêt *du confluent*, toute remplie par les multitudes variées des oiseaux, encombrée de feuilles tendres et vertes, qui tombent rompues sous le pied des habitants de l'air ; bois, semé de

(1) C'est une figure mystique, assez ressemblante à deux Z redressés, qui se croisent l'un sur l'autre et se coupent à angle droit. Cet emblème a fait un grand chemin dans toute l'antiquité, car on le trouve sur des vases étrusques, des glyptes égyptiens et même des pierres sépulcrales dans les catacombes de Rome.

lacs, de tîrthas, d'étangs aux limpides ondes et qui brillent semblables à des fleurs de lotus. Fais halte là, prince auguste; ensuite, que ta route se fléchisse vers l'ermitage de Bharadwâdja, situé au levant de cette forêt, à la distance d'un kroça.

A Gouha, qui tenait ce langage : « Qu'il en soit ainsi! » répondit avec modestie Bharata, et, l'embrassant, il ajouta ces dernières paroles aux premières : « Va, mon gracieux ami; retourne chez toi avec tous tes parents : tu m'as fait un bon accueil, tu m'as noblement accompagné, et tes vertus ont gagné toute mon affection. Tu as dignement honoré dans ma personne ton amitié pour mon frère, le sage Râma; et tu m'as prouvé *de toutes les manières* ton dévouement, ta bienveillance et ton amour. »

D'aussi loin qu'il aperçut l'ermitage de Bharadwâdja, l'auguste prince fit commander la halte de toute son armée et s'avança, accompagné des ministres. Instruit des bienséances, il marchait à pied derrière le grand-prêtre du palais, sans armes, sans escorte et vêtu d'un double habit de lin. Après une marche qui ne fut pas très-longue, sa vue ne laissa rien échapper de cet ermitage, orné d'un autel pour le sacrifice au milieu d'une enceinte circulaire; solitude soigneusement nettoyée, resplendissante de la beauté des forêts, embellie par un bosquet de bananiers, toute pleine de gazelles et de reptiles innocents, close enfin d'une jolie porte basse, qui semblait *en ce moment* la porte ouverte du paradis même.

Arrivé sur le seuil de cet ermitage, à la suite du grand-prêtre, Bharatha vit l'anachorète ceint d'une majesté suprême et dans le nimbe d'une splendeur flamboyante. A l'aspect du saint, le digne fils de Raghou suspend d'abord la marche des ministres; puis il entre seul avec le pourohita. A peine l'ermite aux grandes macérations eut-il aperçu Vaçishtha, qu'il se leva précipitamment de son siége et dit à ses disciples : « *Vite!* la corbeille de l'hospitalité ! »

Dès que Vaçishtha se fut mis face à face avec lui et que Bharata l'eut salué, le solitaire à la splendeur éclatante reconnut derrière le pourohita ce fils du roi Daçaratha. Le saint, qui était le devoir, *pour ainsi dire*, en personne, leur offrit à tous les deux sa corbeille hospitalière, de l'eau pour laver, de l'eau pour boire, des fruits, et répondit par d'*autres* politesses aux respects de toute leur suite.

« Permets que je t'offre, dit le solitaire au fils de Kêkéyî, les rafraîchissements qu'un hôte sert devant son hôte.—Ta sainteté ne l'a-t-elle pas déjà fait, lui répondit Baratha, en m'offrant de l'eau pour laver, cette corbeille de l'arghya et ces *fruits mêmes*, présents hospitaliers que l'on trouve dans les forêts? — Je te connais, reprit l'anachorète d'une voix affectueuse : de quelque manière que tu sois traité chez nous, il plaira toujours à ton amitié pour moi d'en être satisfait. Mais je veux offrir un banquet à toute cette armée, *qui marche à* ta *suite* : ce me sera une joie de penser, noble prince, qu'elle a reçu de moi ce bon accueil.

« Pourquoi donc as-tu jeté loin d'ici ton armée? »

Alors il entra dans la chapelle de son feu sacré, but de l'eau, se purifia, et, comme il avait besoin de tout ce qu'il faut pour l'hospitalité, il appela *et fit apparaître* Viçvakarma lui-même. « Je veux donner un banquet à mes hôtes, dit-il au céleste ouvrier en bois venu en sa présence. Qu'on me serve donc *sans délai* mon festin! Fais couler ici toutes les rivières de la terre et du ciel même, soit qu'elles tournent à l'orient, soit qu'elles se dirigent à l'occident ! Que les flots des unes soient de rhum ; que celles-là soient bien apprises à rouler du vin au lieu d'eau ; que dans les autres coule une onde fraîche, douce, semblable pour le goût au suc tiré de la canne à sucre ! J'appelle ici les Dieux et les Gandharvas, Viçvâvâsou, Hâhâ, Houhou, et les Apsaras célestes, et toutes les Gandharvîs, Gritâtchî, Ménakâ, Rambhâ, Miçrakéçî, Alamboushâ, et celles qui servent *le fulminant* Indra, et celles qui servent Brahma lui-même à la splendeur immense ! Je les appelle ici tous avec Tombourou et leur gracieux cortége ! Ton œuvre à toi, Viçvakarma, c'est de me faire ce bois-ci resplendissant de lumière et tout rempli de fruits divers !

« Que la lune me donne ici les plus savoureux des aliments, toutes les choses que l'on mange, que l'on savoure, que l'on suce, que l'on boit, en nombre infini et dans une grande variété, toutes les sortes de viandes et de breuvages, toute la diversité des bouquets ou des guirlandes ; et qu'elle fasse couler de mes arbres le miel, la sourâ et toutes les espèces de liqueurs spiritueuses ! »

Tandis que l'ermite, ses mains jointes, sa face tournée au levant, tenait encore son âme plongée dans la contemplation, toutes ces divinités arrivèrent dans son ermitage, famille par famille. Enivrante de ses parfums naturels mêlés *aux célestes senteurs des Immortels*, une brise, embaumée de sandal, hôte accoutumé des monts Dardoura et Malaba, vint souffler la délicieuse odeur de son haleine douce et fortunée. Ensuite, les nuages avec des pluies de fleurs couvrent la voûte du ciel : on entend à tous les points cardinaux résonner les concerts des Dieux et des Gandharvas. Le plus suave des parfums circule au sein des airs, les chœurs des Apsaras dansent, les Dieux chantent, et les Gandharvas font parler en sons mélodieux la vinâ. Formée de cadences égales et liées entre elles avec art, cette musique, allant jusqu'au faîte du ciel, remplit tout l'espace éthéré, la terre et les oreilles de tous les êtres animés.

Quand la divine symphonie eut cessé de couler par le canal enchanté des oreilles, on vit au milieu des armées Viçvakarma donner à chacune sa place dans ces lieux fortunés. La terre s'aplanit *d'elle-même* par tous les côtés dans un circuit de cinq yodjanas et se couvrit de jeune gazon, qui semblait un pavé de lapis-lazuli au fond d'azur. Là, s'entremêlèrent des vilvas, des kapitthas, des arbres à pains, des citroniers, des myrobolans emblics, des jambous et des manguiers, parés tous de leurs beaux fruits.

On trouvait là des cours splendides, carrées entre quatre bâtiments, des écuries destinées aux coursiers, des étables pour les éléphants, de nombreuses arcades, une multitude de grandes maisons, une foule de palais et même un château royal, orné d'un majestueux portique, arrosé avec des eaux de senteur, tapissé de blanches fleurs et semblable aux masses argentées des nuages. Quatre solitudes bocagères le resserraient des quatre côtés : fortuné séjour, meublé de trônes, de palanquins, de siéges couverts de fins tissus, avec des vases purs et soigneusement lavés, il était rempli de breuvages, de vivres, de couches ; il regorgeait de tous les biens et pouvait offrir, avec toutes les liqueurs du ciel, tous les habits et tous les aliments dont se revêtent ou se nourrissent les Dieux mêmes. Quand il eut pris congé du grand saint, le héros aux longs bras, fils de Kêkéyî, entra dans cette demeure étincelante de pierreries. Les ministres, sur les pas du pourohita, suivirent tous Bharatha et furent émus de joie à l'aspect du bel ordre qui régnait dans ce palais. Là, accompagné de ses ministres, le rejeton fortuné de Raghou s'approcha d'un trône céleste, de l'éventail et de l'ombrelle.

Dans l'instant même, à la voix de Bhraradwâdja, se présentèrent devant son jeune hôte toutes les rivières, coulant sur une vase de lait caillé. Une *sorte* de boue jaune pâle enduisait les rivages aux deux bords et se composait d'onguents célestes dans une variété infinie, produits tous grâces à la volonté du saint ermite. Au même temps, ornées de leurs divines parures, affluèrent devant son hôte les chœurs des Apsaras, nombreux essaims envoyés par le Dieu des richesses, femmes célestes au nombre de vingt mille, pareilles à l'or en splendeur et flexibles comme les fibres du lotus. Fût-il saisi par l'une d'elles, tout homme aurait soudain son âme affolée d'amour. Trente milliers d'autres femmes accoururent des bosquets du Nandana.

Nârada, Toumbourou, Gopa, Pradatta, Soûryamandala, ces rois des Gandharvas, chantèrent devant Bharatha ; et *les plus belles des bayadères célestes,* Alamboushâ, Poundarikâ, Miçrakéçi, Vâmanâ charmèrent ses yeux avec leurs danses, à l'ordre obéi de Bharadwâdja. Il n'était pas un bouquet chez les Dieux, il n'était pas une guirlande aux riants bocages du Tchaîtratha, qu'on ne vit paraître aussitôt dans le Prayâga, dès que l'anachorète avait parlé.

Les çinçapas, les myrobolans emblics, les jambous, les lianes et tous les autres arbres de la forêt avaient pris en ce moment les formes de femmes charmantes dans l'ermitage de l'anachorète :

« *Allons! disaient-elles; tout est prêt!* Que l'on boive à sa fantaisie du lait, de la sourâ mêlée d'eau ou de la sourâ pure! Toi, qui désires manger, savoure ici à ton gré les viandes les plus exquises! »

Ont-elles pu mettre la main sur un seul homme, cinq et six de ces femmes le saisissent, le revêtent de somptueux habits ou le baignent sur les rives enchanteresses des rivières.

Celles-là font manger elles-mêmes des grains frits, du miel, des cannes à sucre aux chevaux des troupes, aux ânes, aux éléphants, aux chameaux, à la race de Sourabhî. Un ordre est en vain donné par les plus éminents guerriers, héros aux longs bras, issus même d'Ikshwâkou : le cavalier oublie son cheval; le cornac oublie son éléphant. L'armée se trouvait ainsi toute pleine en ce moment d'hommes ivres ou fous *par le vin ou l'amour*.

Rassasiés de toutes les choses que l'on peut désirer, parés de sandal rouge, ravis *jusqu'à l'enchantement* par les essaims des Apsaras, les gens de l'armée jetaient au vent ces paroles : « Nous ne voulons plus retourner dans Ayodhyâ! Nous ne voulons plus aller dans la forêt Dandaka! Adieu Bharata! Que Râma fasse comme il voudra! » Ainsi parlaient fantassins, cavaliers, valets d'armée, guerriers combattant sur des *chars ou des* éléphants. Des milliers d'hommes partout d'éclater en cris de joie : « C'est ici le paradis! » s'entredisaient eux-mêmes les suivants de Bharata.

Quand ils avaient mangé de ces aliments pareils à l'ambroisie, des saveurs et des nourritures célestes n'auraient pu même exciter en eux la moindre envie d'y goûter. Piétons, cavaliers, valets d'armée, ils furent ainsi tous repus jusqu'à satiété et revêtus entièrement d'habits neufs.

Les éléphants, les chameaux, les ânes, les taureaux, les chèvres, les brebis, *en un mot*, tous les quadrupèdes et les volatiles, si différents qu'ils soient par les cris et la marche, furent de même repus jusqu'à satiété. On n'aurait pas vu là un homme qui n'eût point des habits propres, qui eût faim, qui eût une ordure à son corps : il n'y avait pas alors dans l'armée un seul homme de qui les cheveux fussent imprégnés de poussière.

Aux quatre flancs des troupes stagnaient des lacs sur un limon de lait caillé; des fleuves roulaient dans leurs ondes la réalisation de tous désirs ; les arbres stillaient du miel. Des étangs s'offraient pleins de rhum, environnés, là par des monceaux de viandes cuites, rôties ou bouillies de perdrix, de paons, de gazelles, de chèvres mêmes et de sangliers, ici par des amas de mets exquis, les plus délicats, assaisonnés avec un extrait de fleurs ou nageant dans les flots *d'une sauce* douée des plus riches saveurs.

Çà et là se tiennent plusieurs milliers de plats d'or, bien lavés, pleins d'aliments, ornés de fleurs et de banderoles, des vases, des urnes, des bassins, élégamment décorés et remplis de miel ou de frais babeurre, qui sent la pomme d'éléphant. Des lacs, réceptacles de saveurs exquises, débordaient, les uns de caillé, les autres de lait blanc, et voyaient s'élever sur leurs bords des montagnes de sucre. Le long des tirthas, écoulés des fleuves, on voyait des amphores contenant des gommes, des poudres, des onguents et différentes substances pour les ablutions, avec des boîtes renfermant ou du sandal, soit en pâte, soit en poudre fine, ou des amas de choses propres à nettoyer les dents, à les rendre blanches, à les faire d'une rayonnante pureté.

Là étaient aussi des miroirs luisants, des bouquets de toute espèce, des souliers et des pantoufles par milliers de paires, des collyres, des peignes, des rasoirs, toute sorte d'ombrelles, des cuirasses admirables, des siéges et des lits variés. Il y avait des étangs pleins d'eau pour l'abreuvoir des chameaux, des ânes, des éléphants et des chevaux : il y avait des étangs pour s'y baigner en des tirthas semés de nymphéas azurés, de magnifiques nélumbos, et lisérés d'herbes tendres, couleur du lapis-lazuli bleu.

Tandis qu'ils s'amusaient ainsi dans le délicieux ermitage de l'anachorète, comme les Immortels dans les bocages du Nandana, cette nuit s'écoula tout entière. Aussitôt, et les rivières, et les Gandharvas, et les nymphes célestes prirent congé de Bharadwâdja et s'en retournèrent tous comme ils étaient venus.

Quand Bharata eut passé là-même cette nuit avec sa suite, il vint trouver Bharadwâdja au moment opportun et s'inclina devant l'anachorète, qui lui avait donné l'hospitalité. Le rishi, qui venait de verser dans son feu sacré les oblations du matin, ayant vu Bharata, qui se tenait devant lui ses mains jointes, adressa les paroles suivantes à ce jeune tigre des hommes : « Cette nuit s'est-elle écoulée, mon fils, doucement ici pour toi? Ton peuple est-il entièrement satisfait de mon hospitalité? Dis-le moi, *jeune homme* pur de tout péché. »

Au saint, qui était sorti de son ermitage dans le nimbe de son éclat suprême, Bharata, les deux paumes de ses mains réunies et le corps incliné, répondit en ces termes :

« Mon séjour ici fut agréable, saint anachorète, ce qu'il fut aussi pour mes conseillers, mon armée et mes chars : tu nous as pleinement rassasiés, bienheureux solitaire, de toutes les choses que l'on peut désirer. Je t'offre mes adieux ; donne-moi congé, s'il te plaît, saint anachorète; je vais aller près de mon frère : daigne jeter sur moi un regard favorable. Dis-moi, bienheureux, ô toi, versé dans la science de la justice, quel chemin doit me conduire à l'ermitage de ce magnanime observateur de son devoir. »

A ces questions du magnanime Bharata, le sage et grand saint lui répondit en ces termes : « A trois yodjanas augmentés d'une moitié s'élève, ami Bharata, dans la forêt solitaire, le mont Tchitrakoûta, plein de grottes délicieuses et de murmurantes cascades.

« Son flanc septentrional est baigné par les eaux de la Mandâkinî, aux rives couvertes d'arbres en fleurs et peuplées d'oiseaux divers. Entre cette rivière et cette montagne, tu verras, bien défendue par elles deux, une chaumière au toit de feuillage. C'est là, ai-je entendu raconter, qu'il habite avec Sitâ, son épouse, un riant ermitage construit dans ce lieu solitaire, de ses propres mains jointes aux mains de Lakshmana. »

Apprenant qu'on allait partir, les épouses du roi des rois descendirent aussitôt de leurs chars et décrivirent un pradakshina autour du brahmane digne de tous hommages. Kâauçalyâ tremblante, amaigrie, accablée de tristesse, prit dans ses deux mains les deux pieds de l'anachorète. En butte au mépris du monde entier pour son ambition échouée, Kêkéyî, le front couvert de rougeur, embrassa même les pieds du solitaire.

Après qu'il eut marché une longue route avec ses coursiers infatigables, l'intelligent Bharata dit à Çatroughna, le docile exécuteur de ses commandements : « Les apparences de ces lieux ressemblent parfaitement au récit qu'on m'en a fait : sans aucun doute, nous voici maintenant arrivés dans le pays dont Bharadwâdja nous a parlé. Ce fleuve, c'est la Mandâkinî; cette montagne, le Tchitrakoûta.

« Les arbres inondent les cimes aplanies de la montagne avec une variété infinie de fleurs, tels qu'on voit les sombres nuages, enfants des vapeurs chaudes, verser des pluies à la fin d'un été.

« Allons! Que les guerriers s'arrêtent! Que l'on me fouille cette forêt! Et que mon ordre soit accompli de manière à me donner bientôt la vue de nos deux illustres bannis! »

A ces mots, des guerriers tenant leurs javelots à la main pénètrent dans la forêt, où, peu de temps après, ils aperçoivent de la fumée. A peine ont-ils vu le sommet de cette colonne fumeuse qu'ils reviennent et disent à leur jeune souverain : « Ce feu n'a pas été allumé d'une autre main que celle des hommes : certainement, les deux enfants de Raghou sont là. Mais, si l'on n'y trouve pas les deux nobles fils de roi à la force puissante, du moins on y verra d'autres pénitents, qui pourront, habitués de ces bois, te fournir quelque renseignement. »

Ces paroles entendues, Bharata, qui tient la vertu en grand honneur, ce héros, qui écrase une armée d'ennemis : « Restez ici, attentifs à mon ordre; vous ne devez pas quitter ce lieu, dit-il à tous les guerriers : je vais aller seul avec Soumantra et Dhrishthi. »

Alors cette grande armée fit halte là, regardant cette

fumée qui s'élevait devant elle par-dessus les bois ; et l'espérance de se réunir dans un instant au bien-aimé Râma augmentait encore la joie de tous les cœurs.

Après qu'il eut demeuré là un long espace de temps, comme le plus noble ami de cette montagne, tantôt amusant de propos aimables sa chère Vidéhaine, tantôt absorbé dans la contemplation de sa pensée, le Daçarathide, semblable à un immortel, fit voir à son épouse les merveilles du mont Tchitrakoûta, comme le Dieu qui brise les cités en eût montré le tableau à *sa compagne, la divine* Çatchî. » Depuis que j'ai vu cette délicieuse montagne, Sîtâ, ni la perte de cette couronne tombée de ma tête, ni cet exil même loin de mes amis ne tourmente plus mon âme. Vois quelle variété d'oiseaux peuple cette montagne, parée de hautes crêtes, pleines de métaux et plus élevées que le ciel même, pour ainsi dire. Les unes ressemblent à des lingots d'argent, celles-ci paraissent telles que du sang, celles-là imitent les couleurs de la garance ou de l'opale, les autres ont la nuance de l'émeraude. Telle semble un tapis de jeune gazon, et telle un diamant, qui s'imbibe de lumière. Partout enfin cette montagne, embellie déjà par la variété de ses arbres, emprunte encore l'éclat *des joyaux* à ses hautes crêtes, parées de métaux, hantées par des troupes de singes et peuplées d'hyènes, de tigres *ou de léopards*.

« Regarde, pendus aux branches, ces glaives et ces vêtements précieux ! Regarde ces lieux ravissants, que les épouses des Vidyâdharas ont choisis pour la scène de leurs jeux ! Partout on voit ici les cascades, les sources et les ruisseaux couler sur la montagne : on dirait un éléphant dont la sueur de rut arrose les tempes.

« S'il me faut habiter ici plus d'un automne avec toi, femme charmante, et Lakshmana, le chagrin n'y pourra tuer mon âme; car, en cet admirable plateau si enchanteur, si couvert de l'infinie variété des oiseaux, si riche de toute la diversité des fruits et des fleurs, mes désirs, noble dame, sont pleinement satisfaits.

« Je dois à mon habitation dans ces forêts de savourer *deux* beaux fruits : d'abord, le payement de la dette que le devoir exigeait de mon père; ensuite, une satisfaction donnée aux vœux de Bharata. »

Ensuite, le roi du Koçala conduisit la fille du roi des Vidéhains en avant de la montagne et lui fit admirer la Mandâkinî, rivière délicieuse aux limpides ondes. L'anachorète aux yeux de lotus, Râma, dit alors à cette princesse d'une taille charmante, au visage beau comme la lune : « Regarde la Mandâkinî, cette rivière suave, peuplée de grues et de cygnes, voilée de lotus rouges et de nymphéas bleus, ombragée sous des arbres de mille espèces, soit à fleurs, soit à fruits, enfants de ses rivages, parsemée d'admirables îles et resplendissante de toutes parts comme l'étang de Kouvéra, pépinière de nélumbos *célestes*. Je sens la joie naître dans mon cœur à la vue de ces beaux tîrthas, dont les eaux sont troublées sous nos yeux par ces troupeaux de gazelles qui viennent se désaltérer les uns à la suite des autres. C'est aussi l'heure où ces rishis, qui sont arrivés à la perfection, qui ont pour habit la peau d'antilope et le valkala, qui sont vêtus d'écorce et coiffés en djatâ, viennent se plonger dans la sainte rivière Mandâkinî.

« Viens te baigner avec moi dans ses ondes agitées sans cesse par des anachorètes vainqueurs de leurs sens, riches de pénitences et resplendissants comme le feu du sacrifice. Plonge tes deux mains semblables aux pétales du lotus, noble dame, plonge tes mains dans cette rivière, la plus sainte des rivières, cueille de ses nymphéas et bois de son eau limpide. Pense toujours, femme chérie, que cette montagne pleine de ses arbres, c'est Ayodhyâ pleine de ses habitants, et que ce fleuve, c'est la Çarayoû même.

« Lakshmana, que le devoir inspire et qui se tient attentif à mes ordres, Lakshmana et toi, ma chère Vidéhaine, faites naître ici ma félicité. »

Quand Râma eut fait voir à la fille du roi Djanaka les merveilles du mont Tchitrakoûta et de ce fleuve, agréable champ de lotus, il s'en alla *d'un autre côté*. Au pied septentrional de la montagne, il vit une grotte charmante sous une voûte de roches et de métaux, secret asile, peuplé d'une multitude d'oiseaux ivres de joie ou d'amour, ombragé par des arbres aux branches courbées sous le poids des fleurs, à la cime doucement balancée par le souffle du vent. A l'aspect de cette grotte faite pour captiver les regards et l'âme de toutes les créatures, l'anachorète issu de Raghou dit à Sîtâ, dont les beautés de ce bois tenaient les yeux émerveillés :

« Ma Vidéhaine chérie, ta vue s'arrête enchantée devant cette grotte de la montagne : eh bien ! asseyons-nous là maintenant pour nous délasser de notre fatigue. C'est en quelque sorte pour toi-même que ce banc de pierre fut disposé là devant toi : à côté, la cime de cet arbre le couvre *de ses rameaux pendants* comme d'une crinière *embaumée*, d'où s'écoule une pluie de fleurs. »

Il dit; et Sîtâ, que la nature seule avait faite toute belle, répondit à son époux avec le plus doux langage et d'une voix saturée d'amour : « Il m'est impossible de ne pas obéir à ces paroles de toi, noble fils de Raghou !

Sans doute, c'est pour l'agrément des créatures que cet arbre étend là son *parasol* fleuri. » A ces mots de son épouse, il s'assit avec elle sur le siége de pierre et tint ce discours à la belle aux grands yeux :

« Vois-tu ces arbres déchirés par la défense des éléphants, comme ils pleurent avec des larmes de résine !... De tous côtés, les grillons murmurent une élégie en leurs chants prolongés. Écoute cet oiseau, à qui l'amour de ses petits fait dire : « Fils! fils!.... fils! fils ! » comme autrefois le disait ma mère d'une voix douce et plaintive. Voici un autre habitant de l'air, c'est l'oiseau-mouche : perché sur les épaules branchues d'un vigoureux shorée, il fait comme une partie dans un concert alternatif et répond aux chants du kokila. Voici une liane, courbée sous le faix de ses fleurs et qui cherche son appui sur un arbre fleuri, comme toi, reine, quand fatiguée tu viens appuyer sur moi tout le poids *de ta jeune personne.* »

A ces mots, la noble Mithilienne aux doux parler, assise sur les genoux de son époux, se roula sur la poitrine du héros, et, belle comme une fille des Dieux, elle enivra de caresses le cœur de Râma.

Alors celui-ci frotta son doigt mouillé sur une roche d'arsenic rouge et dessina un brillant tilaka au front de son épouse. Ainsi, le front enluminé avec ce métal de la montagne, semblable en couleur au soleil dans son enfance du jour, Sîtâ parut comme la nuit azurée, quand elle s'empourpre au matin.

Voilà qu'en se promenant avec lui dans cette forêt toute remplie d'antilopes, Sîtâ vit un grand singe, berger *sauvage* d'un troupeau *de singes*, et, saisie de frayeur, elle se serra palpitante contre son époux. Celui-ci enveloppa cette femme charmante dans une étreinte de ses longs bras, et, rassurant sa tremblante épouse, il menaça le grand singe.

Dans ce mouvement, le tilaka d'arsenic rouge, que Sîtâ portait au milieu du front, vint à s'imprimer sur le sein de l'anachorète à la vaste poitrine. Le chef de la bande quadrumane s'éloigne, et Sîtâ de rire à la vue de son tilaka, dont l'image empruntée se détachait en rouge sur la couleur azurée de son époux.

Lakshmana vint à sa rencontre avec un vif empressement, et le Soumitride fit voir à ce frère bien-aimé, qu'il vénérait comme son gourou même, divers travaux qu'il avait exécutés pendant son absence. Il avait tué de ses flèches étincelantes dix gazelles noires, sans tache : il avait boucané la chair des unes, il avait haché celles-là ; telles autres étaient crues et telles autres déjà cuites. A la vue de cet ouvrage, le frère du Soumitride fut satisfait et, *se tournant vers* Sîtâ, lui donna cet ordre : « Que l'on nous serve à manger ! »

La noble dame commença par jeter de la nourriture à l'intention de tous les êtres ; cela fait, elle apporta devant les deux frères du miel et de la viande préparée. Quand elle eut rassasié la faim de ces deux héros, quand l'un et l'autre se fut purifié, alors et *seulement* après eux, suivant la règle, cette fille du roi Djanaka prit enfin sa réfection.

« Noble fils de Soumitrâ, lui dit son frère avec tranquillité, j'entends la terre qui résonne profondément : tâche de pénétrer quelle peut être la vraie nature de ce bruit. »

Aussitôt Lakshmana se hâte de monter sur un arbre fleuri, d'où il observe l'un après l'autre chaque point de l'espace. Il promène sa vue sur la région orientale, il tourne sa face au nord, et fixant là son regard attentif, il voit une grande armée toute pleine de chevaux, d'éléphants, de chars, et dont les flancs étaient protégés par une infanterie vigilante. Le tigre des hommes, Lakshmana, qui terrasse les héros ennemis, revint dire à son frère : « C'est une armée en marche ! » Puis, il ajouta ces paroles : « Donne trêve au plaisir, noble *fils de Raghou;* fais entrer Sîtâ dans une caverne ; attache la corde à deux solides arcs et couvre-toi de la cuirasse. »

Quand Râma eut appris que c'était une armée toute pleine de chevaux, d'éléphants et de chars : « A qui penses-tu que soit cette armée? » demanda-t-il au fils de Soumitrâ. Est-ce un monarque ou le fils d'un roi, qui vient chasser dans cette forêt ? Ou, si quelque autre chose, Lakshmana, te semble être la vérité, dis-le-moi. »

A ces mots, Lakshmana, flamboyant dans sa colère comme un feu impatient de brûler tout, répondit à Râma ces paroles : « Assurément, c'est ton rival, c'est le fils de Kêkéyî, ce Bharata, qui s'est déjà fait sacrer et qui vient nous immoler à la fureur de son ambition. Je vois briller sur les épaules de cet éléphant un arbre au tronc énorme, à l'immense ramure : on dirait un ébénier des montagnes, le drapeau de Bharata ! Ces coursiers bien dressés, qui vont au gré du cavalier, sont de rapides chevaux, nés dans le Vânâyou; ces guerriers ont pris tous l'arc au poing : ainsi, prépare-toi, homme sans péché ! Ou bien cours te cacher toi-même avec ton épouse dans une caverne de la montagne ; car le drapeau de l'ébénier vient nous livrer bataille et nous tuer. »

« Mais je ne vois pas qu'il y ait du crime à tuer Bharata : lui mort, toi, dès ce jour, donne tes lois à la terre ! Qu'aujourd'hui l'ambitieuse Kêkéyî contemple, bourrelée de chagrin, son fils abattu sous mon bras dans la bataille, comme un arbre qu'un éléphant a brisé. »

Râma sans colère se mit à calmer Lakshmana, bouillant de courroux, et tint ce langage au fils de Soumitrâ : « Quand et de quel acte odieux Bharata s'est-il jamais rendu coupable à ton égard? As-tu reçu de lui une offense que tu veuilles le tuer? Garde-toi de lancer à Bharata un mot violent ou fâcheux; car toute parole amère tombée sur Bharata, je la tiendrais comme jetée sur moi-même! Est-il possible qu'un fils, réduit à toutes les extrémités du malheur, attente à la vie de son père? Et quel frère pourrait, fils de Soumitrâ, verser le sang d'un frère, son meilleur ami? »

A ces mots d'un frère si dévoué au devoir, si attentif à la vérité, la pudeur fit rentrer, *pour ainsi dire*, Lakshmana dans ses membres. A peine eut-il entendu ce langage, que, plein de confusion, il répondit : « Je le pense, Bharata, ton frère *ne* vient ici *que* pour nous voir. » Et Râma voyant Lakshmana tout confus, se hâta de lui dire : « C'est aussi mon avis; ce héros aux longs bras vient ici pour nous voir. »

L'armée, à qui Bharata fit cette défense : « Ne gâtez rien ! » se mit à construire ses logements tout à l'entour de cette région. Les troupes du héros né d'Ikshwâkou environnèrent la montagne et campèrent dans cette forêt, avec leurs éléphants et leurs chevaux, à la distance d'une moitié et quelque chose même en sus de l'yodjana.

L'armée s'étant logée, l'éminent Bharata, impatient de voir son frère, se dirigea vers l'ermitage, accompagné de Çatroughna. Il avait donné cet ordre à Vaçishtha le saint : « Amène vite mes nobles mères! » et, stimulé par l'amour qu'il portait à son frère vénérable, il avait pris les devants et s'en allait d'un pied hâté. Soumantra, de son côté, suivit également Çatroughna d'une marche vive, car la vue *toute prochaine* de Râma fit naître en lui-même une joie égale à celle de Bharata.

Ce resplendissant taureau *du troupeau* des hommes, ce héros aux longs bras dit à tous les ministres, que son père vivant traitait avec faveur : « Nous voici, je pense, arrivés au lieu dont Bharadwâdja nous a parlé. Le fleuve Mandâkinî, je pense, n'est pas très-loin d'ici. Cette provision de fruits, ces fleurs recueillies, ce bois coupé, ces racines roulées en bottes, ces habits pendus en l'air : tout cela, sans doute, est l'ouvrage de Lakshmana. Le chemin est jalonné par des signes pour *guider* ceux qui reviennent à l'ermitage après que le jour est tombé. C'est de la *chaumière de Râma* que je vois monter et se mêler *au ciel bleu* cette fumée du feu sacré, que les pénitents désirent alimenter sans fin au milieu des forêts. C'est donc aujourd'hui que mes yeux verront ce digne rejeton de Kakoutstha, lui, de qui l'aspect ressemble au port d'un grand saint et qui remplit *dans ces bois* les commandements de mon père ! »

Là, dans un lieu tourné entre le septentrion et l'orient, Bharata vit dans la maison de Râma un autel pur, où brillait allumé son feu sacré. Un instant, il parcourut des yeux ce foyer saint ; puis il aperçut le révérend solitaire, assis dans sa hutte en feuillage, ce Râma aux épaules de lion, aux longs bras, à l'émail de ses grands yeux pur comme un lotus blanc, ce protecteur de la terre enclose dans les bornes de l'Océan, ce héros à la grande âme, à la haute fortune, immortel comme Brahma luimême, et qui, fidèle à marcher dans son devoir, portait humblement alors son vêtement d'écorce et ses cheveux à la manière des anachorètes.

Inondé par la douleur et le chagrin, à l'aspect du noble ermite se délassant assis entre son épouse et Lakshmana, le fortuné Bharata, ce vertueux fils de l'injuste Kêkéyî, se précipita vers son frère ; mais, plus près de sa vue, il gémit avec désespoir, et, n'étant plus maître de conserver sa fermeté, il balbutia ces mots d'une voix suffoquée par ses larmes : « Celui que naguère tant de chars, d'éléphants et de coursiers environnaient de tous les côtés; celui, qu'il était presque impossible au monde de voir, tant les foules *avides* se faisaient obstacle l'une à l'autre; *ce héros*, mon frère aîné, le voilà donc assis, entouré seulement par les animaux des forêts ! Lui qui, pour se vêtir, possédait naguère des habits par nombreux milliers, il n'a donc ici qu'une peau de gazelle pour dormir sur le sein de la terre ! Et c'est à cause de moi que mon frère, habitué à tous les plaisirs de l'existence, fut précipité dans une telle infortune ! Barbare que je suis ! Honte éternelle à ma vie, blâmée dans l'univers ! »

Arrivé près de Rama en gémissant ainsi et la sueur inondant son visage de lotus, le malheureux Bharata de tomber à ses pieds en pleurant. Consumé par sa douleur, ce héros à la grande force, ce fils désolé du roi, Bharata dit : « Seigneur ! » une fois seulement, et fut incapable de rien ajouter à cette parole. Çatroughna, de son côté, s'inclina tout en pleurant aux pieds de Râma, qui les embrassa tous deux et mêla ses larmes aux pleurs de ses frères.

L'aîné des Raghouides mit un baiser au front de Bharata, le serra dans ses bras, le fit asseoir sur le haut de sa cuisse et lui adressa même ces questions avec intérêt :

« Où ton père est-il, mon ami, que tu es venu dans ces forêts ? car tu ne peux y venir *sans lui*, quand ton père vit encore. Va-t-il bien ce roi Daçaratha, fidèle observateur de la vérité, ce prince continuellement occupé de sacrifices, soit râdjasoûyas, soit açvamédhas, et qui sait le devoir dans sa vraie nature ? Ce brahme savant, inséparable de la justice, le précepteur des Ikshwâkides, est-il honoré comme il doit l'être, mon ami, cet homme riche en mortifications ? Kâauçalyâ est-elle heureuse avec son illustre compagne Soumitrâ ? Est-elle aussi dans la joie cette Kêkéyî, l'auguste reine?

« Tes ministres sont-ils pleins de science, mon ami, remplis de courage, maîtres de leurs sens, attentifs à ton moindre geste, l'âme toujours égale, reconnaissants et dévoués?

« En effet, le conseil, fils de Raghou, est la racine de la victoire : elle habite dans les palais du roi au milieu des plus sages ministres et des conseillers instruits dans les devoirs. Ne donnes-tu point au sommeil trop d'empire sur toi? Te réveilles-tu à l'heure accoutumée du réveil? Versé dans la science des affaires, ton esprit en est-il occupé même dans les nuits qui n'y sont pas destinées? Tu n'hésites pas sans doute à payer un seul homme savant le prix de mille ignorants? car, dans les affaires épineuses un homme instruit peut dire une parole salutaire.

« Tu ne fréquentes pas, *j'espère*, des brahmanes athées? car ce sont des insensés, habiles tisseurs de futilités, orgueilleux d'une science inutile. D'une nature difficile pour concevoir une autre théologie plus élevée, ils te viennent débiter de vaines subtilités, après qu'ils ont détruit en eux la vue de l'intelligence ! As-tu soin d'imiter, jeune taureau *du troupeau* des hommes, la conduite que l'on admire en ton père? ou montres-tu déjà même une gravité égale à celle de tes ancêtres? As-tu soin de n'employer dans les plus grandes affaires que les plus grands des hommes, ces ministres de ton père et de ton aïeul, ces gens purs, qui ont passé dans le creuset de l'expérience? Sans doute, fils de Raghou, les mets que l'on sert devant toi, substantiels ou délicats, tu ne les manges pas seul? Tu invites, n'est-ce pas? tes compagnons et tes serviteurs à les partager avec toi?

« Le général de tes armées est-il adroit, vigilant, probe, de noble race, audacieux, plein de courage, d'intelligence et de fermeté? Donnes-tu aux armées sans réduction, comme il est juste, ce qu'on doit leur donner, les vivres et la paye, aussitôt que le temps est échu? — Car, si le maître laisse écouler, sans distribution, le jour des rations et du prêt, le soldat murmure contre lui, et de là peut résulter une immense catastrophe.

« Tes places fortes sont-elles bien remplies toujours d'armes, d'eau, de grains, d'argent et de machines avec une nombreuse garnison d'ouvriers militaires et d'archers? Tes revenus sont-ils grands? Tes dépenses sont-elles moindres? Tes richesses, prince, ne sont-elles jamais répandues sur des gens indignes? Tes dépenses ont-elles pour objet le culte des Immortels, les Mânes, des visites faites aux brahmanes, les guerriers et les différentes classes de tes amis? »

Alors Bharata, d'une âme troublée et dans une profonde affliction, fit connaître *en ces termes* au pieux Râma, qui l'interrogeait ainsi, la mort du roi, son père : « Noble prince, le grand monarque a délaissé son empire et s'en est allé dans le ciel, étouffé par le chagrin de l'œuvre si pénible qu'il fit en exilant son fils. Te suivant partout de ses regrets, altéré de ta vue, ne pouvant séparer de ta pensée son âme toujours attachée à toi, abandonné par toi et consumé par le chagrin de ton exil, c'est à cause de toi que ton père est descendu au tombeau! »

A ces mots du magnanime Bharata, auquel Râma adressait tout à l'heure ses questions, le rejeton bien-aimé de Rhagou, qui désirait accomplir la parole donnée par son père, demeura plongé dans le silence.

« Daigne m'accorder, continua son frère, cette grâce à moi, qui suis ton serviteur : fais-toi sacrer dans ce trône de tes pères, comme Indra le fut sur le trône du ciel! Tous les sujets que tu vois, et mes nobles mères, les veuves du feu roi, sont venues chercher ici ta présence : accorde-leur aussi la même faveur.

« Permets que le droit t'élève aujourd'hui sur un trône qui t'appartient par l'hérédité et qui t'est confirmé par l'amour : mets ainsi, ô toi, qui donnes l'honneur, tes amis au comble même de leurs vœux. »

A ces mots prononcés avec des larmes, le fils de Kêkéyî, ce Bharata aux bras puissants, toucha de sa tête les pieds de Râma. Celui-ci alors d'embrasser le prince dans la douleur et de tenir ce langage à son frère, poussant maint et maint soupir : « Quel homme, né d'une race ayant de l'âme, possédant de l'énergie, ayant toujours marché fidèle à ses vœux, quel homme de ma condition voudrait au prix d'un royaume s'abaisser jusqu'à pécher? Quand mon père et cette mère, distingués par tant de vertus, m'ont dit : « Va dans les forêts! » comment pourrais-je, fils de Raghou, agir d'une autre manière? Ton lot est de ceindre à ton front dans Ayodhyâ ce diadème honoré dans l'univers; le mien est d'habiter la forêt Dandaka, ermite vêtu d'un valkala. Quand l'éminent, le juste roi a fait ainsi nos parts à la face de la terre; quand, nous laissant à cet égard ses commandements, il s'en est allé dans le ciel, si Daçaratha, le roi des rois et le vénérable du monde, a fixé son choix sur ta personne, ce qui te sied, à toi, c'est de savourer ton lot, comme il te fut donné par ton père. Moi, bel ami, confiné pour quatorze années dans la forêt Dandaka, je veux goûter ici ma part, telle que me l'a faite mon magnanime père. »

A ces mots de Râma : « Quand j'aurai déserté le devoir, lui répondit Bharata, ma conduite pourra-t-elle être jamais celle d'un roi? Il est une loi immortelle, noble prince, qui toujours exista chez nous; la voici : « Tant que l'aîné vit, son puîné, Râma, n'a aucun droit à la couronne. » Va, digne fils de Raghou, va dans la délicieuse Ayodhyâ, pleine de riches habitants, et fais-toi sacrer! En effet, ta grandeur n'est-elle pas maintenant le chef de notre famille? Tandis que je vivais heureux à Kékaya et que l'exil te conduisait en ces bois, le grand monarque, notre père, estimé des hommes vertueux, s'en est allé dans le ciel. Lève-toi donc, tigre des hommes, et répands l'eau en l'honneur de ses mânes! On assure que l'eau, donnée par une main chérie, demeure intarissable dans les mondes où habitent les mânes; et ta grandeur était, noble Râma, le plus cher de tous ses fils. »

A ce discours touchant, avec lequel Bharata lui remettait la mort de son père sous les yeux, l'aîné des jeunes Raghouides sentit son esprit s'en aller. Quand il eut ouï s'échapper des lèvres de Bharata ces paroles foudroyantes, semblables au tonnerre lancé dans un combat par le céleste dispensateur des pluies, Râma étendit les bras et tomba sur la terre, comme un arbre à la cime fleurie, que la hache vient d'abattre au milieu d'une forêt. Alors ses frères et la chaste Vidéhaine, tous en larmes et déchirés par une double peine, d'arroser avec l'eau des yeux ce héros au grand arc, ce Râma, le maître de la terre, étendu maintenant sur la terre, comme un éléphant *couché au bord des eaux* et que l'écroulement d'une berge écrasa dans le sommeil. Mais quand il eut repris sa connaissance, les yeux baignés de larmes à la pensée de son père descendu au tombeau : « Infortuné que je suis! dit-il à Bharata, que puis-je faire, hélas! pour ce magnanime, mort de chagrin à cause de moi, qui n'ai pu lui payer les derniers honneurs? Heureux êtes-vous, et toi, vertueux Bharata, et Çatroughna, vous, de qui ce monarque a reçu tous les honneurs dus aux morts!

« Parvenu au terme de mon exil dans les bois, je sens que je n'aurai pas même la force de retourner dans cette Ayodhyâ, privée de son chef, veuve du meilleur des rois et troublée dans la paix de son esprit. De quelle bouche entendrais-je maintenant ces paroles si douces à mon oreille, avec lesquelles mon père me consolait à mon retour des pays étrangers! »

Quand il eut parlé de cette manière à Bharata, le noble anachorète, s'étant approché de Sitâ : « Ton beau-père est mort, Sîtâ, dit-il, consumé par sa douleur, à cette femme au visage charmant comme une pléoménie; et ce *bon* Lakshmana a perdu son père : Bharata vient de m'apprendre ce malheur, que le maître de la terre nous a quittés pour le ciel. » A cette nouvelle que son beau-père, ce révérend de tous les mondes, était mort, la fille du roi Djanaka ne put rien voir de ses yeux, tant ils se remplirent de larmes!

Râma d'embrasser la fille éplorée du roi Djanaka, et, consumé de tristesse, fixant un regard sur Lakshmana, il adressa au Soumitride ces paroles désolées : « Apporte-moi des fruits d'ingouda, du marc de sésame, un habit d'écorce, le plus sain des vêtements : je vais aller, fléau des ennemis, offrir l'eau funèbre aux mânes de mon père. Que Sîtâ marche devant! Toi, suis-la de près! Moi, j'irai par derrière! Hélas! cette procession est bien cruelle à mon cœur! »

Les glorieux héros parvinrent non sans peine à ce fleuve saint, délicieux, aux ondes fraiches, aux charmants tîrthas, aux forêts nombreuses et fleuries. Entrés dans un endroit uni, tous, ils répandirent l'onde heureuse et limpide, en s'écriant : « Que cette eau soit pour lui! » Le plus vertueux des fils de Raghou, levant ses mains réunies en coupe et remplies d'eau, articula ces mots en pleurant, le visage tourné vers la plage soumise à l'empire d'Yama : « Cette eau limpide, roi des rois, la plus sainte des eaux, qui t'est donnée par moi, puisse-t-elle servir à jamais pour étancher ta soif dans les royaumes des Mânes! »

Ensuite, le fortuné monarque des hommes accomplit avec ses frères dans un lieu pur et sur la rive de la Mandâkinî les oblations funèbres, qu'il devait à l'ombre de son père. Il étala des fruits d'ingouda avec des jujubes mêlés à du marc de sésame sur une jonchée d'herbes kouças et dit ces mots, le cœur tout bourrelé de chagrins : « Grand roi, mange avec plaisir ces aliments, que nous mangeons nous-mêmes; car, sans doute, la nourriture de l'homme est aussi la nourriture des Mânes et des Dieux! »

Les confuses clameurs de ces princes à la force puissante, qui pleuraient en offrant le don funèbre de l'onde aux mânes de leur noble père, vinrent frapper les oreilles des guerriers de Bharata : « Sans doute Bharata, se disaient-ils effrayés, a déjà fait son entrevue avec Râma ; et ce grand bruit vient des cris que poussent les quatre fils sur la mort du père ! » A ces mots, tous ils abandonnent leur campement et courent d'eux-mêmes, le front tourné vers l'ermitage, isolément ou par groupes, suivant que le voisinage les avait ou non rassemblés.

Quand Râma les vit ainsi plongés dans la douleur et les yeux noyés de larmes, lui, qui n'ignorait pas le devoir, il les embrassa tous avec l'affection d'un père et l'amour d'une mère. L'illustre fils du roi les embrassa donc sans distinction, et tous sans distinction furent admis à le saluer : il s'entretint même familièrement avec tous, comme il eût fait avec des hommes qualifiés.

Arrivées là d'une marche hâtée, les veuves du monarque voient enfin Râma, qui semblait dans son ermitage un Dieu tombé du ciel. A l'aspect du prince dans un tel dénûment de toutes les voluptés, ses royales mères, désolées et *comme* irrassasiables de chagrin, se mirent toutes à verser des larmes et des plaintes éclatantes. Aussitôt Râma se lève ; il prend de ses mains douces au toucher les pieds de toutes ses nobles mères, en suivant l'ordre *établi des préséances*, et les presse avec les surfaces de ses doigts veloutés. Les épouses du roi baisèrent le front de Râma et se mirent à pleurer.

Le fils même de Soumitrâ, le corps incliné et la tristesse *au cœur*, s'avança derrière lui pour saluer toutes ses royales mères en proie à la douleur.

Sitâ, dans une vive affliction, toucha en pleurant le

pied de ses belles-mères, et se tint devant elles ses yeux baignés de larmes. Elle fut embrassée par Kâauçalyâ, comme une fille est serrée dans les bras de sa mère. Celle-ci dit à la triste jeune fille, maigrie par son habitation dans les bois : « Comment, Djanakide, es-tu venue dans ces forêts, toi, la fille du roi des Vidéhains, la bru du puissant Daçaratha et l'épouse de Râma ? »

« Princesse du Vidéha, la flamme que le malheur frotté sur le malheur a fait jaillir en ton âme, ravage ici cruellement ta charmante figure, comme *le soleil brûle* un nymphée sans eau ! »

Tandis que sa mère désolée parlait ainsi, le noble Raghouide, frère aîné de Bharata, s'étant approché de Vaçishtha, lui toucha ses pieds. Quand Râma eut pressé dans ses mains les pieds du grand-prêtre, semblable au feu, comme le roi des Immortels, Indra même, presse des siennes les pieds de Vrihaspati, *le céleste précepteur des Dieux*, alors ce rejeton magnanime de Raghou s'assit avec le vénérable environné d'une immense splendeur. Ensuite, accompagné des ministres et des guerriers chefs de l'armée, Bharata s'approche du pieux Raghouide ; et, versé dans la science du devoir, il s'assoit dans une place inférieure avec eux, les plus savants des hommes dans la science du devoir.

Or, ce discours habile et juste fut adressé par le juste Bharata au noble solitaire assis, plongé dans ses réflexions :

« O toi, qui sais le devoir, gouverne en paix avec tes amis et par la vertu même de ton droit ce royaume sans épines de tes aïeux. Que tous les sujets, et les prêtres du palais, et Vaçishtha, et les brahmanes versés dans les formules des prières te donnent l'onction royale ici même. Sacré par nous, comme Indra par les Maroutes, quand il eut conquis rapidement les mondes, va dans Ayodhyâ exercer l'empire. Va et règne là sur nous, prince vertueux, acquittant les trois saintes dettes, écrasant tes ennemis et rassasiant tes amis de toutes les choses désirées. Qu'aujourd'hui tes amis déposent dans ton sacre le faix de leur pénible tristesse! Qu'aujourd'hui, frappés d'épouvante, tes ennemis s'enfuient çà et là par les dix plages du ciel. Essuie mes larmes, taureau des hommes; essuie les pleurs de ta mère et délivre aujourd'hui ton père des liens de son péché!

« Les grands sages n'ont-ils pas dit que le premier devoir, c'est pour un kshatrya la consécration, le sacrifice et la défense du peuple? Je t'en supplie, ma tête inclinée jusqu'à terre, étends sur moi, étends sur nos parents ta compassion, comme Çiva répand la sienne sur toutes les créatures. Mais si, tournant le dos à mes prières, ta grandeur s'en va dans les forêts, j'irai moi-même dans les bois avec ta grandeur! »

Les prêtres, les poëtes, les bardes, les panégyristes officiels, les mères d'une voix affaiblie par des larmes, elles, qui aimaient le fils de Kâauçalyâ d'une égale tendresse, applaudirent à ce discours de Bharata, et, prosternés devant Râma, tous, ils suppliaient avec lui ce *noble anachorète*.

Quand Bharata eut cessé de lui parler ainsi, Râmâ, *continuant à marcher* d'un pied ferme sur le chemin du devoir, lui répondit ce discours plein de vigueur au milieu de l'assemblée : « L'homme ici-bas n'est pas libre dans ses actes ni maître de lui-même; c'est le Destin, qui le traîne à son gré çà et là dans le cercle de la vie. L'éparpillement est la fin des amas, l'écroulement est la fin des élévations, la séparation est la fin des assemblages et la mort est la fin de la vie. Comme ce n'est pas une autre cause que la maturité qui met les fruits en péril de tomber : ainsi le danger de la mort ne vient pas chez les hommes d'une autre cause que la naissance.

« Telle que s'affaisse une maison devenue vieille, bien qu'épaisse et jusque-là solide, tels s'affaissent les hommes arrivés au point où la mort peut jeter sur eux son lacet. La mort marche avec eux, la mort s'arrête avec eux, et la mort s'en retourne avec eux, quand ils ont fait un chemin assez long. Les jours et les nuits de tout ce qui respire ici-bas s'écoulent et tarissent bientôt chaque durée de la vie, comme les rayons du soleil au temps chaud tarissent l'eau *des étangs*. Pourquoi pleures-tu sur un autre? Pleure, *hélas*! sur toi-même, car, soit que tu reposes ou soit que tu marches, ta vie se consume incessamment. Les rides sont venues sillonner vos membres, l'hiver de la vie a blanchi vos cheveux, la vieillesse a brisé l'homme, quelle chose maintenant peut-il faire d'où lui vienne du plaisir. Les hommes se réjouissent, quand l'astre du jour s'est levé sur l'horizon : arrive-t-il à son couchant, on se réjouit encore, et personne, *à cette heure comme à l'autre*, ne s'aperçoit qu'il a marché lui-même vers la fin de sa vie! Les êtres animés ont du plaisir à voir la fleur nouvelle, qui vient succéder à la fleur dans le renouvellement des saisons, et ne sentent pas que leur vie coule en même temps vers sa fin en passant avec elles par ces mêmes successions.

« Tel qu'un morceau de bois flottant se rencontre avec un morceau de bois promené dans l'Océan; les deux épaves se joignent, elles demeurent quelque peu réunies et se séparent bientôt *pour ne plus se rejoindre* : ainsi, les épouses, les enfants, les amis, les richesses vont de compagnie avec nous dans cette vie l'espace d'un instant, et disparaissent ; car ils ne peuvent éviter l'heure qui les détruit Nul être animé n'est entré dans la vie sous une autre condition : aussi, tout homme ici-bas, qui pleure un défunt, lui consacre des larmes qui ne sont point dues à son trépas. La mort est une caravane en marche, tout ce qui respire est placé dans sa route et peut lui dire : « Moi aussi, je suivrai demain les pas de ceux que tu emmènes aujourd'hui ! » Comment donc l'homme infortuné pourrait-il se désoler au sujet d'une route qui existait avant lui, sur laquelle ont passé déjà son père et ses aïeux, qui est inévitable et dont il n'est aucun moyen d'éluder la nécessité? L'oiseau est fait pour voler et le fleuve pour couler rapidement : mais l'âme est donnée à l'homme pour la soumettre au devoir ; les hommes sont appelés *avec raison* les attelages du Devoir.

« Les âmes, qui ont accompli saintement le devoir, lavées de leurs péchés par une conduite pure et des sacrifices payés convenablement aux deux fois nés, obtiennent l'entrée du ciel, où habite Brahma, l'auteur des créatures. Notre père, *sans aucun doute*, fut admis au séjour de la béatitude, lui, qui a bien nourri ses domestiques, gouverné ses peuples avec sagesse et distribué des aliments à la vertu *indigente*. Le ciel a reçu, *n'en doutez pas*, ce dominateur de la terre, qui a célébré mainte et mainte sorte de sacrifices, savouré toutes les félicités d'ici-bas et prolongé sa vie jusqu'au plus avancé des âges.

« Par conséquent, ces larmes, répandues sur une âme qui a reçu de si belles destinées, elles ne siéent point à un homme sage, de ta sorte, ni de la mienne, qui a de l'intelligence et qui possède les saintes traditions.

« Rappelle donc ta fermeté, ne te livre point à ce deuil ; va, taureau des hommes, va promptement habiter dans cette belle métropole, et fais de la manière que mon père te l'a commandé. Moi, de mon côté, j'accomplirai la volonté de mon noble père dans l'endroit même, que m'a prescrit ce monarque aux œuvres saintes. Il serait malséant à moi de manquer à son ordre, héros, qui domptes les ennemis ; et sa parole doit toujours être obéie par toi-même, car il est notre parent, il est *plus*, notre père. »

A ces mots, Bharata d'opposer à l'instant ce langage : « Combien y a-t-il d'hommes tels que toi dans le monde, invincible dompteur de tes ennemis? Tu n'es pas troublé par la douleur et le plaisir ne pourrait même t'enivrer de sa joie : tu possèdes l'estime de tous les vieillards autant qu'Indra jouit de l'estime parmi les habitants du ciel.

« Tu possèdes une âme semblable aux âmes des Immortels, tu es magnanime, tu es fidèle à ton alliance avec la vérité même ! Le plus accablant de tous les chagrins ne peut te renverser, toi qui, doué avec de telles vertus, connais si bien ce que c'est que naitre et mourir.

« Mais à moi, sage frère, à moi, séparé de toi et privé de mon père, il me sera impossible de vivre, consumé par mon chagrin, comme le daim blessé par une flèche empoisonnée ! Veuille donc agir de telle manière que je ne laisse pas ma vie dans cette forêt déserte, où j'ai vu, d'une âme désolée, un si noble prince habiter avec son épouse et Lakshmana : *oui, sauve-moi !* et prends en main le sceptre de la terre ! »

Tandis qu'avec tristesse et la tête prosternée, Bharata suppliait ainsi Râma, ce maître de la terre, plein d'énergie, n'en ramena point davantage son esprit vers la pensée du retour, mais il demeura ferme, sans quitter des yeux la parole de son père. A l'aspect d'une constance si admirable dans ce digne enfant de Raghou, tous les cœurs se trouvaient également partagés entre la tristesse et la joie : « Il ne revient pas dans Ayodhya ! » se disait-on ; et le peuple en ressentait de la douleur, mais il éprouvait du plaisir à lui voir cette fermeté dans la promesse *donnée à son père*.

Bharata, tombant aux pieds de son frère, essaya instamment de le gagner avec des paroles caressantes. Râma fit asseoir sur *le siége musculeux* de sa cuisse le jeune homme au teint azuré, aux yeux charmants comme les pétales du lotus, à la voix semblable au roucoulement du cygne, quand il s'avance ivre d'amour, et lui tint ce langage :

« Telle qu'elle est, ton intelligence, qui tient de sa nature seule la science de gouverner les hommes, peut très-bien suffire à gouverner même les trois mondes. Écoute, jeune roi, quels modèles Indra, le soleil, le vent, Yama, la lune, Varouna et la terre mettent sous nos yeux dans leur conduite *invariable*. Tel qu'Indra fait pleuvoir durant les quatre mois humides, tel un grand monarque doit inonder son empire de ses bienfaits. De même que le soleil ravit l'eau huit mois par la puissance de ses rayons, *il faut toujours qu'un roi dise* : « Puissé-je amasser ainsi des trésors avec justice ! » c'est le vœu, qu'on appelle solaire. Comme le vent circule partout et pénètre dans tous les êtres, il faut qu'un roi s'introduise en tous lieux par ses émissaires, et c'est la partie de ses fonctions que l'on appelle *ventale*. Tel qu'Yama, une fois l'heure venue, pousse dans la tombe également l'ami ou l'ennemi ; tel il faut qu'après un mûr examen tout monarque soit le même pour celui qu'il aime ou celui qu'il n'aime pas. De même que nous voyons partout Varouna lier ce globe avec la chaîne des eaux, de même le devoir *appelé* neptunien d'un roi, c'est d'enchaîner *les brigands et* les voleurs en tous lieux.

« Tel que l'aspect de la lune brillant à disque plein verse la joie dans les cœurs; ainsi, tous les sujets doivent se réjouir en lui, et c'est l'obligation royale nommée lunaire. Comme la terre sans relâche porte également tous les êtres, tel c'est pour un monarque le devoir *appelé terrané* de soutenir, *sans manquer même au dernier*, tous les sujets de son empire.

« Qu'il soit le premier à se ressouvenir des affaires, et qu'après une sage délibération avec ses ministres, ses amis, ses conseillers judicieux, il fasse exécuter les décisions. On verra la splendeur abandonner l'astre des nuits, le mont Himâlaya voyager sur la terre, l'Océan franchir ses rivages, mais non Râma déserter la promesse qu'il fit à son père. Tu dois effacer de ton esprit ce que ta mère a fait, soit par amour, soit par ambition, et te comporter vis-à-vis d'elle comme un fils devant sa mère. »

A ce langage de Râma, égal en splendeur au soleil et d'un aspect tel que la lune au premier jour de sa pléoménie, Bharata de répondre ces mots : « Qu'il en soit ainsi! » Ensuite, affligé de n'avoir pu obtenir ce qu'il désirait, ce magnanime joignit de nouveau ses mains, toucha de sa tête les pieds de Râma, et, le gosier plein de sanglots, il tomba sur la terre.

Aussitôt qu'il vit Bharata venir lui toucher les pieds avec sa tête, Râma se recula vite, les yeux un peu troublés *sous un voile* de larmes. Bharata cependant lui toucha les pieds; et, pleurant, affligé d'une excessive douleur, il tomba sur la terre, tel qu'un arbre abattu sur la berge d'un fleuve.

Il n'y avait pas un homme qui ne pleurât dans ce moment, accablé de chagrin, avec les artisans, les guerriers, les marchands, avec les instituteurs et le grand-prêtre du palais. Les lianes elles-mêmes pleuraient toute une averse de fleurs; combien plus devaient pleurer d'amour les hommes, de qui l'âme est *sensible aux peines* de l'humanité !

Râma, vivement ému de cet incident, étreignit fortement Bharata dans un embrassement d'amour et tint ce langage à son frère, consumé de chagrin et les yeux baignés de larmes : « Mon ami, c'est assez ! Allons ! retiens ces larmes ; vois combien la douleur nous tourmente nous-mêmes : allons! pars ! *retourne dans Ayodhyâ* ! Je ne puis te voir dans un état si malheureux, toi, le fils du *plus grand des* rois ; et mon âme succombe, pour ainsi dire, écrasée sous le poids de sa douleur. Héros, je jure, Sîtâ et Lakshmana le jurent avec moi, de ne plus te parler jamais, si tu ne reprends le chemin d'Ayodhyâ! »

Il dit et Bharata d'essuyer les pleurs qui mouillaient son visage : « Rends-moi tes bonnes grâces ! » s'écria-t-il d'abord; puis, à ce mot il ajouta ces paroles : « Loin de toi ce serment ! Je m'en irai, si ma présence te cause un tel chagrin; car je ferai toujours, seigneur, au prix même de ma vie, ce qui est agréable pour toi. Je m'en vais sans aucune feinte avec nos royales mères, entraînant sur mes pas cette grande armée, je m'en vais à la ville d'Ayodhyâ; mais avant, fils de Raghou, je veux te rappeler une chose. N'oublie pas, ô toi, qui sais le devoir, n'oublie pas que j'accepte, mais sous la clause de ces mots, les tiens, seigneur, sans nul doute : « Prends à titre de dépôt la couronne impériale d'Ikshwâkou. »

« Oui ! » répondit son frère, de qui cette résignation du jeune homme à revenir dans sa ville augmentait la joie, et qui se mit à le consoler avec des paroles heureuses.

Dans ce moment arrivèrent le sage Çarabhanga et ses disciples, qui apportaient en présent des souliers tissus d'herbes kouças. Quand le noble Raghouide eut échangé avec le très-magnanime solitaire des questions relatives à leurs santés, il accepta son présent. Aussitôt Bharata saisit et chaussa promptement aux deux pieds de son frère les souliers donnés par l'anachorète et tressés avec les *tiges du* graminée.

Alors Vaçishtha, orateur habile et qui savait augmenter à son gré la tristesse ou la joie, dit ces mots, environné, comme il était, par les foules du peuple. « Mets d'abord à tes pieds, noble Râma, ces chaussures; ensuite, retire-les; car elles vont arranger ici les affaires au gré de tout le monde. »

L'intelligent Râma, l'homme à la vaste splendeur, plaça donc à ses pieds, en ôta les deux souliers, et du même temps les donna au magnanime Bharata (1). L'auguste fils de Kêkéyî, plein de fermeté dans ses vœux, reçut lui-même cette paire de chaussures avec joie, décrivit à

(1) La cérémonie de l'investiture, que l'on trouve ici, nous rappelle que l'introduction de cette coutume en Europe fut attribuée à l'invasion des peuples du Nord : mais d'où leur venait-elle? De l'Inde, sans doute, source universelle des idées, qui furent transvasées dans l'Occident.

l'entour du pieux Raghouide un respectueux pradakshina et posa les deux souliers sur sa tête, élevée comme celle d'un gigantesque éléphant.

Ensuite, quand il eut honoré ce peuple suivant les rangs, Vaçishtha, les autres gouravas et leurs disciples, l'anachorète, honneur de la famille de Raghou, les congédia, se montrant aussi inébranlable dans son devoir que le mont Himâlaya est immobile sur la terre. Il fut impossible à ses mères de lui dire un adieu par l'excès de la douleur, tant les sanglots fermaient leur gosier à la voix. Râma enfin d'incliner respectueusement sa tête devant toutes ses mères, et, pleurant lui-même, il entra dans son ermitage.

Après que Bharata eut posé les souliers sur sa tête, il monta, plein de joie, accompagné de Çatroughna, sur le char, qui les avait amenés tous deux. Devant lui marchaient Vaçishtha, Vâmadéva, Djâvâli, ferme dans ses vœux, et tous les ministres, honorés pour la sagesse du conseil. La face tournée à l'orient, ils s'avancèrent alors vers la sainte rivière Mandâkinî, laissant à main droite le Tchitrakoûta, cette alpe sourcilleuse.

Bharata, suivi de son armée, côtoyait dans sa route un flanc de cette montagne, dont les plateaux délicieux renferment de riches métaux par milliers.

Non loin du solitaire Tchitrakoûta, il aperçut l'ermitage que Bharadwâdja, le pieux ermite, avait choisi pour son habitation. Le fils de race, le prince éminent par l'intelligence s'approche alors de la hutte sainte, descend de son char et vient toucher de sa tête les pieds de Bharadwâdja. Tout joyeux à la vue du jeune monarque : « As-tu vu Râma? lui dit l'homme saint. As-tu fait là, mon ami, ton affaire? »

A ces paroles du sage anachorète, Bharata, si attaché au devoir, fit cette réponse à l'ermite, qui chérissait le devoir : « Malgré toutes mes supplications jointes aux prières mêmes des vénérables, ce digne enfant de Raghou, ferme dans sa résolution, nous a tenu chez lui ce langage au comble d'une joie suprême : « Je veux tenir sans mollesse la parole que j'ai donnée à mon père dans la vérité : je reste donc ici les quatorze années, suivant la promesse que j'ai faite à mon père. »

« Quand ce prince à la vive splendeur eut achevé ces paroles, Vaçishtha, qui sait manier le discours, répondit en ces mots solennels à ce fils de Raghou, habile dans l'art de parler : « Tigre des hommes, ô toi, qui es ferme dans tes vœux et comme le devoir incarné, donne tes souliers à ton frère; car ils mettront *la paix et* le bonheur dans les affaires au sein d'Ayodhyâ. » A ces mots de Vaçishtha, le noble Râma se tint debout, la face tournée à l'orient, et me donna, comme symbole du royaume, les deux souliers bien faits et charmants. J'acceptai ce don et maintenant, congédié par le très-magnanime Râma, je m'en retourne sur mes pas à la ville d'Ayodhyâ. »

Quand il eut ouï ces belles paroles du prince à la grande âme, l'anachorète Bharadwâdja fit cette réponse à Bharata : « Il est immortel ce Daçaratha, ton père, glorieux de posséder un tel fils en toi, qui sembles à nos yeux le devoir même revêtu d'un corps humain. »

Quand le saint eut achevé ces mots, Bharata, joignant les mains, se mit à lui présenter ses adieux et se prosterna même aux pieds du solitaire à la vaste science.

Ensuite, après deux et plusieurs tours de pradakshina autour du pieux ermite, il reprit avec ses ministres le chemin d'Ayodhyâ ; et l'armée, dans cette marche de retour, étendit, *comme en allant*, ses longues files de voitures, de chars, de chevaux et d'éléphants à la suite du sage Bharata.

Entré dans Ayodhyâ, le fils de Kêkéyî se rendit au palais même de son père, veuf alors de cet Indra des mortels, comme une caverne veuve du lion qui l'habitait.

Ensuite, quand il eut déposé dans la ville ses royales mères, le prince aux vœux constants, Bharata de tenir ce langage à tous les gouvaras universellement : « Je m'en vais habiter Nandigrâma ; je vous demande à vous tous votre avis : c'est là que je veux supporter toute cette douleur de vivre séparé du noble enfant de Raghou. Le roi mon père n'est plus, mon frère aîné est ermite des bois ; je vais gouverner la terre, en attendant que Râma puisse régner lui-même. » A ces belles paroles du magnanime Bharata, les ministres et Vaçishtha même à leur tête de lui répondre tous en ces termes :

« Un tel langage, que l'amitié pour ton frère a mis dans ta bouche, est digne de toi, Bharata, et mérite les éloges. Quel homme ne donnerait son approbation à ce voyage, dont l'amitié fraternelle t'inspira l'idée, prince à la conduite si noble et qui ne t'écartes jamais de ton amour pour ton frère ? » A peine eut-il ouï dans ces paroles agréables et conformes à ses désirs la réponse de ses ministres : « Que l'on attelle mon char ! » dit-il à son cocher.

Assis dans son char, Bharata, de qui l'âme prenait toutes ses inspirations dans le devoir et dans l'amour fraternel, arriva bientôt à Nandigrâma, portant les deux souliers avec lui. Il entra dans le village avec empressement, descendit à la hâte de son char et tint ce langage aux vénérables : « Mon frère m'a donné lui-même cet empire comme un dépôt, et ces deux souliers, jolis à voir, qui sauront le gouverner sagement. »

A ces mots, Bharata mit sur sa tête, reposa ensuite les deux chaussures, et, consumé de sa douleur, il adressa ce discours à tous les sujets, répandus en couronne autour de lui : « Apportez l'ombrelle ! Hâtez-vous d'en couvrir *cette chaussure, qu'ont touchée* les pieds du noble *anachorète !* Les souliers, ornés *de cet emblème*, exerceront ici la royauté. Ma fonction à moi, c'est de veiller, jusqu'au retour de ce digne enfant de Raghou, sur le cher dépôt que son amitié même a remis dans mes mains. Un jour, quand j'aurai pu rendre au noble Râma les souliers saints qu'il m'a confiés, et ce vaste empire *dont je suis investi*, c'est alors que je serai lavé de mes souillures dans Ayodhyâ. Une fois l'onction royale donnée à cet illustre fils de Kakoutstha et le monde élevé au comble de la joie par son couronnement, quatre royaumes comme celui-ci ne payeraient pas mon bonheur et ma gloire ! »

Après que Bharata, l'homme à la grande renommée, eut exhalé ces paroles du fond de sa tristesse, il établit le siége de l'empire dans Nandigrâma, qu'il honora de sa résidence avec ses ministres. Dès lors on vit l'infortuné Bharata habiter dans Nandigrâma avec son armée, et ce maître du monde y porter l'habit d'anachorète, ses cheveux en djatâ et le valkala fait d'écorces. Là, fidèle à l'amour de son frère aîné, se conformant à la parole de Râma, exécutant sa promesse, il vivait dans l'attente de son retour. Ensuite le beau jeune prince, ayant sacré les deux nobles chaussures, fit apporter lui-même auprès d'elles le chasse-mouche et l'éventail, *insignes de la royauté.* Et quand il eut donné l'onction royale aux souliers de son frère dans Nandigrâma, *devenu* la première des villes, ce fut au nom des souliers qu'il intima désormais tous les ordres.

Le fils de Raghou trouva dans ses réflexions beaucoup de motifs pour condamner une plus longue habitation dans cette forêt : « C'est ici que j'ai vu, se dit-il, Bharata, mes royales mères et les habitants de la capitale. Ces lieux m'en retracent le souvenir et font naître sans cesse dans mon cœur la douleur vive des regrets. En outre, le camp de sa nombreuse armée, qu'il fit asseoir ici, a laissé deux vastes fumiers, dont la terre fut toute jonchée par la bouse de ses éléphants et de ses coursiers. Ainsi, passons ailleurs ! »

Parvenu à l'ermitage du bienheureux Atri, il s'inclina devant cet homme, qui avait thésaurisé la pénitence ; et le saint anachorète à son tour honora le royal ermite d'un accueil tout paternel.

« Toi, dit-il à son épouse Anasoûyâ, pénitente d'un grand âge, d'une éminente destinée, parfaite, pure et qui trouvait son plaisir dans le bonheur de tous les êtres; toi, dit ce taureau des solitaires, charge-toi de l'accueil dû à la princesse du Vidéha. Offre à cette illustre épouse de Râma toutes les choses qu'elle peut désirer. »

Alors, s'inclinant, celle-ci salua cette vénérable Anasoûyâ, ferme dans ses vœux, et se hâta de lui dire : « Je suis la *princesse* de Mithila. »

Anasoûyâ mit un baiser sur la tête de la vertueuse Mithilienne, et lui dit ces mots d'une voix que sa joie rendait balbutiante : « Je veux, de ce pouvoir *surnaturel*, attribut de la pénitence, trésor que m'ont acquis différentes austérités, je veux tirer un don maintenant, Sità, pour t'en gratifier.

« Noble fille du *roi* Djanaka, tu marcheras désormais ornée de parures et les membres teints avec un fard céleste, présents de mon *amitié*. A compter de ce jour, le tilaka, signe heureux *que* tu *portes sur le front* va durer, n'en doute pas, éternel ; et ce fard ne s'effacera pas de bien longtemps sur ton corps. Toi, chère Mithilienne, avec ce liniment que tu reçois de mon *amitié*, tu raviras sans cesse ton époux bien-aimé, comme Çrî, la déesse aux formes charmantes *fait les délices de Vishnou*. »

La princesse de Mithila reçut encore avec cet onguent céleste des vêtements, des parures et même des bouquets de fleurs, présent incomparable d'amitié. Reposée de ses fatigues, la Mithilienne accepta, dans toute la joie de son âme, une couple de robes d'une propreté inaltérable et brillantes comme le soleil dans sa jeunesse du matin, les bouquets de fleurs, les parures et le fard de la beauté.

Quand la nuit se fut écoulée, Râma vint présenter ses adieux au solitaire, qui brûlait dans le feu sacré les oblations du matin.

Et quand ces brahmes magnanimes eurent prononcé, les mains jointes, leurs bénédictions pour son voyage, le héros immolateur des ennemis pénétra dans la forêt, accompagné de son épouse et de Lakshmana, comme le soleil entre dans une masse de nuages.

Alors Sitâ aux grands yeux présente aux deux frères les carquois tout resplendissants, leurs arcs et les deux épées, dont le tranchant moissonne les ennemis. Ensuite Râma et Lakshmana s'attachent les deux carquois sur les épaules, ils prennent les deux arcs à leur main, ils sortent et s'avancent pour continuer leur visite à *cette partie des* ermitages *qu'ils n'avaient pas encore vus.*

Quand la fille du roi Djanaka vit en marche les deux héros, armés de leurs solides arcs, elle dit à son époux d'une voix tendre et suave : « Râma, les hommes de bien atteignent à coup sûr une condition heureuse de justice, au moyen d'une bonté qui les préserve d'offenser aucun être quelconque; mais il y a, dit-on, sept vices qui en sont le venin destructeur. Quatre, assure-t-on, naissent de l'amour, et trois de ces vices, noble fils de Raghou, se disent les enfants de la colère. Le premier est le mensonge, que fuit toujours l'homme vertueux ; ensuite, vient le commerce adultère avec l'épouse d'un autre; puis, la violence sans une cause d'inimitié.

« Il est possible de les comprimer tous à ceux qui ont vaincu leurs sens : les tiens obéissent à ta volonté, je le sais, Râma, et la beauté de l'âme inspire tes résolutions. On n'a jamais trouvé, seigneur, et jamais on ne trouvera dans ta bouche une parole menteuse : combien moins ne peux-tu faire de mal à quelqu'un ! combien moins encore séduire une femme ! Mais je n'aime pas, vaillant Râma, ce voyage à la forêt Dandaka.

« Je vais en dire la cause; écoute-la donc ici de ma bouche.

« Te voici en chemin pour la forêt, accompagné de ton frère, avec ton arc et tes flèches à la main. A la vue des animaux qui errent dans ces futaies, comment ne voudrais-tu pas leur envoyer quelques flèches ? En effet, seigneur, l'arc du kshatrya est, dit-on, comme le bois aliment du feu? Placée dans sa main, l'arme augmente malgré lui et beaucoup plus sa bouillante ardeur : aussi, l'effroi de saisir à l'instant les sauvages hôtes des bois, quand ils voient l'homme de guerre s'avancer ainsi. Les armes inspirent même à ceux qui vivent dans une solitude l'envie de tuer et de répandre le sang.

« Jadis s'était confiné dans les bois je ne sais quel ascète, qui, vainqueur de ses organes des sens, était arrivé à la perfection dans la forêt des pénitents. Là, quelqu'un étant venu trouver l'anachorète, qui se maintenait dans une grande vertu, laissa dans ses mains, à titre de dépôt, une épée excellente et bien affilée.

« Une fois qu'il eut cette arme, l'ermite se dévouant au soin de conserver son dépôt, ne s'en fiait qu'à lui seul et ne quittait pas même cette épée dans les forêts. En quelque lieu qu'il aille recueillir des fruits ou des fleurs, il n'y va jamais sans porter ce glaive, tant son dépôt le tient dans une continuelle inquiétude. A force d'aller et venir sans cesse autour de cette arme, il arriva que peu à peu l'homme qui avait thésaurisé la pénitence finit par habituer sa pensée à la cruauté et perdit ses bonnes résolutions de pénitent. Ensuite, arraché au devoir par son âme, que cette familiarité avec une épée avait menée ainsi jusqu'à l'endurcissement, l'anachorète alors de tomber dans l'abîme infernal.

« C'est un souvenir que mon amour, que mon culte envers toi rappelle à ta mémoire : n'y vois pas une leçon que je veuille ici te donner. Il te faut de toute manière éviter l'impatience, maintenant que tu as pris ton arc à la main. On ne déchaîne pas la mort contre les Rakshasas mêmes sans un motif d'hostilité.

« Quelle différence il y a des armes, des combats, des exercices militaires aux travaux de la pénitence ! Celle-ci est ton devoir maintenant; observe-le : tous les autres te sont défendus.

« La culture des armes enfante naturellement une pensée vaseuse d'injustice. Mais d'ailleurs qu'es-tu, depuis le jour où tu as cédé le trône? Un humble anachorète! Le devoir est le père de l'utile; le devoir engendre le bonheur : c'est par le devoir que l'on gagne le ciel; ce monde a pour essence le devoir. Le paradis est la récompense des hommes qui ont déchiré eux-mêmes leur corps dans les pénitences; *car* le bonheur ne s'achète point avec le bonheur. Bel enfant de Raghou, fais ton plaisir de la mansuétude; sois dévoué à ton devoir!... Mais il n'est rien dans le monde, qui ne te soit bien connu dans toute sa vérité.

« Médite néanmoins ces paroles dans ton esprit avec ton jeune frère, et fais-en, roi des hommes, ce qu'il te plaira. »

Quand il eut ouï ce discours si doux et si conforme au devoir, que venait de prononcer la belle Vidéhaine, Râma de répondre en ces termes à la princesse de Mithila : « Reine, ô toi à qui le devoir est si bien connu, ces bonnes paroles, sorties de ta bouche avec amour, dépassent la grandeur même de ta race, noble fille du roi Djanaka. Pourquoi dirais-je, femme charmante, ce qui fut dit par toi-même? L'arme est dans la main du kshatrya pour empêcher que l'oppression ne fasse crier le malheureux! » n'est-ce point là ce que tu m'as dit? Eh bien, Sita! ces anachorètes sont malheureux dans la forêt Dandaka! Ces hommes accomplis dans leur vœux sont venus d'eux-mêmes implorer mon secours, eux secourables *à toutes les créatures*! Dans les bois qu'ils habitent, faisant du devoir leur plaisir, des racines et des fruits leur seule nourriture, ils ne peuvent goûter la paix un moment, opprimés qu'ils sont à la ronde par les hideux Rakshasas. Enchaînés à tous les instants du jour dans les liens de leurs différentes pénitences, ils sont dévorés au milieu des bois par ces démons féroces, difformes, qui vaguent dans l'*épaisseur des* fourrés.

« Ces bonnes paroles, que vient de t'inspirer le dévouement pour moi, sont telles *qu'on devait s'attendre*, femme charmante, à les trouver dans ta bouche, et conformes à la noblesse de ta race. Oui ! ces paroles, que tu m'as dites, inspirées de l'amour et de la tendresse, c'est avec plaisir que je les ai entendues, chère Vidéhaine ; car à celui qu'on n'aime pas, jamais on ne donne un conseil. »

Quand ils eurent marché une longue route, ils virent de compagnie, au coucher du soleil, un beau lac répandu sur un yodjana en longueur. Dans ce lac charmant aux limpides ondes, on entendait le chant de voix célestes marié au concert des instruments de musique, et cependant on ne voyait personne. Alors, poussés par la curiosité, Râma, et Lakshmana, s'approchant d'un solitaire nommé Dharmabhrita : « Un spectacle si merveilleux a fait naître en nous tous une vive curiosité. Qu'est-ce que cela, ermite à l'éclatante splendeur ? lui demandent ces héros fameux : allons ! raconte-nous ce *mystère !* »

A cette question du magnanime fils de Raghou, le solitaire, qui était comme le devoir même en personne, se mit à lui raconter ainsi l'origine de ce lac : « On dit, Râma, que c'est l'anachorète Mandakarni, qui jadis, grâce au pouvoir de sa pénitence, créa ce bassin d'eau, nommé le lac des Cinq-Apsaras. En effet, ce grand solitaire, assis sur une pierre et n'ayant que le vent pour seule nourriture, soutint dix mille années une pénitence douloureuse. Effrayés d'une telle énergie, tous les dieux, Indra même à leur tête, de s'écrier : « Cet anachorète a l'ambition de nous enlever notre place ! » Cinq Apsaras du plus haut rang et parées d'une toilette céleste furent donc envoyées par tous les dieux, avec l'ordre même de jeter un obstacle devant sa pénitence. Arrivées dans ces lieux, aussitôt ces beautés folâtres, nymphes à la taille gracieuse, de s'ébattre et de chanter pour tenter l'anachorète enchaîné au vœu de sa cruelle pénitence.

« La suite de cette aventure, c'est que, pour assurer le trône des Immortels, ces Apsaras firent tomber sous le pouvoir de l'amour ce grand ascète, de qui le regard embrassait le passé et l'avenir du monde. Les cinq Apsaras furent élevées à l'honneur d'être ses épouses et l'ermite créa pour elles dans ce lac un palais invisible. Les cinq belles nymphes demeurent ici autant qu'elles veulent, et, fières de leur jeunesse, elles délassent l'anachorète des travaux de sa pénitence. Ce grand bruit, que vous entendez là, ce sont les jeux de ces bayadères célestes ; ce sont leurs chansons ravissantes à l'oreille, qui se marient au *son cadencé des* noûpouras et *des* bracelets. »

A ces paroles de l'anachorète contemplateur : « Voilà une chose admirable ! » s'écria le Daçarathide à la force puissante et son frère avec lui.

Tandis que le solitaire contait sa légende, Râma vit un enclos circulaire d'ermitages, sur lequel étaient jetés des habits d'écorce et des gerbes de kouças. Il entre, accompagné de son frère et de Sità dans cette enceinte couverte de lianes et d'arbres variés, où tous les anachorètes *s'empressent de* lui offrir les honneurs de l'hospitalité.

Ensuite, dans le cercle fortuné de leurs ermitages, le Kakoutsthide habita fort à son aise, honoré par chacun de ces grands saints. Alors, ce noble fils de Raghou visita l'un après l'autre ces magnanimes, et s'en alla d'ermitage en ermitage porter lui-même les hommages de sa présence à leurs pieds. Là, il demeurait un mois ou même une année; ici, quatre mois; ailleurs, cinq ou six. Chez l'un, Râma vécut avec bonheur plus d'un mois; chez l'autre, plus de quinze jours; chez celui-ci, trois; chez celui-là, huit mois : d'un côté, il habita une couple de mois; d'un autre, la révolution entière d'une année ; plus loin, un mois, augmenté d'une moitié.

Tandis qu'il vivait heureux et savourait ainsi de *candides* plaisirs dans les ermitages des anachorètes, il vit dix années couler pour lui d'un cours fortuné.

« Nous voici arrivés, dit-il un jour, à l'ermitage du saint Agastya : entre devant, fils de Soumitrâ, et annonce au rishi mon arrivée chez lui avec Sîtâ. »

Entré dans la sainte cabane à cet ordre que lui donne son frère, Lakshmana s'avance vers un disciple d'Agastya et lui dit ces paroles :

« Il fut un roi, nommé Daçaratha; son fils aîné, plein de force, est appelé Râma : ce prince éminent est ici et demande à voir l'anachorète. J'ai pour nom Lakshmana; je suis le *compagnon* dévoué et le frère puîné de ce resplendissant héros avec lequel et son épouse je viens ici moi-même pour visiter le saint ermite. »

A ces paroles de Lakshmana : « Soit! » répondit l'homme riche en pénitences, qui entra dans l'ermitage annoncer la visite. Entré dans la chapelle du feu, il dit ces mots, d'une voix faible et douce, les mains réunies en coupe, à l'invincible anachorète : « Le fils du roi

Daçaratha, ce prince à la haute renommée, qui a nom Râma, attend avec son frère et son épouse à la porte de ton ermitage. Il désire voir ta révérence; il vient ici lui apporter son hommage : fais-moi connaître, saint anachorète, ce qui est à faire dans la circonstance à l'instant même. »

A peine le solitaire eut-il appris de son disciple que Râma venait d'arriver, en compagnie de Lakshmana et de l'auguste Vidéhaine : « Quel bonheur ! s'écria-t-il; Râma aux longs bras est arrivé chez moi avec son épouse : j'aspirais dans mon cœur à son arrivée ici même ! Va ! que Râma, dignement accueilli avec son épouse et Lakshmana, soit promptement introduit ici ! Et pourquoi ne l'as-tu pas fait entrer ? »

Celui-ci entra donc, promenant ses yeux partout dans l'ermitage de l'homme aux œuvres saintes, tout rempli de gazelles familières. Alors, environné de ses disciples, tous vêtus de valkalas tissus d'écorce et portant des manteaux de peaux noires, le grand anachorète s'avança hors *de la chapelle*. A l'aspect de cet Agastya, le plus excellent des solitaires, qui soutenait le poids d'une cruelle pénitence et flamboyait comme le feu, Râma dit à Lakshmana : « C'est Agni, c'est Lunus, c'est le Devoir éternel qui sort *du Sanctuaire* et vient au-devant de nous, arrivés dans son temple.

« Oh ! que de lumière dans ce nimbe du bienheureux ! » A ces mots, le noble Daçarathide s'avança, et, comblé de joie, il prit avec sa belle Vidéhaine et Lakshmana les pieds du rishi dans ses mains : puis, s'étant incliné, il se tint devant lui, ses mains jointes, comme il seyait à la civilité.

Alors, quand l'anachorète eut baisé sur la tête le pieux

Raghouide courbé respectueusement : « Assieds-toi! » lui dit cet homme à la bien grande pénitence; et, quand il eut honoré son hôte d'une manière assortie aux convenances et suivant l'étiquette observée à l'égard des Immortels, l'ermite Agasthya lui tint ce langage : « Râma, je suis charmé de toi, mon fils! je suis content, Lakshmana, que vous soyez venus tous deux avec Sîtâ me présenter vos hommages. Fils de Raghou, la fatigue n'accable-t-elle point ta chère Vidéhaine? En effet, Sîtâ est d'un corps bien délicat, et jamais elle n'avait quitté ses plaisirs.

« En s'exilant au milieu des forêts à cause de toi, elle fait une chose bien difficile; car faiblesse et crainte, ce fut toujours la nature des femmes. »

A ces mots du solitaire, le héros de Raghou, fort comme la vérité, de joindre ses deux mains et de répondre au saint en ces paroles modestes : « Je suis heureux, je suis favorisé *du ciel*, moi, de qui les bonnes qualités, réunies aux vertus de mon épouse et de mon frère, ont satisfait le plus éminent des anachorètes et lui inspirent une joie si grande. Mais indique-moi un lieu aux belles ondes, aux nombreux bocages, où je puisse vivre heureux et content sous le toit d'un ermitage que j'y bâtirai. »

Ouï ce pieux langage du pieux Raghouide, le plus saint des anachorètes, le Devoir même en personne, le sage Agastya réfléchit un instant et lui répondit en ces mots d'une grande sagesse : « A deux yodjanas d'ici, Râma, il est un coin de terre, nommé Pantchavatî, lieu fortuné, aux limpides eaux, riche de fruits doux et de succulentes racines. Vas-y, construis là un ermitage et habite-le avec ton frère le Soumitride, observant la parole de ton père telle qu'il te l'a dite. Ton histoire m'est connue entièrement, jeune homme sans péché, grâces au pouvoir acquis par ma pénitence non moins qu'à mes liens d'amitié avec Daçaratha.

« Tu vois ce grand bois de bassins à larges feuilles : il vous faut marcher au septentrion de cette forêt et diriger vos pas vers ce banian. De là, quand vous serez parvenus sur les hauteurs de cette montagne, qui n'en est pas très-loin, vous y trouverez ce lieu, qu'on appelle la Pantchavatî, bocage fleuri d'une manière toute céleste. »

Aussitôt Râma, auquel Agastya avait tenu ce langage, de lui rendre avec Lakshmana les honneurs dus et d'offrir tous deux leurs adieux au solitaire, de qui la bouche était celle de la vérité. Puis, l'un et l'autre Kakoutsthide, ayant reçu congé de lui, se prosternent à ses pieds et partent avec Sîtâ, impatients d'arriver au lieu qu'ils doivent habiter.

Or, dans ces entrefaites, le grand vautour, fameux sous le nom de Djatâyou, s'approcha du pieux Raghouide en marche vers Pantchavatî, et, d'une voix gracieuse, douce, affectueuse : « Mon enfant, lui dit-il, apprends que je suis l'ami du roi Daçaratha, auquel tu dois le jour. » Le noble exilé, sachant qu'il était l'ami de son père, lui rendit ses hommages et lui demanda, plein de modestie, s'il jouissait d'une santé prospère. Ensuite Râmâ lui dit, stimulé par la curiosité : « Raconte-moi ton origine, mon ami; dis-moi quelle est ta race et ta lignée. »

A ces mots, le plus éminent des oiseaux : « Çyénî mit au monde une fille avec d'autres enfants mâles : elle fut *nommée* Vinatâ, et d'elle naquirent deux fils, Garouda et *le cocher du soleil*, Arouna.

« Je suis né de ce Garouda avec mon frère aîné Sampâti : sache, dompteur *invincible* des ennemis, que je suis Djatâyou, le *petit*-fils de Çyénî. Je serai, si tu le désires, ton fidèle compagnon ; et je défendrai Sîtâ dans ces bois, quand Lakshmana et toi vous serez absents. »

« Soit ! dit le prince anachorète, accueillant son offre ; puis il embrassa joyeux ce roi des volatiles, car il avait ouï raconter mainte et mainte fois l'amitié de son père avec Djatâyou. Alors ce héros, plein de vigueur, ayant confié Sîtâ la Mithilienne à sa garde, continua de marcher vers l'ermitage de Pantchavatî en compagnie de l'oiseau Djatâyou à la force sans mesure.

Quand Râma eut mis le pied dans la Pantchavatî, repaire des animaux carnassiers de toutes les sortes, il dit à Lakshmana, son frère, à la splendeur enflammée :

« Voici un lieu joli, fortuné, couvert de jeunes arbres tout en fleurs : veuille bien nous bâtir ici, bel ami, un ermitage comme il faut ! Non loin se montre, festonnée de lotus aux senteurs les plus douces et brillants à l'égal du soleil, cette pure et charmante rivière de Godâvarî, pleine d'oies et de canards, embellie par des cygnes et troublée çà et là par ces troupeaux de gazelles, à moyenne distance.

« Cette forêt est pure, elle est charmante, elle a mille qualités ! Fils de Soumitrâ, nous habiterons ici avec l'oiseau, notre compagnon. »

A ces mots, Lakshmana eut bientôt fait à son frère une très-jolie chaumière de sa main, qui terrasse les héros des ennemis. Intelligent *ouvrier*, il bâtit pour le noble héritier de Raghou une grande cabane de feuillages charmante, jolie à voir, tout à fait ravissante. Ensuite, le beau Lakshmana descendit à la rivière de Godâvari, se baigna, y cueillit des fleurs et se hâta de revenir.

Alors, quand il eut consacré une offrande de fleurs et sacrifié dans le feu suivant les rites, il fit voir l'ermitage construit au noble enfant de Raghou. Celui-ci vint avec Sitâ, vit la hutte de feuilles, délicieux ermitage, et cette vue lui causa une joie suprême. Dans son enchantement, il étreignit Lakshmana de ses deux bras, et lui tint ce langage doux, ravissant l'âme et débordant même d'une vive affection : « Je suis charmé que tu aies déjà fait un si grand ouvrage : reçois donc maintenant cet embrassement de moi comme un présent d'amitié. Nos ancêtres, mon ami, seront tous sauvés par toi, bon fils, instruit dans le devoir, la reconnaissance et la vertu. »

Après qu'il eut parlé en ces termes à Lakshmana, de qui l'attachement redoublait sa félicité, le héros équitable de Raghou, en compagnie de son épouse et de son frère, habita quelque temps ces lieux riches de fruits et parés de fleurs, comme un second Indra au sein d'un autre paradis.

Tandis que le pieux Daçarathide coulait dans la forêt de pénitence une vie heureuse, l'automne expira et l'hiver amena sa bien-aimée saison. Un jour, s'étant levé pour ses ablutions au temps où les clartés du matin commencent à blanchir la nuit, il descendit à la rivière de Godâvari. Le fils de Soumitrâ, son frère, le front incliné, une cruche à la main, le suivait par derrière avec Sitâ : « Voici arrivée, seigneur, dit alors celui-ci, une saison qui te fut toujours agréable, où l'année brille, comme parée de *ses plus nombreuses* qualités.

« Il gêle ; le vent est âpre, la terre est couverte de fruits ; les eaux ne donnent plus de plaisir et le feu est agréable. *C'est le temps où* ceux qui mangent de l'offrande, quand ils ont honoré les Dieux et les Mânes avec un sacrifice de riz nouveau, sont tous lavés de leurs souillures.

« Nos jours s'écoulent aimables, purs, d'un pied hâté : ils ont des passages difficiles, qu'on traverse avec peine le matin, mais ils sont pleins de charme, quand le temps amène le milieu du jour. Maintenant, frappées d'un soleil sans chaleur, couvertes de gelée blanche, frissonnantes d'un vent froid et piquant, l'éclat des neiges tombées *la nuit* fait briller au matin les forêts désertes.

« Le soleil, qui se lève au loin et dont les rayons nous arrivent, enveloppés de la neige ou des brumes, apparaît maintenant sous l'aspect d'une *autre* lune. Sa chaleur, insensible au matin, paraît douce au toucher vers le milieu du jour ; et, sur le soir, il se colore d'une rouge qui tourne légèrement à la pâleur.

« Dans la ville, en ce moment, par attachement pour toi, Baratha, consumé de sa douleur, Baratha, le Devoir même en personne, se livre à de *pénibles* mortifications. Abandonnant et son trône, et les voluptés, et toutes les choses des sens, se frustrant même de nourriture, ce noble pénitent couche sur la froide surface de la terre. Sans doute, environné des sujets, que leur dévouement rassemble autour de lui, il se rend à cette heure même au fleuve Çarayoû, mais son cœur s'élance vers cette rive où nous sommes, pour y faire avec nous ses ablutions.

« L'homme n'imite point les exemples que lui donne son père, mais le modèle qu'il trouve dans sa mère, » dit un adage répété de bouche en bouche dans l'univers : la conduite que Bharata mène est à rebours du proverbe. Comment, roi des enfants de Manou, comment Kêkéyî, *notre* mère, elle, qui a pour fils le vertueux Bharata, elle, qui eut pour époux Daçaratha, peut-elle être ce qu'elle est ? »

Dans le temps que sa tendre amitié inspirait ces paroles au juste Lakshmana, son frère, de qui l'âme fuyait toujours la médisance, l'interrompit en ces termes : « Tu ne dois pas, mon ami, infliger ton blâme devant moi à cette mère, qui tient le milieu entre les nôtres : ne parle ici que de Bharata, le noble chef des Ikshwâkides. »

Tandis qu'il parlait ainsi, le Kakoutsthide arriva sur les bords de la Godâvarî : il accomplit dans cette rivière ses ablutions avec son jeune frère et son épouse.

Quand il eut, suivant les rites, satisfait d'une libation les Dieux et les Mânes, il adora avec elle et Lakshmana le soleil, qui se levait à l'horizon.

Dès que Râma eut terminé ses ablutions avec son épouse et le fils de Soumitrâ, il quitta cette rive de la Godâvarî et revint à son ermitage. Là donc, assis dans sa chaumière, entre Sîtâ et Lakshmana, son frère, il s'entretint avec eux sur différentes matières. Tandis que ce magnanime causait avec le Soumitride, le roi des vautours se présenta et dit ces paroles au noble fils de Raghou :

« Héros à la grande fortune, à la grande force, aux grands bras, au grand arc, je te dis adieu, ô le meilleur des hommes ; je retourne en ma demeure. Il te faut apporter ici une continuelle attention à l'égard de tous les êtres, fils de Raghou ! j'ai envie, *vaillant* meurtrier des ennemis, j'ai envie de revoir mes parents et mes amis. Quand j'aurai vu tous ceux que j'aime, ô le plus grand des hommes, je reviendrai, s'il te plaît ; je te le dis en vérité. »

A ces mots, Râma et Lakshmana de répondre au monarque des oiseaux : « Va donc, ô le meilleur des volatiles, mais à la condition de revenir bientôt nous voir. » Quand le roi des vautours fut parti, le fils de Raghou à l'aspect aimable revint à son toit de feuillage et rentra dans sa chaumière avec Sîtâ.

Dans ce moment une certaine Rakshasî, nommée Çoûrpanakhâ, sœur de *Râvana, le* démon aux dix têtes vint en ces lieux d'un mouvement spontané et vit là, semblable à un Dieu, Râma aux longs bras, aux épaules de lion, aux yeux pareils aux pétales du lotus. A la vue de ce prince beau comme un Immortel, la Rakshasî fut enflammée d'amour ; elle, à qui la nature avait donné un teint hideux, un caractère méchant, cette ignoble *fée*, cruelle à servir, qui marchait toujours avec la pensée de faire du mal à quelqu'un et n'avait de la femme rien autre chose que le nom.

Aussitôt elle prend une forme assortie à son désir ; elle s'approche du héros aux longs bras, et, commençant par déployer sa nature de femme, lui tient ce langage avec un *doux* sourire : « Qui es-tu, toi qui, sous les apparences d'un pénitent, viens, accompagné d'une épouse, avec un arc et des flèches, dans cette forêt impraticable, séjour des Rakshasas ? »

A ces mots de la Rakskasî Çoûrpanakhâ, le noble fils de Raghou se mit à lui tout raconter avec un esprit de droiture : « Il fut un roi nommé Daçaratha, juste et célèbre sur la terre ; je suis le fils aîné de ce monarque et l'on m'appelle Râma. Cette femme est Sîtâ, mon épouse ; voici mon frère Lakshmana. Vertueux, aimant le devoir, je suis venu demeurer dans ces forêts à l'ordre de mon père, à la voix de ma *belle*-mère. O toi, en qui sont rassemblés tous les caractères de la beauté, toi, si charmante, qu'on dirait Çrî elle-même, qui se manifeste aux yeux des mortels, qui es-tu donc, toi, qui, femme craintive, te promènes dans le bois Dandaka, la plus terrible des forêts? Je désire te connaître : ainsi dis-moi qui tu es, quelle est *ta* famille, et pour quel motif je te vois errer seule ici et sans crainte. »

A ces mots, la Rakshasî, troublée par l'ivresse de l'amour, fit alors cette réponse : « On m'appelle Çoûrpanakhâ, je suis une Rakshasî, je prends à mon gré toutes les formes; et, si je me promène seule au milieu des bois, Râma, c'est que j'y répands l'effroi dans toutes les créatures. Les tîrthas saints et les autels y périssent, anéantis par moi. J'ai pour frères le roi des Rakshasas lui-même, nommé Râvana; Vibhîshana, l'âme juste, qui a répudié les mœurs des Rakshasas; Koumbhakarna au sommeil prolongé, à la force immense; et deux Rakshasas fameux par le courage et la vigueur, Khara et Doûshana. Ta vue seule m'a jetée dans le trouble, Râma : aime-moi donc comme je t'aime! Que t'importe cette Sîtâ? Elle est sans charmes, elle est sans beauté, elle n'est en rien ton égale; moi, au contraire, je suis pour toi une épouse assortie et douée, comme toi, des avantages de la beauté. *Laisse*-moi dévorer cette femme sans attraits ni vertus, avec ce frère, qui est né après toi, mais de qui la vie est déjà terminée. Cela fait, tu seras libre, mon bien-aimé, de te promener avec moi par toute la contrée Dandaka, contemplant ici les sommets d'une montagne et là des bois enchanteurs. »

Quand il eut ouï ce discours plus qu'horrible de la

Rakshasî, le héros aux longs bras avertit d'un regard Sitâ et Lakshmana. Ensuite Râma, cet orateur habile à tisser les paroles, se mit à dire ces mots à Çoûrpanakhâ, mais pour se moquer :

« Je suis lié par l'hymen; tu vois mon épouse chérie : une femme de ta condition ne peut s'accommoder ainsi d'une rivale. Mais voici mon frère puîné, qui a nom Lakshmana, beau, joli à voir, d'un bon caractère, plein d'héroïsme et qui n'est point marié. Il sera un époux assorti à cette beauté, *dont je te vois si bien douée;* il est jeune, il a besoin d'une épouse, ses formes sont gracieuses; il est d'un extérieur enfin qui plaît aux yeux. »

A ce discours, la Rakshasî, qui changeait de forme à sa volonté, quitte Râma brusquement et se tourne avec ces mots vers Lakshmana : « Aime-moi donc, ô toi, qui donnes l'honneur, moi, qui suis une épouse assortie à ta beauté : tu auras du plaisir à te promener avec moi dans la ravissante forêt Dandaka. »

A ce langage de Çoûrpanakhâ, le fils de Soumitrâ, habile dans l'art de parler, fixa les yeux sur la Rakshasî et lui répondit en ces termes : « Est-ce qu'il te siérait, devenant mon épouse, de servir un serviteur? car je suis, ma haute dame, soumis à la volonté de mon noble frère aîné. A toi, femme de la plus éminente perfection, il te faut un homme de la plus haute fortune; il n'y a qu'un sage qui soit digne de toi, douée entièrement des vertus que l'on désire : unie à ce noble personnage, sois donc ici, femme aux grands yeux, la plus jeune de ses deux épouses. »

Il dit; à ces mots de Lakshmana, *qui semblait deviner, sous la métamorphose de la méchante fée,* ses dents longues et saillantes avec son ventre bombé, elle prit sottement pour la vérité même ce qui était une plaisanterie. Aussi courut-elle une seconde fois vers ce Daçarathide à la grande splendeur, assis avec Sitâ; et, folle d'amour, elle dit ces mots à l'invincible : « J'ai pour toi de l'amour, et c'est toi que j'ai vu même avant ton frère : sois donc mon époux un long temps! Que t'importe cette Sitâ? »

Alors, avec des yeux semblables à deux tisons allumés, elle fondit sur la Vidéhaine, qui la regardait avec ses yeux doux, comme ceux du faon de la gazelle : on eût dit un grand météore de feu qui se rue dans le ciel contre *la belle étoile* Rohinî. Aussitôt que Râma vit la Rakshasî lancée comme le nœud coulant de la mort, il arrêta la furie dans sa course, et ce héros à la grande force dit avec colère à Lakshmana : « Fils de Soumitrâ, il ne faut pas jouer d'aucune manière avec des gens féroces et bien méchants : vois, bel ami! c'est avec peine si ma chère Vidéhaine échappe à la mort! Chasse à l'instant cette Rakshasî difforme, au gros ventre, infâme dans sa conduite et folle au plus haut degré. »

A ces mots, Lakshmana, dans sa colère, empoigna la méchante fée sous les yeux mêmes de Râma, et, tirant son épée, lui coupa le nez et les oreilles. Ainsi mutilée dans son visage, la féroce Çoûrpanakhâ remplit tout de ses cris et s'enfuit d'un vol rapide au fond du bois, comme elle était venue.

Ainsi défigurée, elle vint trouver son frère, ce Khara, à la force terrible, qui avait envahi le Djanasthâna, et tomba sur la terre au milieu des Rakshasas, dont il était environné, comme la foudre même tombe du haut des cieux.

A la vue de sa sœur étendue à terre, inondée par le sang, le nez et les oreilles coupés, Khara le Rakshasa lui demanda, avec des yeux rouges de colère : « Qui donc t'a mise dans un tel état, toi qui, douée de force et de courage, te promenais, pareille à la mort, où bon te semblait sur la terre? Quelle main parmi les Dieux, les Gandharvas, les Bhoûtas et les magnanimes solitaires, possède une vigueur si grande, qu'elle ait pu t'infliger cette odieuse mutilation? »

Il dit : à ces paroles de son frère jetées avec colère, Çoûrpanakhâ répondit ces mots d'une voix que ses larmes rendaient bégayante : « *J'ai rencontré* deux jeunes gens pleins de beauté, aux membres potelés, à la force puissante, aux grands yeux de lotus, et doués de tous les signes où l'on reconnait des rois. Habillés de peaux noires et d'écorce, ils ressemblent aux rois des Gandharvas, et je ne saurais dire si ce sont des Dieux ou simplement des hommes.

« J'ai vu là au milieu d'eux une dame jeune, à la taille gracieuse : la beauté dont elle est douée rayonne de toutes les parures. Je me disposais dans la forêt à dévorer cette femme violemment avec ses deux compagnons, mais je me vis réduite à l'état où je suis, comme une misérable sans appui. Traînée dans le combat, malgré mes cris, malgré ma résistance, vois! quel outrage m'a-t-on fait;... et c'est toi, qui es mon protecteur! »

A ces mots d'elle, Khara furieux jette cet ordre à quatorze Rakshasas noctivagues, semblables à la mort : « Deux hommes, armés de traits, vêtus de peaux noires et d'écorces, sont entrés avec une femme dans l'épouvantable forêt Dandaka. Allez! et ne revenez pas que vous n'ayez tué ces deux scélérats avec elle, car ma sœur en veut boire le sang. »

Dociles à ce commandement, les Démons partent aussitôt avec la furie, tous une lance au poing et rapides comme des nuages chassés par le vent.

A peine eut-il aperçu les cruels Démons et la furie : « Fils de Soumitrâ, dit le vaillant Raghouide à Lakshmana, son frère, à la vigueur éclatante, reste un instant près de ma chère Vidéhaine, jusqu'à ce que j'aie terrassé dans le combat ces Rakshasas féroces. » Dès qu'il eut ouï ces paroles du héros à la force sans mesure : « Oui! » répondit Lakhsmana, qui se mit à côté de la *royale* Vidéhaine.

Râma sur-le-champ attache la corde à son arc immense, orné richement d'or; et lui, qui était le Devoir même en personne, il adresse aux Démons ces paroles : « Retirez-vous d'ici! Vous ne devez pas approcher davantage, si vous attachez quelque prix à votre vie : retirez-vous, Démons nocturnes! »

A ces mots, les quatorze Démons, bouillants de fureur, la lance et les javelots en main, répondirent, les yeux rouges de colère, à Râma; eux, qui avaient l'audace du crime, à lui, qui avait celle de l'héroïsme :

« Tu as fait naître la colère au cœur de Khara, notre bien magnanime seigneur; tu vas laisser ici ta vie, immolé par nous dans le combat! »

Ils disent, et, bouillants de fureur, les quatorze Rakshasas fondent sur Râma, les armes hautes et le cimeterre levé. Après un élan rapide, les quatorze Démons noctivagues font pleuvoir sur lui avec colère maillets d'armes, javelots et lances. Mais Râma soudain avec quatorze flèches brisa dans ce combat les armes de ces quatorze Rakshasas. Ensuite, calme dans sa colère au milieu du combat, il prit, aussi prompt que vaillant, quatorze nouvelles flèches acérées. Il encocha lestement ces dards à son arc, et, visant pour but les Rakshasas, déchaîna contre eux ces flèches avec un bruit pareil au tonnerre de la foudre.

Les traits empennés d'or, enflammés, rehaussés d'or, fendent l'air, qu'ils illuminent d'un éclat égal à celui des grands météores de feu. Ces flèches, semées d'yeux, telles que les plumes du paon, traversent de part en part les Démons et se plongent dans la terre, où leur impétuosité les emporte, comme des serpents dans une *molle* taupinière.

Les dards luisants revinrent d'eux-mêmes au carquois, après qu'ils eurent châtié les Démons. A la vue de ses vengeurs étendus sur la terre, la Rakshasî, délirante de colère, trembla de nouveau et jeta une clameur épouvantable. Aussitôt Çoûrpanakhâ s'enfuit rapidement toute tremblante, en poussant de grands cris, vers la région où demeurait son frère à la force puissante.

A l'aspect de Çoûrpananakhâ étendue pour la seconde fois aux pieds de son frère, Khara, d'une voix nette et pleine de colère, dit à cette femme revenue, sans qu'elle eût accompli son dessein : « Quand j'ai envoyé, pour te satisfaire, mes Rakshasas, ces héros si fiers, qui mangent la chair crue, pourquoi viens-tu encore verser ici des larmes?

« Sans doute, il n'à pu arriver que mes sujets toujours fidèles, attentifs, dévoués à moi, n'aient point exécuté mes ordres, ne fût-ce que par attachement à leur vie! Dis-moi quelle est donc la cause, noble dame, qui te ramène ici : pourquoi gémis-tu, les yeux dévastés par des larmes ? »

La méchante femme, accablée de douleur, essuya ses yeux mouillés de larmes et lui répondit en ces termes : « Ces héros des Rakshasas, que tu avais envoyés, la lance au poing, Râma seul les a tous consumés avec le feu de ses flèches. A la vue de cette prouesse, à l'aspect de ces guerriers tombés sur la terre, comme des arbres sapés à la racine, je fus saisie d'un tremblement subit. Rakshasa, je suis troublée, consternée, épouvantée; et je viens, ne voyant partout que terreur, me réfugier sous ta protection !

« Arrache toi-même, Démon nocturne, cette épine qui est venue s'implanter dans la forêt Dandaka pour y blesser tes Rakshasas. *Autrement,* moi, qui te parle, je vais jeter là ma vie devant toi, lâche, qui n'as point de honte, si mon ennemi n'est immolé de ta main aujourd'hui même ! »

A sa cruelle sœur, qui l'excitait ainsi à l'audace, le bouillant Khara de répondre avec ce langage plein de véhémence au milieu des Rakshasas : « Ce Râma, qui n'est *tout simplement* qu'un homme, un être sans force, n'a point de valeur à mes yeux; et bientôt, aujourd'hui même, abattu sous mon bras, il vomira sa vie pour ses méfaits ! Arrête donc ces larmes ! chasse-moi cette terreur ! Aujourd'hui même, je vais jeter Râma et son frère dans les noires demeures d'Yama ! N'en doute pas, Rakshasî, tu vas boire en ce jour le sang chaud de Râma, frappé de cette massue et couché sans vie sur la surface de la terre !

« Une fois Râma tué et son frère avec lui, tu pourras

bientôt faire de Sîtâ un festin, et tes cuisiniers t'apprêteront ses chairs tendres, fines, délicieuses. »

La cruelle entendit pleine de joie ces paroles de Khara, qui allaient à son cœur, et vanta pleine de joie son frère, assis au plus haut rang des Rakshasas : « Gloire à toi, héros, à toi, le seigneur des Rakshasas, qui as fait germer en ta pensée le désir noble et vaillant d'immoler tes ennemis dans un combat !

« Sors donc en diligence pour tuer ce méchant ! J'ai soif de boire le sang de Râma sur le front même de la bataille ! »

A peine eut-il entendu ces ravissantes paroles, dont Çoûrpanakhâ flattait son oreille : « Fais, dit-il au général de ses armées, qui s'appelait Doûshana et se trouvait à son côté; fais rassembler quatorze mille de ces Rakshasas, héros superbes, d'une impétuosité formidable, qui obéissent à ma pensée et ne reculent jamais dans les combats; féroces, artisans de cruautés, semblables en couleur aux sombres nuages, armés de toutes pièces et qui se font une volupté de tourmenter le monde. »

Khara, bouillant de colère, monta dans son char, pareil aux cimes de Mérou et décoré avec un or épuré, tout plein d'armes, pavoisé d'étendards, orné de cent clochettes, rayonnant de toute la diversité des pierreries, égal au ciel en splendeur, où l'*orfévre habile* avait sculpté des poissons, des fleurs, des arbres, des montagnes, le soleil et la lune en or, des troupes d'oiseaux et des étoiles en argent; char attelé de vigoureux coursiers, mais doué d'un mouvement spontané, avec un timon parsemé de perles et de lapis-lazuli, où brillait en or l'astre des nuits.

Aussitôt que les Rakshasas à la force terrible virent

Khara placé dans son char, ils se tinrent *attentifs à sa voix*, rangés autour de lui et du vigoureux Doûshana. A la vue de cette grande armée, pourvue de toutes armes, sous diverses bannières, Khara joyeux cria du haut de son char à tous les Rakshasas : « *En avant!* sortez! Soudain toute cette armée, portant massues, lances et tridents, s'élança hors du Djanasthâna avec un bruit pareil à celui du grand Océan.

Tout à coup une grande nuée fit tomber sur le Démon, qui s'avançait enflammé par le désir de la victoire, une pluie sinistre, dont l'eau se trouvait mêlée avec des pierres et du sang.

Un sombre nuage enveloppa de son manteau noir, liséré de rouge, l'astre qui donne le jour, et qui, par la couleur de son disque, ressemblait alors au tison ardent.

Le ciel brilla d'une couleur sanglante avant l'heure où s'annonce le crépuscule, et des oiseaux, qui planaient au milieu des airs, se mirent à pousser des cris aigus, tournant la tête du côté où Khara s'avançait. Un vent impétueux souffla; le soleil perdit sa clarté, et l'on vit briller au milieu du jour la lune, environnée de son armée d'étoiles.

A la vue de ces grands, de ces épouvantables présages, qui se levaient partout simultanément, le roi de cette armée formidable dit en riant à tous les Rakshasas : « Je ne fais nul cas de ces pronostics horribles à voir, qui se lèvent autour de moi; j'ai un augure plus certain dans cette bravoure, dont ma force est la source! »

En ce moment accoururent, désireux tous de voir ce grand combat, et les Rishis, et les Siddhas, et les Dieux, et les principaux des Gandharvas, et les célestes chœurs des Apsaras.

Alors que le Démon à la bouillante audace, Khara, fut arrivé dans le voisinage de sa chaumière sainte, Râma vit avec son frère les sinistres augures. Et l'aîné des Raghouides tint à l'autre ce langage :

« Héros, nous tenons sous la main une victoire et l'ennemi sa défaite, car mon visage est serein, et tu vois comme il brille ! Mais, dans cette conjoncture, il est d'un homme sage, Lakshmana, d'aviser aux possibilités futures, comme s'il avait à craindre une infortune. Prends donc, armé de ton arc et tes flèches à la main, prends Sitâ et cours la mettre à couvert dans un antre de la montagne, environné d'arbres et d'un accès difficile. Reste là, bien muni d'armes, avec la princesse du Vidéha : ainsi, l'horrible terreur des événements qui sont encore dans le futur n'ira pas y troubler tes yeux. »

A ces mots de son frère, Lakshmana prend aussitôt son arc et ses flèches; puis, accompagné de Sitâ, il se rend vers la caverne d'un accès impraticable. A peine Lakshmana fut-il entré dans la grotte avec Sitâ : « Bien ! » dit Râma, qui attacha alors solidement sa cuirasse. Dès que le vaillant Raghouide fut paré de cette armure aussi brillante que le feu, il resplendit à l'égal du soleil, qui vient à son lever de chasser les ténèbres.

De tous côtés, l'armée de ces mauvais Génies se montrait également pleine de bannières, de cottes maillées, d'épouvantables armes, et poussant de profondes clameurs.

Dans ce moment le Kakoutsthide, promenant ses yeux de tous les côtés, vit les bataillons des Rakshasas arrivés en face de lui pour le combat. Son arc empoigné dans une main et ses flèches tirées du carquois, il se tint prêt à combattre, emplissant toute l'atmosphère avec les sons de sa corde vibrante. Le beau jeune prince avait l'air de sourire en face de tous les Rakshasas; mais sa colère ne rendait que plus difficile à supporter la flamme de son regard, aussi flamboyant que le feu à la fin d'un youga.

A l'aspect du terrible enfant de Raghou, tous les Rakshasas tombent dans une profonde stupéfaction et s'arrêtent, quoique altérés de combat, immobiles comme une montagne.

A peine Khara, le roi des Rakshasas, eut-il vu toute son armée glacée par la stupeur, qu'il cria aussitôt à Doûshana et d'une voix pleine de véhémence : « Il n'y a pas encore de fleuve à traverser ici, et cependant voici que l'armée s'arrête comme entassée dans un même lieu : sache donc en vérité, bel ami, quelle raison a déterminé ce mouvement. » Aussitôt Doûshana pousse rapidement son char hors de l'armée, et voit Râma devant lui, ses armes déjà levées. Il reconnaît que l'armée est retenue par la terreur, il revient et le Rakshasa fait ce rapport au frère puîné de Râvana : « C'est Râma, qui se tient, son arc à la main, devant le front de bataille : toute l'armée des Rakshasas vient d'arrêter son pas à l'aspect du héros, de qui la vue inspire l'épouvante aux ennemis. »

A ces mots, Khara d'une bravoure impétueuse se précipite avec son char vers le vaillant rejeton de Kakoutstha, comme Rahou fond sur l'astre qui produit la lumière. Quand l'armée rakshasî vit Khara poussé au combat par l'aiguillon de la fureur, elle s'élança derrière lui en phalange profonde, avec le bruit des nuages, dont l'orage entrechoque de grands amas.

Alors, pleins de colère, ces Démons noctivagues firent tomber sur l'invincible aux formidables exploits une pluie de projectiles, variés dans les formes.

Il en reçut toutes les flèches *d'un air impassible*, comme l'Océan reçoit les tributs des fleuves. Le corps percé de ces dards cruels, Râma en fut aussi peu troublé qu'un grand mont n'est ému sous les coups nombreux de la foudre enflammée.

Dans le combat, il envoyait en masse aux Démons ses dards ornés d'or, indomptables, irrésistibles et pareils au lasso même de la mort. Ces traits, volant avec leurs ailes de héron à travers les phalanges des ennemis, ôtaient la vie aux Démons d'une manière aussi prompte que les malédictions des plus saints pénitents.

Il était de ces flèches, qui partaient de l'arc sans être unies entre elles par aucun lien et qui s'enfonçaient dans le sol de la terre, après qu'elles avaient traversé les effroyables Rakshasas. Ailleurs, tranchées par les dards *en forme de croissant*, les têtes des ennemis tombent par milliers sur la terre, où leur bouche agite convulsivement ses lèvres pliées.

En ce moment, réfugiés sous l'abri du monarque et de *son frère* Doûshana, ces débris s'entassèrent autour d'eux comme un troupeau d'éléphants. Khara donc, à la vue de ses bataillons maltraités par les flèches de Râma, dit au général de ses troupes, guerrier à la vigueur épouvantable, au cœur plein de courage : « Héros, que l'on ranime la valeur de mon armée ! Que l'on tente un nouvel effort ! Je vais précipiter au séjour d'Yama cet *audacieux* Râma, tout fils qu'il est du roi Daçaratha ! »

Quand Doûshana eut aiguisé leur courage *émoussé* et rendu à l'armée sa première confiance, il se précipita vers le rejeton de Kakoutstha avec la même fureur que jadis le Démon Namoutchi s'élança contre le fils de Vasou. Tous les mauvais Génies sans crainte, parce qu'ils voyaient Doûshana près d'eux, fondirent eux-mêmes sur Râma une seconde fois, armés par divers projectiles. Empoignant les tridents aigus, les javelots barbelés, les épées et les haches, ces rôdeurs impurs des nuits dans une extrême fureur de lancer tout contre lui. Mais il eut bientôt avec ces dards brisé toutes leurs armes en morceaux; puis, de ravir *sans relâche* à coups de flèches dans ce dernier combat le souffle de la vie à ce reste des Rakshasas. Le héros aux longs bras marchant, comme s'il jouait, dans le cercle même des mauvais Génies, coupait lestement et les bras et les têtes.

Aussitôt le général des armées, plein de colère, Doûshana à la vigueur épouvantable saisit une massue horrible à voir et pareille à une cime de montagne. Armé de cette grande massue toute revêtue de feuilles d'or et parée de bracelets d'or, mais toute semée de clous en fer à la pointe aiguë, terreur enfin de toutes les créatures et qui, semblable à un grand serpent, frappe d'un toucher écrasant comme la foudre même du tonnerre, pile et broie les membres de ses ennemis, le vigoureux Doûshana fondit, pareil au Trépas, sur le *vaillant* Râma, tel que jadis on vit le démon Vritra s'élancer contre le puissant Indra.

Voyant Doûshana, enflammé de colère, s'avancer encore, impatient de lui donner la mort, le prompt guerrier de trancher avec deux flèches les deux bras armés et décorés de ce fier Démon, qui se précipitait sur lui dans le combat. L'épouvantable massue, échappant à la main coupée, tomba sur le champ de bataille avec le bras mutilé comme un drapeau de Mahendra tombe du faîte de son temple; et Doûshana lui-même fut abattu mourant sur le sol avec ses deux bras coupés, tel qu'un éléphant de l'Himâlaya, qui a perdu ses défenses. Alors, voyant Doûshana étendu sur la terre avec sa massue, toutes les créatures d'applaudir au Kakoutsthide, en lui criant : « Bien ! bien ! »

Le champ de bataille était vide de combattants, car le feu des flèches de Râma les avait tous dévorés; et, tel que dans le Niraya (1), le sang et la chair en avaient détrempé l'argile. Les uns, percés d'une flèche, gisent privés de vie sur la terre : les autres se lamentent ; ceux-là fuient comme des insensés devant les dards qui les poursuivent. Râma, dans cette journée, immola quatorze milliers de Rakshasas aux exploits épouvantables ; et cependant il était seul, il était à pied, et ce n'était qu'un homme.

Le Rakshasa nommé Triçiras, *ou le Démon aux trois têtes*, se jeta devant le roi de l'armée défaite, Khara, qui s'avançait le front tourné vers le vaillant Raghouide, et lui tint ce langage : « Confie-moi ta vengeance, roi valeureux, et va-t'en d'ici promptement : tu verras bientôt le vaillant Râma tomber sous mes coups dans le combat. Ou je serai sa mort dans le combat, ou il sera mon trépas dans la bataille : mets donc un frein à ton ardeur belliqueuse et reste spectateur un instant. »

Calmé par ce langage de Triçiras, qui se précipitait de lui-même à la mort, Khara joyeux lui répondit en ces termes : « Qu'il en soit donc ainsi ! » Ensuite le Démon plein d'allégresse, ayant reçu congé dans le combat avec ce mot : « Va ! » élève bruyamment son arc et s'avance le front tourné en face de Râma.

(1) Le Tartare indien.

Alors s'éleva sur le champ de bataille entre le Démon aux trois têtes et le vaillant Raghouide un combat tumultueux, âpre, où chacun désirait tuer, où le sang était versé comme de l'eau.

Ensuite Triçiras envoya trois dards aigus s'implanter dans le front du vaillant Râma, qui, plein de courroux, jeta ces mots avec dépit : « J'ai reçu les dards que m'a décochés le nerf de ton arc : maintenant reste ferme devant moi, *si tu l'oses !* »

A ces mots, le héros irrité de plonger dans la poitrine de Triçiras quatorze flèches, pareilles à des serpents. Le guerrier plein de vigueur abattit ses coursiers avec quatre et quatre flèches de fer, il brisa son char avec sept ; il renversa le cocher sous les coups de huit traits, il trancha d'un seul et fit voler à terre son drapeau arboré.

A la vue d'une telle prouesse, le Rakshasa fléchit les genoux mentalement devant son rival ; mais, tirant son épée d'un mouvement rapide, il s'élança vers lui avec impétuosité. Celui-ci, à peine eut-il vu ce mauvais Génie sauté lestement hors de son grand char, qu'il fendit le cœur au Démon en y plongeant dix flèches. Le prince aux yeux de lotus, riant de colère, coupa les trois têtes du monstre avec six dards acérés. Vomissant un sang *hideux*, sa vie tranchée par les flèches de Râma, il tomba sur la terre comme une grande montagne dont la chute de ses hautes cimes a précédé la chute.

A la vue du héros Triçiras abattu dans le combat, le cœur de Khara fut consumé de colère et son âme fut prise de la fièvre des batailles. Mais, devant le spectacle de ces bataillons détruits, il ne put s'empêcher aussi de songer un peu qu'un seul homme avait anéanti cette armée et renversé les deux héros. A la pensée d'un tel exploit, à la vue de cette preuve éclatante, où le bien magnanime Daçarathide avait signalé son héroïsme, le tremblement de la peur s'empara de Khara lui-même.

Néanmoins, rappelant sa fermeté, le noctivague héros d'un bouillant courage, affermit son pied de nouveau pour le combat.

Il banda son grand arc et fit voler sur Râma des flèches courroucées, reluisantes d'un feu brûlant et toutes pareilles à des serpents *de flammes*. Mais, tel qu'Indra fend l'atmosphère avec les gouttes de la pluie, Râma de les briser aussitôt avec ses flèches de fer, irrésistibles et semblables à des feux petillants d'étincelles. La voûte du ciel était enflammée par les flèches aiguës que Râma et Khara s'envoyaient de l'un à l'autre, comme il arrive quand elle est pleine de ces nuages où la foudre allume ses éclairs.

Le Daçarathide aux longs bras de frapper au milieu du sein par dix flèches ce Khara, de qui sa main rabaissa l'arrogance. Mais celui-ci, enflammé de fureur, plongea lui-même sept flèches dans la poitrine du Raghouide, aussi versé dans le devoir qu'habile à terrasser l'ennemi. En ce moment, tout le corps baigné de sang par les dards si nombreux que le Rakshasa lui avait envoyés de son arc, le Kakoutshide brillait du même éclat qu'un brasier allumé. Brandissant alors son grand arc, semblable à celui de Çakra même, sa main d'excellent archer en fit partir vingt et une flèches. Ce dompteur invincible des ennemis perça la poitrine avec une et les deux bras au Démon avec deux autres : il abattit les quatre chevaux par quatre dards en demi-lune. Dans sa colère, il en dépensa deux pour jeter le cocher au noir séjour d'Yama, et ce héros à la grande force en mit sept pour casser l'arc et les traits *aigus* dans les mains de Khara. Le noble fils de Raghou frappa le joug d'un seul dard et le coupa net; il trancha les cinq drapeaux avec cinq traits, dont l'armure imitait dans sa forme l'oreille du sanglier.

Alors, son arc brisé, ses chevaux tués, son cocher sans vie, Khara se tint par terre, sa massue à la main et ses pieds fortement appuyés sur le sol. Soudain, avec la voix *menaçante* du Rakshasa, retentissent les roulements des tambours célestes, mêlés aux mélodieux accents des Immortels dans leurs chars aériens.

Khara, tout bouillant de colère, jette à Râma, comme un tonnerre enflammé, sa massue ornée de bracelets d'or, énorme, ardente, horriblement effrayante, enveloppée de flammes, comme un grand météore de feu. Des arbrisseaux et même des arbres, dans le voisinage desquels cette arme passa, il ne resta plus que des cendres. En effet, le monstre avait conquis par les efforts d'une violente pénitence cette massue divine, que lui donna jadis le magnanime Kouvéra.

Aussitôt le rejeton fortuné de Raghou, qui voulait détruire cette massue, prit dans son carquois le trait du feu, semblable à un serpent, et décocha cette flèche resplendissante comme la flamme. Le trait d'Agni, tout pareil au feu, arrêta la grande massue dans son vol au milieu des airs et la fit tournoyer plusieurs fois sur elle-même.

La massue rakshasî tomba, précipitée sur la terre, fendue et consumée avec ses ornements et ses bracelets, comme un *globe de* feu allumé.

En ce moment le Raghouide à la vigueur indomptable, homicide *généreux* des héros ennemis, adresse à Khara ce discours d'une voix terrible : « Ces paroles, que proclamait ta jactance par le désir impatient de ma mort : « Je boirai ton sang! » tu les vois démenties à cette heure, ô le plus vil des Rakshasas! Voici que ta massue, consumée par ma flèche, n'est plus que cendre : un seul dard l'a frappée ; ce fut assez pour la détruire et la jeter sans force sur la terre. »

« Je ne veux pas t'accorder la vie, être vil, au caractère bas, à la bouche menteuse : rassemble tes moyens pour un nouveau combat! Je te ravirai le souffle, comme jadis Souparna ravit l'ambroisie, âme abjecte, à la vie méchante, fléau des hommes qui vivent dans la vertu! Aujourd'hui j'affranchirai les saints de cette horrible tristesse qui a son origine dans la crainte et sa racine en toi, fléau perpétuel de nos saints brahmanes. Ame féroce, nature abjecte, ce n'est pas vivant que tu pourras m'échapper! »

A ces mots, le Démon noctivague jeta ses regards de tous les côtés, cherchant une arme de combat, et, furieux, les sourcils contractés, il vit non très-loin un arbre énorme. Le guerrier à la force immense étreignit dans ses deux bras et, mordant les bords évasés de ses lèvres, arracha ce grand arbre : il courut, poussa un cri, et, visant Râma, lui jeta rapidement sa masse, en criant : « Tu es mort! » Mais son auguste ennemi de couper avec un torrent de flèches le projectile feuillu dans son vol. Il conçut une brûlante colère, *un désir impatient* de tuer Khara dans cette bataille. Tous les arbres que celui-ci prenait, le noble meurtrier de ses ennemis, Râma les tranchait l'un après l'autre avec ses flèches aux barbes courbées.

Enfin, baigné de sueur et bouillant de colère, il transperça le Démon avec un millier de traits dans un *dernier* combat.

Aussitôt, mêlé au chant de voix mélodieuses, il se répandit au sein de l'atmosphère un son de tambours célestes, avec ces acclamations : « Bien ! bien ! » Une pluie de fleurs tomba au milieu du champ de bataille sur le front même de Râma, et l'on entendit *le ciel* crier à tous les points cardinaux : « Le scélérat est mort ! »

Depuis ce temps, Râma joyeux, entre Lakshmana et son épouse, qu'il avait rassurée, Sîtâ, aux yeux charmants de gazelle, coula dans cet ermitage une vie agréable, environné des honneurs que lui rendaient tous les ermites rassemblés *autour de sa personne.*

Quand Çoûrpanakhâ vit les quatorze mille Rakshasas tués, lorsqu'elle vit Doûshana, Triçiras et Khara tombés morts sur la terre, et que cet exploit, si difficile à beaucoup d'autres, Râma l'avait accompli seul, à pied, avec son bras d'homme, elle courut pleine d'épouvante à Lankâ soumise aux lois de Râvana, son frère. Là elle vit, assis entre ses conseillers, devant son char, comme le fils de Vasou au milieu des Maroutes, ce Râvana, le fléau du monde, trônant sur un siége d'or, élevé par-dessus tous et brillant à l'égal du soleil même, tel que le feu divin quand on l'a déposé tout flamboyant sur un autel d'or. Çoûrpanakhâ le vit, environné de sa cour admirable, avec ses dix visages, ses vingt bras, ses yeux couleur de cuivre et sa vaste poitrine ; elle le vit marqué des signes naturels où l'on reconnaît un roi, avec ses parures d'or épuré, ses longs bras, ses dents blanches, sa grande figure, sa bouche toujours béante, comme celle de la mort, héros semblable à une montagne, pareil aux nuées pluvieuses, invincible dans les combats aux magnanimes Rishis, aux Yakshas, aux Dânavas, aux Dieux mêmes.

Sillonné des blessures faites par les traits du tonnerre dans les guerres des Asouras contre les Dieux, son corps étalait aux yeux les nombreuses cicatrices des plaies qu'Aîrâvata (1) lui avait infligées avec la pointe de ses défenses, et les traces multiples que le disque *acéré* de Vishnou avait laissées en tombant sur lui dans ses combats avec les Immortels.

Alors, au milieu des ministres de son frère, Çoûrpanakhâ furieuse jette ce discours plein d'âcreté à Râvana, le fléau du monde : « Plongé sans aucun frein dans tes jouissances de toutes les choses désirables, tu ne songes pas qu'il est né pour toi un danger terrible, auquel il est bien temps de songer.

« Khara est tué, Doûshana est tombé mort, et tu ne le sais pas! Tu ignores que ces deux héros gisent percés de flèches dans le Djanasthâna. Râma seul, à pied, avec un bras d'homme, a moissonné quatorze milliers de Rakshasas à la vigueur enflammée! La sécurité est rendue aux saints, la joie est ramenée dans tous les alentours de la forêt Dandaka ; et ce héros infatigable dans ses travaux a violé même ta province du Djanasthâna!

« Et toi, Râvana, livré à l'avarice, à l'incurie, à ceux qui disposent de ta volonté, tu n'as point senti qu'un danger terrible s'était allumé dans ton empire! »

Ensuite, Râvana de jeter avec colère au milieu des ministres ces questions à Çoûrpanakhâ : « Qui est ce Râma? D'où vient ce Râma? Quelle est sa force? Quel est son courage? Pour quel motif a-t-il pénétré dans cette forêt Dandaka, si difficile à pratiquer? Avec quelle arme ce Râma a-t-il moissonné mes Rakshasas, abattu Khara sur

(1) Éléphant céleste, la monture d'Indra.

le champ de bataille, et Doûshana, et Triçiras avec lui? »

A ces mots du roi des Rakshasas, la furie pleine de colère se mit à raconter ce qu'elle savait de Râma suivant la vérité : « Râma est le fils du roi Daçaratha ; il a de longs bras, de grands yeux ; son vêtement est un tissu d'écorces avec une peau d'antilope noire : sa beauté est égale à celle de l'Amour. Il bande un arc aux bracelets d'or, semblable à l'arc d'Indra même, et lance des flèches de fer enflammées, pareilles à des serpents au poison mortel. Quatorze milliers de Rakshasas aux exploits épouvantables ont succombé sous les traits acérés de lui seul, archer incomparable. A peine, seigneur, ai-je pu seule échapper à la mort : « C'est une femme ! » a dit Râma ; et la seule grâce qu'il a faite, ce fut de me laisser ainsi la vie par dédain. Il a un frère d'une vive splendeur, vigoureux, plein de vertus, attaché, dévoué à lui, marqué de signes fortunés, égaux à ceux de Râma : son nom, c'est Lakshmana.

« Une dame illustre, aux grands yeux, à la taille charmante, si déliée qu'une bague peut lui servir de ceinture, est l'épouse légitime de Râma : elle se nomme Sîtâ. Je n'ai jamais vu sur toute la face de la terre une femme aussi belle, ni aucune nymphe, soit Kinnarî, soit Yakshî, ou Gandharvî, ni même une déesse ! L'homme qui serait l'époux de Sîtâ ou qu'elle embrasserait avec amour, il vivrait aussi heureux parmi les mortels qu'Indra même parmi les Dieux. Ainsi, elle, de qui la beauté ne voit rien de comparable à elle-même sur la terre, elle sera ici une épouse assortie à toi, Génie à la grande splendeur, comme tu seras toi-même un époux digne de Sîtâ.

« Si mon discours te sourit, n'hésite point à l'exécuter,

roi des Rakshasas; car tu n'obtiendras jamais un plaisir égal à celui qu'il te promet. »

Après qu'il eut bien examiné l'entreprise, qu'il eut dessiné son plan avec justesse, qu'il eut pesé le fort et le faible des avantages et des inconvénients : « Voilà ce qui est à faire! » se dit-il, arrêtant sa résolution ; et, l'esprit solidement assis dans son dessein, il se dirigea vers la magnifique remise où l'on gardait son char. Quand il se fut rendu là en secret, le roi des Rakshasas jeta cet ordre à son cocher : « Que l'on attelle mon char! »

A ces mots, le cocher aux mouvements agiles d'atteler à l'instant même ce véhicule beau, resplendissant, muni de tous ses harnais, orné de tous ses drapeaux. Le fortuné monarque des Rakshasas monte sur le char fait d'or, avec des ornements d'or, allant de sa propre volonté, *quoique* attelé d'ânes, parés d'or eux-mêmes, avec des visages de vampires. Ensuite, il dirige sa marche vers *l'Océan*, souverain maître des rivières et des fleuves.

Le Démon passa au rivage ultérieur et vit dans un lieu solitaire, pur, enchanteur, s'élever un ermitage au milieu des bois. Là, il vit un Rakshasa, nommé Mârîtcha, qui, ses cheveux roulés en djatâ, une peau noire de gazelle pour vêtement, vivait dans l'abstinence de toute nourriture.

Il s'approcha de l'anachorète; et, quand il eut reçu de Mârîtcha les honneurs exigés par l'étiquette, le monarque habile à manier le discours lui tint ce langage :

« Mârîtcha, écoute maintenant les paroles que va prononcer ma bouche, je suis affligé ; et mon suprême asile dans mon affliction, c'est ta sainteté! Entre plusieurs milliers rassemblés de Naîrritas (1), je ne trouverais nulle part, vaillant héros, un compagnon semblable à toi dans les combats. Ne veuille point ici ta sainteté briser mon affection : je t'implore dans mon besoin ; accomplis ma prière.

« Tu connais le Djanasthâna, où habitaient Khara, mon frère, Doûshana à la grande vigueur, Çoûrpanakhâ, ma sœur, Triçiras, ce Démon vigoureux, *toujours* affamé de chair *humaine*, et d'autres nombreux héros noctivagues, habiles à toucher le but d'un trait. Ils avaient mis là, suivant mon ordre, leurs habitations et s'occupaient à vexer dans la grande forêt les anachorètes dévoués au devoir. Là, vivaient quatorze milliers de Rakshasas aux prouesses épouvantables, qui marchaient à la volonté de Khara et s'étaient maintes fois signalés en frappant le but *avec le javelot ou la flèche.*

« Or, il est arrivé tout à l'heure que ces démons à la force immense, campés dans le Djanasthâna, en sont venus aux mains avec Râma, qui les a complétement battus dans la guerre.

« *Oui !* Râma seul, à pied, avec son bras d'homme, a couché morts sur le champ de bataille dans le Djanasthâna par ses flèches, semblables à des serpents, ces quatorze milliers de Rakshasas, contre qui s'était allumée sa colère, sans qu'il eût reçu d'eux aucune parole injurieuse. Il a tué Khara dans le combat, il a tué Doûshana et Triçiras, il a rendu la sécurité aux saints et ramené le bonheur dans toutes les contrées de la forêt Dandaka.

« Et cet être, qui a déserté le devoir, qui même ne connaît pas le devoir, qui trouve son plaisir dans le mal

(1) Géants ou Démons.

des créatures, il porte un vêtement d'écorces, il se dit un pénitent, mais il a une épouse avec lui et son bras est armé d'un arc !

« Il a, *dis-je*, une épouse, célèbre sous le nom de Sîtâ : c'est une femme aux grands yeux, douée parfaitement de jeunesse et de beauté, charmante comme Çrî même Apadma. Aujourd'hui j'irai, moi! dans le Djanasthâna, d'où j'emmènerai de force ce joyau du monde : sois mon associé dans cette expédition ! Avec toi pour compagnon, debout à mes côtés, Démon à la grande vigueur, je ne crains pas tous les Dieux en bataille, Indra même à leur tête.

« Métamorphosé en gazelle au pelage d'or, moucheté d'argent, rends-toi à l'ermitage de ce Râma, et montre-toi sous les yeux de Sîtâ. Sans doute, sortant de sa chaumière aussitôt qu'elle t'aura vu sous la forme de gazelle : « Prenez vivante cette *jolie bête !* » dira-t-elle à son époux ainsi qu'à Lakshmana. Ces deux héros partis, l'ermitage reste vide et j'enlève à mon aise *la belle* Sitâ sans appui, comme l'éclipse ravit à Lunus sa lumière. Avec le pied léger de la gazelle, ta révérence peut fuir aisément : elle a d'ailleurs le courage et la vigueur nécessaires à la gravité de cette mission. Parmi ces Rakshasas qui furent tués dans le Djanasthâna, il n'en était pas un qui fût égal à toi, sans excepter Doûshana, ou Triçiras, ou Khara même ! Quand Râma et Lakshmana seront occupés à suivre ta piste, quand j'aurai enlevé Sîtâ et donné à ma sœur la joie de cette vengeance, quand le rapt de son épouse aura sans peine étouffé dans le chagrin la vigueur de Râma, alors mon âme au comble de ses vœux goûtera le plaisir en toute sécurité. »

L'anachorète, engagé par ce discours à se mêler dans

la grande lutte avec Râma, joignit les mains, et, l'esprit hors de lui-même, parce qu'il avait éprouvé toute la vigueur du héros, tint à Râvana ce langage salutaire, convenable, dicté par la vérité.

« Sire, il est aisé de rencontrer des hommes qui ne disent jamais que des choses agréables : au contraire, il est difficile de trouver un homme qui sait dire ou entendre une chose désagréable, mais utile. Renseigné par des espions négligents, tu ne sais pas sans doute comme est le courage, comme est la vigueur de ce Râma, semblable, soit à Varouna, soit au grand Indra même. Si la guerre s'allume entre vous deux, sache, roi des Rakshasas, que ton peuple entier va flotter dans un extrême péril.

« Fasse le ciel que le salut soit pour tous les Rakshasas sur la terre ! Fasse le ciel, mon ami, que Râma dans sa colère ne jette pas tous les Rakshasas hors du monde ! Fasse le ciel que cette fille du roi Djanaka ne soit pas née pour être comme la fin de ta vie ! Fasse le ciel qu'une grande infortune ne tombe pas sur toi à cause de Sitâ !

« Râma n'est pas un cœur dur, mon ami, ce n'est pas un insensé ; il n'est point esclave des sens : ce que tu as dit, Rakshasa, n'est pas vrai, ou tu as mal entendu.

« Ayant su que *l'ambitieuse* Kêkéyî avait trompé son père, de qui *toute* parole était une vérité : « Je ferai *ce qu'il a promis !* » dit ce héros, le Devoir même en personne, et là-dessus il partit aussitôt pour les forêts. C'est par le désir de faire une chose agréable à Kêkéyî et au roi son père qu'il abandonna son royaume et ses voluptés pour s'exiler dans la forêt Dandaka.

« Comment veux-tu lui ravir sa princesse du Vidéha, quand elle est défendue par son courage et sa vigueur?

Insensé, c'est comme si tu voulais ravir sa lumière au soleil ! Quiconque aurait enlevé à Râma cette épouse d'un sang égal au sien, cette *noble* bru du *roi* Daçaratha, ne pourrait sauver sa vie, eût-il trouvé même un asile chez les treize immortels !

« Si tu veux conserver ton royaume, ton bonheur, tes voluptés, ta vie, garde-toi bien jamais d'attaquer l'auguste Râma. En effet, la vigueur fut donnée sans mesure à ce héros, de qui la fille du roi Djanaka est l'épouse dévouée sans relâche à ses devoirs et plus chère à lui-même que sa vie. Il ne t'est pas moins impossible d'enlever Sitâ à la taille charmante de son asile entre les bras vigoureux de son époux, que de prendre même la flamme du feu allumé !

« Retourne à la ville, dépouille ta colère, sache te placer dans un juste milieu, délibère avec tes conseillers suivant que les affaires sont graves ou légères. Entoure-toi de tous les ministres, consulte dans toutes les affaires Vibhîshana, le prince des Rakshasas : il te dira toujours ce qu'il y a de plus salutaire. Consulte aussi Tridjatâ, *la femme anachorète*, exempte de tout défaut, parvenue à la perfection et riche d'une grande pénitence : tu recevras d'elle, roi des rois, le plus sage conseil. Quant aux affections irritantes, que dut naturellement verser dans ton cœur ce qui est arrivé, soit à Doûshana, soit à Khara, soit au Rakshasa Triçiras, soit à Çoûrpanakâ, comme à tous les autres démons, il faut en jeter, excuse-moi, grand roi des Rakshasas, il faut en jeter le fiel hors de ton cœur. »

Le monstre aux dix visages repoussa, dans son orgueil, les bonnes paroles que lui adressait Mâritcha, comme le malade qui veut mourir se refuse au médicament :

« Comment donc viens-tu me jeter ici, Mârîtcha, ces discours sans utilité et qui ne peuvent absolument fructifier, comme le grain semé dans une terre saline ? Il est impossible que tes paroles m'inspirent la crainte de livrer une bataille à ce fils de Raghou, enchaîné à des observances religieuses, esprit stupide, et qui d'ailleurs n'est qu'un homme; à ce Râma, qui, désertant ses amis, son royaume, sa mère et son père lui-même, s'est jeté d'un seul bond au milieu des bois sur l'ordre vil d'une femme. Il faut nécessairement que j'enlève sous tes yeux à cet homme, qui a tué Khara dans la guerre, cette *belle* Sità, aussi chère à lui-même que sa vie ! C'est une résolution bien arrêtée ! elle est écrite dans mon cœur : les Asouras et tous les Dieux, Indra même à leur tête ne pourraient l'y effacer !

« *Si tu ne fais pas la chose de bon gré*, je te forcerai même à la faire malgré toi : quiconque, sache-le, se met en opposition avec les rois ne grandit jamais en bonheur ! Mais si, *grâces à toi*, mon dessein réussit, Mârîtcha, je donne en récompense à ta grandeur et d'une âme satisfaite la moitié de mon royaume. Tu agiras de telle sorte, ami, que j'obtiendrai la belle Vidéhaine : le plan de cette affaire est arrêté de manière que nous devons manœuvrer *de concert, mais* séparés. Si tu jettes un regard sur ma famille, mon courage et ma royale puissance, comment pourras-tu voir un danger redoutable dans ce Râma, de qui l'*univers* a déserté la fortune ?

« Ni Râma, ni quelque âme que ce puisse être chez les hommes, n'est capable de me suivre où je m'enfuirai dans les routes de l'air, aussitôt que je tiendrai la Mithilienne dans mes bras. Toi, revêtu des formes que va te prêter la magie, éloigne ces deux héros de l'ermitage, qu'ils habitent; égare-les au milieu de la forêt, et tu fuiras ensuite d'un pied rapide. Une fois passé au rivage ultérieur de la mer immense et sans limite, que pourront te faire tous les efforts du Kakoutsthide réunis à ceux de Lakshmana.

« Quand tu as vu Indra avec son armée, Yama et le Dieu qui préside aux richesses, céder la victoire à mon bras, comment Râma peut-il encore t'inspirer de l'inquiétude ?

« De sa part, ta vie est incertaine, si tu parais devant lui; mais, de la mienne, ta mort est sûre, si tu empêches mon dessein : ainsi pèse comme il faut ces deux lots dans ta pensée, et fais ensuite ce qui est convenable ou ce qui te plaît davantage. »

Traité par le monarque des Rakshasas avec un tel mépris, Mârîtcha, le Démon noctivague lui répondit à l'encontre ces paroles amères : « Quel artisan de méchancetés, Génie des nuits, t'a donc enseigné cette voie de perdition, où tu vas entraîner dans ta ruine, et la ville, et ton royaume, et tes ministres? Qui voit avec peine, qui voit avec chagrin ta félicité? Par qui cette porte ouverte de la mort te fut-elle indiquée? Ce sont de noctivagues Démons sans courage, tes ennemis, bien certainement, et qui désirent te voir périr dans l'étreinte d'un rival plus fort que toi!

« Quoi ! on ne livre pas tes conseillers à la mort qu'ils méritent, eux, à qui les Çâstras commandent, Râvana, de t'arrêter sur le penchant du précipice, où te voilà monté *pour y tomber*.

« Tu mets plus de légèreté que la corneille à chercher une guerre avec Râma : quelle gloire sera-ce donc pour toi d'y périr avec ton armée ?

« Tu n'aimes pas, Démon aux dix visages, parce qu'il met un obstacle devant ton projet, tu n'aimes pas ce langage, que m'inspire l'amour de ton bien; car les hommes, que la mort a déjà rendus semblables aux âmes des trépassés, ne sont plus capables de recevoir les présents qui viennent de leurs amis.

« Tue-moi! ce sera un mal pour moi seul, mais un bien pour toi, si ma mort peut rompre entièrement ce funeste dessein. Quand tu m'auras tué d'un coup malheureux, va-t'en vers tes Rakshasas et retourne dans ton palais, sans que tu aies aventuré ton pied dans une faute à l'égard de Râma. Je t'ai déjà parlé plus d'une fois, mais, *trop* ami des combats, tu ne reçois pas encore mes paroles : que dois-je faire?... Hélas! je ferai, âme insensée que je suis, je ferai ce que tu veux!

« Pour sûr, la mort est déjà près de toi, monarque des Rakshasas!... Mais un roi n'a des yeux que pour voir seulement la chose qu'il désire; possible ou non! »

Quand le Démon Râvana entendit Mârîtcha dire : « Je ferai *ce que tu veux*, » il se mit à rire et lui tint joyeux ce langage : « Eût-il une force égale à celle d'Indra même, que pourra-t-il faire ce Kakoutsthide, qui a perdu son royaume, qui a perdu ses richesses, que ses amis ont abandonné et qui est relégué dans une forêt?

« Comment ta grandeur peut-elle craindre au moment où je lui signifie mes ordres, moi qui ai vaincu et réduit les trois mondes sous ma puissance?

« Tu es habile dans l'art des prestiges, tu es plein de force et d'intelligence, ta *forme empruntée de gazelle* est taillée pour la course : quand tu auras fasciné la Vidéhaine, sois prompt à disparaître. Mes ordres accomplis et les deux Raghouides égarés dans les bois, reviens aussitôt vers moi, s'il te plaît, nous irons de compagnie à la ville. Satisfaits d'avoir conquis Sîtâ lestement et trompé ses deux compagnons, nous marcherons alors en pleine sécurité et l'âme enivrée de notre succès. »

Mâritcha, tombé dans le plus grand des périls et persuadé qu'il y trouverait sa mort, consterné, tremblant, pâle d'effroi et l'âme troublée par la crainte, Mârîtcha, voyant Râvana déterminé : « Marchons ! » dit-il au roi des noctivâgues Démons, après qu'il eut soupiré mainte fois. Cette parole comble de joie le monarque des Rakshasas, qui l'embrasse étroitement et lui tient ce langage : « On reconnaît ta grande âme dans ce mot, que tu dis là comme de toi-même : te voilà donc revenu, Mârîtcha, à ta propre nature. Monte promptement avec moi dans ce char aux ornements d'or et doué lui-même d'un mouvement spontané. » Ils arrivèrent à la forêt Dandaka, et le roi des Rakshasas bientôt aperçut avec Mâritcha l'ermitage du *pieux* Raghouide. Ils descendent alors du char magnifique, et Râvana tient ce langage à Mâritcha, en prenant sa main : « Voici l'ermitage de Râma, qui se montre au loin, environné de bananiers : exécutons sans tarder, mon ami, l'affaire qui nous amène ici. » Celui-ci, à ces mots de Râvana, déploie toute sa promptitude, rejette au même instant ses formes de Rakshasa et devient, objet ravissant pour toutes les créatures, une gazelle d'or variée de cent mouchetures d'argent, parée de lotus, brillants comme le soleil, de lapis-lazuli et d'émeraudes. Quatre cornes faites d'or, autour desquelles s'enroulaient des perles, armaient son joli front. Le Démon, changé en gazelle, alla et vint devant la porte de Râma.

Ce malheureux, arrivé au terme de sa vie, roulait au même temps ces pensées en lui-même :

« Un être, qui veut le bonheur de son maître ou qui désire le ciel, doit exécuter sans balancer ce qu'on lui commande, possible ou non : il n'est ici nul doute. Placé entre la force épouvantable de Râma et l'ordre terrible de mon seigneur, mon devoir est ici de préférer l'obéissance à ma vie même. »

Mârîtcha, qui avait conçu une idée si généreuse et fait *sans réserve* le sacrifice de lui-même, arriva, charmant les âmes, mais la pensée de la mort occupant son esprit, dans le voisinage de Râma et de Sîtâ.

A la vue de cette gazelle, *errante* au milieu du bois, resplendissante du vif éclat de l'or, parée *de fleurs*, aux flancs variés d'or et d'argent, au front décoré de jolies cornes d'or, aux membres ornés par toutes les sortes de gemmes, toute brillante de lumière et charmante à voir, avec des oreilles où se mariaient les couleurs des perles et du lapis-lazuli, avec un poil, une peau, un corps d'une exquise finesse, la noble Sîtâ fut saisie d'admiration. La fille du roi Djanaka, Sîtâ au corps séduisant, tout émerveillée de cette gazelle aux poils d'or, aux cornes embellies de perles et de corail, avec une langue rouge comme le soleil, avec une splendeur pareille à la route étincelante des constellations, adressa à son époux ces paroles, avant lesquelles sa bouche mit pour exorde un sourire :

« Vois, Kakoutsthide, cette gazelle toute faite d'or, aux membres admirablement ornés de pierreries, être merveilleux, que son caprice amène ici de lui-même ! Certes ! fils de Kakoutstha, ce n'est pas à tort que tout le monde aime la forêt Dandaka, si l'on y trouve de ces gazelles d'or !

« De cette gazelle, mon noble époux, que j'aimerais

à m'asseoir doucement sur la peau étalée dans ma couche et brillante comme l'or! J'exprime là un atroce désir, malséant à la nature des femmes; mais cet animal ravit mon âme jusqu'à l'envie de posséder son corps *si charmant.* »

A ces mots de son épouse bien-aimée, Râma, ce *noble* taureau *du troupeau* des hommes, dit alors, tout rempli de joie, au fils de Soumitrâ : « Vois, Lakshmana, le désir que cette gazelle fit naître à ma Vidéhaine : la beauté supérieure de son pelage est cause, vraiment! que bientôt cette bête aura cessé d'être. Fils du monarque des hommes, il te faut rester sans négligence auprès de cette fille des rois jusqu'à ce que j'aie abattu cette gazelle avec une de mes flèches. Après que je l'aurai tuée et que j'aurai enlevé sa peau, je reviendrai, Lakshmana, d'un pied hâté; mais, toi, ne bouge pas, que je ne sois de retour ici!

Voyant cette gazelle d'une splendeur égale à celle de l'Antilope céleste (1), Lakshmana, plein de soupçon, ayant roulé plus d'une fois cette pensée en lui-même, tint ce langage à son frère : « Héros, voilà cette forme prestigieuse dont se revêt souvent un Démon appelé Mâritcha, comme jadis il nous fut raconté par de saints anachorètes, semblables au feu. Beaucoup de rois, armés d'arcs et montés sur des chars qui s'en allaient joyeux à la chasse furent tués dans le bois par ce Rakshasa, métamorphosé en gazelle.

« Il n'y a point de gazelle d'or! D'où vient donc ici dans le monde cette association *contre nature* de l'or et

(1) La tête d'Orion, appelée MRIGAÇIRAS, *tête de gazelle*, qui est la forme de cette constellation dans la sphère indienne.

de la gazelle ? Réfléchis bien à cela. Cet animal aux cornes de perle et de corail, lui, dont les yeux sont des pierres précieuses, n'est pas une vraie gazelle : c'est, à mon sentiment, une gazelle créée par la magie : c'est un Rakshasa, caché sous une forme de gazelle. »

A ces paroles du Kakoutsthide, Sîtâ, pleine de joie et l'âme fascinée par cette métamorphose enchanteresse, interrompit Lakshmana et dit avec son candide sourire : « Mon noble époux, elle me ravit le cœur ! amène ici, guerrier aux longs bras, cette gazelle charmante ; elle servira ici pour notre amusement. Ici, dans notre lieu d'ermitage, circulent mêlés ensemble de nombreuses gazelles, jolies à voir, des vaches grognantes et des singes cynocéphales. Mais je n'ai jamais vu, Râma, une bête, qui fût semblable à cet animal, ni rien qui fût, pour la douceur, la vivacité et la splendeur, comparable à celui-ci, le plus admirable des quadrupèdes.

« Si elle se laisse prendre vivante par tes mains, cette jolie bête, elle fera naître ici l'admiration de ta grandeur à chaque instant, comme un être merveilleux. Et, quand, un jour, le temps de notre exil dans les bois révolu, nous aurons été rétablis sur le trône, elle servira encore, cette gazelle, d'ornement au sein même du gynœcée. Mais, s'il arrive que ce quadrupède, le plus merveilleux des animaux à quatre pieds, ne se laisse pas saisir tout vivant, sa peau du moins nous prêtera un brillant *tapis*. J'ai bien envie de m'asseoir dans mon humble siége d'herbes sur la peau, telle que l'or, de cet animal, abattu *sous ta flèche*. »

Elle dit ; et le beau Râma, à l'ouïe de ces paroles et à la vue de cette gazelle merveilleuse, adresse, fasciné lui-même, ces mots à Lakshmana : « Si la gazelle que je vois maintenant, fils de Soumitrâ, est une création de la magie, j'emploierai tous les moyens pour la tuer, car elle est fortement l'objet de mes désirs. Ni dans les bosquets charmants du Nandana, ni dans les bocages du Tchaîtraratha, il est impossible de voir une gazelle qui ait une beauté égale à la beauté de cette gazelle : combien moins, fils de Soumitrâ, n'en pourrait-on voir sur la terre !

« Cette gazelle ressemble à de l'or épuré : on dirait que ses pieds sont de corail : des étoiles d'argent sont peintes *sur l'or de son pelage* et deux lunes demi-pleines s'argentent sur ses flancs. En effet, de qui ne séduirait-elle point l'âme par sa beauté nonpareille, cette gazelle au corps infiniment gracieux, au visage de nacre et de perle ?

« Mais, si la gazelle que voici est la même qui a tué, comme tu me dis, Lakshmana, des chasseurs venus l'arc en main dans ces bois ; si elle est ce magicien qui rôde sous une forme de gazelle dans les forêts et qui a massacré des fils de roi et des rois vigoureux, c'est encore à mon bras que sa mort est due, pour venger la mort donnée par elle à tant de princes qui vinrent exercer dans la chasse leur arc sans pareil !

« Je tuerai, moi ! cette reine des gazelles, on n'en peut douter ; mais toi, héros, veille ici d'un œil sans négligence sur la princesse de Mithila. Il ne faut pas que tu bouges d'ici jusqu'à mon retour en ces lieux ; car les Démons s'ingénient dans le bois à se travestir en mille formes ! »

Aussitôt que le rejeton et l'amour de Raghou eut fait ces recommandations à Lakshmana, il courut du côté où se trouvait la gazelle, bien résolu à lui donner la mort.

Son arc orné et courbé en croissant à sa main, deux grands carquois liés *sur les épaules*, une épée à poignée d'or à son flanc et sa cuirasse attachée sur la poitrine, il poursuivit la gazelle dans la forêt. Mârîtcha courait dans le bois avec la rapidité du vent ou même de la pensée, mais Râma suivait sa course d'assez près. Le Démon, agité par la peur de Râma, disparaissait tout à coup dans la forêt Dandaka; l'instant d'après, il se montrait de nouveau; et le Raghouide plein de vitesse allait toujours, se disant : « La voici! elle s'approche ! »

Un moment, on voit la gazelle; un moment, on ne la voit plus : elle passe d'un pied que hâte la peur du trait, alléchant par ce manége le plus grand des Raghouides. Tantôt elle est visible, tantôt elle est perdue; tantôt elle court épouvantée tantôt, elle s'arrête; tantôt elle se dérobe aux yeux, tantôt elle sort de sa cachette avec rapidité. Mârîtcha, plongé dans une profonde terreur, allait donc ainsi par toute la forêt.

Dans un moment où Râma vit cette gazelle, création de la magie, marcher et courir devant lui, il banda son arc avec colère; mais à peine eût-elle vu le Raghouide s'élancer vers elle, son arc à la main, qu'elle disparut soudain et s'éclipsa plusieurs fois pour se laisser voir autant de fois sous les yeux du chasseur. Tantôt elle se montrait dans son voisinage, tantôt elle apparaissait, éloignée par une longue distance.

Par ce jeu de se découvrir et de se cacher, elle entraîna le Raghouide assez loin. Voyant courir ou cessant de voir dans la grande forêt cette gazelle, visible un moment, l'autre moment invisible dans toutes les régions du bois, comme le disque de la lune, qui paraît et disparaît sous les nuages déchirés dans un ciel d'automne, le Kakoutsthide, son arc à la main et se disant à lui-même : « Elle vient!... Je la vois!... Elle disparait encore! » parcourut çà et là toutes les parties du bois immense.

Enfin le Daçarathide, qu'elle trompait à chaque instant, arrivé sous la voûte ombreuse d'un lieu tapissé d'herbes nouvelles, s'arrêta dans cet endroit même. Là, de nouveau, se montra non loin sa gazelle, environnée d'autres gazelles, immobiles, debout près d'elle et qui la regardaient avec les yeux tout grands ouverts de la peur. A sa vue, bien résolu de la tuer, ce héros à l'immense vigueur, ayant bandé son arc solide, encoche la meilleure de ces flèches.

Soudain, visant la gazelle, Râma tire sa corde jusqu'au bord de son oreille, ouvre le poing et lâche ce trait acéré, brûlant, enflammé, que Brahma lui-même avait travaillé de ses mains; et le dard habitué à donner la mort aux ennemis fendit le cœur de Mârîtcha. Frappé dans ses articulations par ce trait incomparable, l'animal bondit à la hauteur d'une paume et tomba mourant sous la flèche. Mais, le prestige une fois brisé par la sagette, il parut ce qu'il était, un Rakshasa aux dents longues et saillantes, orné de toutes parures avec une guirlande de fleurs, un collier d'or et des bracelets admirables. Abattu par ce dard sur la terre, Mârîtcha de pousser un cri épouvantable; et la pensée de servir encore une fois son maître ne l'abandonna point en mourant. Il prit alors, cet artisan de fourberies, une voix tout à fait semblable à celle de Râma : « Hâ! Lakshmana! » exclama-t-il;... « Sauve-moi! » cria-t-il encore dans la grande forêt.

A cet instant même arrivé de sa mort, voici quelle fut sa pensée : « Si, à l'ouïe de cette voix, Sîtâ, remplie d'angoisse par l'amour de son mari, pouvait d'une âme éperdue envoyer ici Lakshmana !... Il serait facile à Râvana d'enlever cette princesse, abandonnée par Lakshmana ! »

Mâritcha, quittant sa forme *empruntée* de gazelle et reprenant sa forme *naturelle* de Rakshasa, ne montra plus, en sortant de la vie, qu'un corps gigantesque étendu sur la terre. A la vue de ce monstre, d'un aspect épouvantable, la pensée du Raghouide se tourna vers Sîtâ, et ses cheveux se hérissèrent d'effroi. Dès qu'il vit ces horribles formes de Rakshasa mises à découvert par la mort de ce cruel Démon, Râma se hâta de revenir aussitôt, l'âme troublée, par le même chemin qu'il était venu.

A peine eut-elle ouï ce cri de détresse, qui ressemblait à la voix de son époux, que Sîtâ dit à Lakshmana : « Va et sache ce que devient le noble fils de Raghou ; car et mon cœur et ma vie me semblent prêts à me quitter, depuis que j'ai entendu ce long cri de Râma, qui appelle au secours dans le plus grand des périls. Cours vite défendre ton frère, qui a besoin de secours et qui est tombé sous la puissance des Rakshasas, comme un taureau sous la griffe des lions ! »

A ces paroles, où la nature de la femme avait mêlé son exagération, Lakshmana répondit ces mots à Sîtâ, les paupières toutes grandes ouvertes par la peur : « Il est impossible à mes yeux que mon frère soit vaincu par les trois mondes, les Asouras et tous les Dieux, Indra même à leur tête... Le Rakshasa ne peut faire de mal à mon frère dans le plus petit même de ses doigts : pourquoi donc, reine, ce trouble qui t'émeut ? »

Quoi qu'elle eût dit, Lakshmana ne sortit point, obéissant à l'ordre qu'il avait reçu là de son frère. Alors la fille du roi Djanaka, Sitâ de lui adresser avec colère ces paroles : « Tu n'as d'un ami que l'apparence, Lakshmana ; tu n'es pas vraiment l'ami de Râma, toi, qui ne cours pas tendre une main à ton frère tombé dans une telle situation ! Tu veux donc, Lakshmana, que Râma périsse à cause de moi, puisque tu fermes ton oreille aux paroles sorties de ma bouche ! Il est impossible que je vive un seul instant même, si mon époux m'est enlevé : fais donc, héros, ce que je dis, et défends ton frère sans tarder. Dans ce moment où sa vie est en péril, que feras-tu ici pour moi, qui n'ai pas même une heure à vivre, si tu ne cours aider l'*infortuné* Raghouide ? »

A la Vidéhaine, qui parlait ainsi, noyée de larmes et de chagrin, Lakshmana de répondre en ces termes : « Reine et femme charmante, dit-il à Sîtâ, pantelante comme une gazelle, ni parmi les hommes et les Dieux, les oiseaux et les serpents, ni parmi les Gandharvas ou les Kinnaras, les Rakshasas ou les Piçâtchas, ni même parmi les terribles Dânavas, on ne trouve personne en puissance de se mesurer avec Râma, comme un des enfants de Manou ne peut lutter avec le grand Indra. Il est impossible que Râma périsse dans un combat : il ne sied pas que tu parles de cette manière : quant à moi, je ne puis te laisser dans ce lieu solitaire sans Râma. On t'a mise entre mes mains, Vidéhaine, comme un précieux dépôt ; tu me fus confiée par le magnanime Râma, dévoué à la vérité : je ne puis t'abandonner ici. Ces cris entrecoupés, que tu as entendus, ne viennent point de sa voix... Râma, dans une position malheureuse, ne laissera jamais échapper un mot qu'on puisse reprocher à son *courage !* »

A ces mots, les yeux enflammés de colère, la Vidéhaine répondit en ces termes amers au discours si convenable de Lakshmana :

« Ah ! vil, cruel, honte de ta race, homme aux projets déplorables, tu espères sans doute que tu m'auras pour amante, puisque tu parles ainsi ! Mais il n'est pas étonnant, Lakshmana, que le crime soit chez des hommes tes pareils, qui sont toujours des rivaux *secrets* et des ennemis cachés ! »

. Après qu'elle eut de cette manière invectivé Lakshmana, cette femme semblable à une fille des Dieux, Sîtâ, versant des larmes, se mit à battre des mains sa poitrine. A ces mots amers et terribles, que Sitâ lui avait jetés, Lakshmana, joignant ses deux paumes en coupe et les sens émus, lui répliqua en ces termes : « Je ne puis t'opposer une réponse ; ta grandeur est une divinité pour moi : d'ailleurs, Mithilienne, ce n'est pas une chose extraordinaire que de trouver une parole injuste dans la bouche des femmes.

« Honte à toi ! péris donc, *si tu veux*, toi, à qui ta mauvaise nature de femme inspire de tels soupçons à mon égard, quand je me tiens dans l'ordre même de mon auguste frère ! »

Mais à peine Lakshmana eut-il jeté ce discours mordant à Sîtâ, qu'il en ressentit une vive douleur, il reprit donc la parole et lui dit ces mots, que précédait un geste caressant : « Eh bien ! je m'en vais où est le Kakoutsthide : que le bonheur se tienne auprès de toi, femme au charmant visage ! Puissent toutes les Divinités de ces bois te protéger, dame aux grands yeux ! Car les présages qui se manifestent à mes regards n'inspirent que de l'effroi. Puissé-je à mon retour ici te voir avec Râma ! »

A ce langage de Lakshmana, la fille du roi Djanaka,

toute baignée de larmes, lui répondit en ces termes: « Si je me vois privée de mon Râma, je me noierai dans la Godâvarî, Lakshmana, ou je me pendrai, ou j'abandonnerai mon corps dans un précipice! Ou j'entrerai dans un bûcher allumé de flammes ardentes! Mais je ne toucherai jamais de mon pied même un autre homme que Râma! » Quand Sîtâ eut dit ces mots à Lakshmana, elle se répandit en pleurs et se remit, bourrelée de chagrin, à battre des mains sa poitrine.

Alors, voyant ses larmes et la douleur étalée dans toutes les formes de sa personne, le fils de Soumitrâ essaya de consoler cette dame aux grands yeux, mais Sîtâ ne répondit pas même un seul mot à ce frère de son époux.

Le juste Lakshmana, l'esprit agité d'une grande peur, était parti après un dernier regard jeté sur la Mithilienne et marchait, pour ainsi dire, malgré lui. L'auguste Démon aux dix visages saisit aussitôt l'occasion favorable et se présenta devant la belle Vidéhaine sous la forme empruntée d'un anachorète mendiant. Il s'avança vers cette jeune et tendre femme, abandonnée par les deux frères, comme le voile d'une nuit obscure envahit la dernière lueur du jour en l'absence du soleil et de la lune. Alors, voyant cette beauté incomparable délaissée dans ce lieu solitaire, le monstre aux dix têtes, monarque de tous les Rakshasas, se mit à rouler cette pensée dans son esprit en démence :

« Voilà bien le moment pour moi d'aborder cette femme au charmant visage, pendant que son époux et Lakshmana même ne sont pas auprès d'elle! »

Quand Râvana eut songé à profiter aussitôt de l'occasion qui s'offrait à lui, ce démon à dix faces se présenta devant la chaste Vidéhaine sous la métamorphose d'un brahmane mendiant. Il était couvert d'une panne jaune et déliée ; il portait ses cheveux rattachés en aigrette, une ombrelle et des sandales, un paquet lié sur l'épaule gauche, une aiguière d'argile à sa main avec un triple bâton.

A l'aspect de ce monstre épouvantable par ses œuvres et par sa vigueur, les oiseaux et tous les êtres animés, les arbres, qui végétaient dans le Djanasthâna et même les diverses plantes nées pour grimper et saisir un appui, tout resta immobile et le vent retint même son haleine. Aussitôt qu'elle vit s'arrêter le roi des Rakshasas, venu d'une course impétueuse, la rivière Godâvarî d'enchaîner soudain son onde *glacée d'épouvante.* On vit courir *ou s'envoler* çà et là, effarouchés par ce Démon, tous les volatiles et, tous les quadrupèdes, qui se trouvaient dans la Pantchavatî et la forêt de pénitence ou dans le voisinage du Djanasthâna.

Le monstre, guettant l'occasion que lui donnait cette absence de Râma, s'avança, caché dans sa métamorphose en religieux mendiant, vers Sitâ, qui pleurait son époux : il aborda sous des formes qui ne lui convenaient aucunement cette âme pure incarnée dans une forme assortie.

Il s'arrêta, fixant les yeux sur l'épouse de Râma aux lèvres *de corail*, aux dents brillantes, au visage rayonnant comme une pleine-lune ; mais alors, délaissée par son époux et Lakshmana, noyée dans le chagrin et les pleurs, assise dans sa maison de feuillage et plongée dans la tristesse de ses pensées, elle ressemblait à la nuit privée de son astre et couverte d'une profonde obscurité.

A chaque membre qu'il voyait de la belle Vidéhaine,

il ne pouvait en détacher son regard, absorbé dans la contemplation d'un charme fascinant le cœur et les yeux. Percé d'une flèche de l'amour, le Démon nocturne à l'âme corrompue s'avança en récitant les prières du Véda vers la Mithilienne au torse vêtu de soie jaune, aux grands yeux de nymphéas épanouis. Râvana s'étendit dans un long discours à cette femme, le corps tout resplendissant comme une statue d'or ; elle, au-dessus de qui nulle beauté n'existait dans les trois mondes et qu'on aurait pu dire Çrî même sans lotus à la main. Le monarque des Rakshasas adressa donc ses flatteries à la princesse aux membres tout rayonnants :

« Femme au charmant sourire, aux yeux charmants, au charmant visage, cherchant à plaire et timide, tu brilles ici d'un vif éclat, comme un bocage en fleurs ! Qui es-tu, ô toi, que ta robe de soie jaune fait ressembler au calice d'une fleur dorée, et que cette guirlande portée de lotus rouges et de nymphéas bleus rend si charmante à voir? Es-tu la Pudeur,... la Gloire,... la Félicité,... la Splendeur ou Lakshmî? Qui d'elles es-tu, femme au gracieux visage? Es-tu l'Existence elle-même,... ou la Volupté aux libres allures? Que tu as les dents blanches, polies, égales, bien enchâssées, femme à la taille ravissante ! Tes gracieux sourcils sont bien disposés, ma belle, pour l'ornement des yeux. Tes joues, dignes de ta bouche, sont fermes, bien potelées, assorties au reste du visage : elles ont un brillant coloris, une exquise fraîcheur, une coupe élégante, et rien n'est plus joli à voir, femme *chérie* à la figure enchanteresse. Tes oreilles charmantes, revêtues d'un or épuré, mais ornées davantage par leur beauté naturelle, ont une courbe dessinée suivant les *plus justes* proportions. Tes mains bien faites sont azurées comme les pétales du lotus : ta taille est en harmonie avec tes autres charmes, femme à l'enivrant sourire. Tes pieds, qui, réunis maintenant, se font ornement l'un à l'autre, sont d'une beauté céleste : les plantes ont une délicatesse enfantine, et les doigts une fraîcheur adolescente. D'une splendeur égale aux riches couleurs du lotus, ils *ne* sont *ni moins* beaux *ni moins* gracieux dans leur marche : des étoiles de jais entre les angles rouges de tes grands yeux nagent dans leur émail pur. Beauté de chevelure, taille qu'on pourrait cacher dans ses deux mains ! *Non !* Je n'ai jamais vu sur la face de la terre une femme, une Kinnarî, une Yakshî, une Gandharvî, ni même une Déesse qui fût égale à toi pour la beauté !

« Ce lieu est le repaire des Rakshasas féroces, qui rôdent çà et là suivant leurs caprices. Les jardins aimables des cités aux palais magnifiques, les belles ondes tapissées de lotus, les divins bocages mêmes, comme le Nandana et les autres bosquets célestes, méritent seuls d'être habités par toi. La plus noble des guirlandes, le plus noble des vêtements, la plus noble des perles et le plus noble des époux sont, à mon avis, les seuls dignes de toi, femme charmante aux yeux noirs. Dame illustre, née pour jouir de tous les plaisirs de la vie, il ne sied pas que tu habites, privée de tous plaisirs et même dans la souffrance au milieu d'un bois désert, où tu n'as pour lit que la terre, où tu n'as pour aliments que des racines et des fruits sauvages.

« Qui es-tu, femme au candide sourire ? Une fille des Roudras ou des Maroutes : Es-tu née d'un Vasou ? car tu me sembles une Divinité, ô toi à la taille enchanteresse ! Qui es-tu, jeune beauté, entre ces Déesses ? N'es-tu pas une Gandharvî, éminente dame ? N'es-tu point une Apsarâ, femme à la taille svelte? Mais ici ne viennent jamais ni les Dieux, ni les Gandharvas, ni les hommes ; ce lieu est la demeure des Rakshasas : comment donc es-tu venue ici ! »

Tandis que le méchant Râvana lui parlait ainsi, la fille du roi Djanaka, sans confiance, s'éloignait de lui çà et là, pleine de peur et de soupçons. Enfin cette femme à la taille charmante, aux formes distinguées, revint à la confiance, et, se disant à soi-même : « C'est un brahme ! » elle répondit au Démon Râvana, caché sous l'extérieur d'un religieux mendiant, l'honora et lui offrit tout ce qui sert à l'accueil d'un hôte. D'abord, elle apporta de l'eau ; elle invita ensuite le *faux brahmane* à manger des aliments que l'on trouve dans les bois, et dit au scélérat caché sous une enveloppe amie : « La collation est prête ! » Quand il se vit alors invité par Sîtâ avec un langage *franc et* sans réticences, le Démon, ferme dans sa résolution d'enlever par la violence cette fille des rois, se crut déjà parvenu au comble de ses vœux.

Ensuite la noble Vidéhaine, songeant aux questions emmiellées que Râvana lui avait adressées, y répondit en ces termes : « Je suis la fille du magnanime Djanaka, roi de Mithila : le nom de ta servante est Sîtâ ; son mari est le sage Râma. J'ai habité une année entière le palais de mon époux, jouissant avec lui des voluptés humaines dans l'abondance de toutes les choses désirables. Ce temps écoulé, le monarque, après en avoir délibéré avec ses ministres, jugea convenable de sacrer mon époux comme associé à sa couronne. Tandis qu'on préparait le sacre pour l'aîné des Raghouides, une reine ambitieuse au cœur vil, nommée Kêkéyî, surprit le roi, mon beau-père, et, tout d'abord, lui demanda l'exil de mon époux comme une grâce destinée à payer des services que jadis elle avait rendus au vieux monarque.

« Je ne dormirai, je ne boirai, je ne mangerai pas, *disait-elle, que je ne l'aie obtenue* : si Râma est sacré, ce sera la fin de ma vie ! Donne sa vérité à la grâce que tu m'as jadis accordée, seigneur, dans la guerre des Asouras contre les Dieux. Que cette même cérémonie soit destinée à sacrer *mon fils* Bharata ; que Râma s'en aille aujourd'hui même dans l'horrible forêt, et qu'il y reste quatorze années ermite, vêtu avec une peau d'antilope noire et un habit d'écorce ! Que le fils deKâauçalyâ parte donc à l'instant pour les bois, et que l'on sacre Bharata !

« A ces mots de Kêkéyî, le monarque au grand char, mon beau-père, la conjura avec des paroles conformes au devoir ; mais elle ne voulut pas écouter ses prières. Mon époux est un homme plein d'héroïsme, pur, vertueux, sincère dans son langage, et qui, trouvant son bonheur dans celui de toutes les créatures, mérite ce nom de Râma, célèbre dans l'univers. Le monarque à la grande vigueur, Daçaratha, son père, ne voulut pas le sacrer de lui-même pour faire une chose agréable à Kêkéyî.

« Quand mon époux vint trouver son père à l'heure du sacre, Kêkéyî dit à Râma, inébranlable dans ses résolutions : « Ecoute, prince de Raghou, ce qui m'a été promis par ton père : « Je donne à Bharata, sans que personne y puisse rien prétendre, *m'a-t-il dit*, le trône de mes ancêtres. Il est donc nécessaire, fils de Kakoutstha, que tu ailles habiter la forêt neuf ans auxquels seront ajoutées cinq années : ainsi, pars et sauve du mensonge la parole de ton père. »

« Mon époux, ferme en ce qu'il a promis, obéit à sa voix et lui répondit : « *Je le ferai !* » en présence de son père. Ràma est toujours prêt à donner, jamais à recevoir ; il ne sortira point de sa bouche une parole qui ne soit la vérité : telle est, *saint* brahme, la sûreté de sa promesse, qu'il n'est rien au-dessus d'elle. Un frère de Râma, né d'une autre mère et nommé Lakshmana, homme éminent et plein de courage, se fit le compagnon de son exil. Aux remontrances pleines de sens que fit celui-ci contre l'engagement de son frère : « Mon âme se plaît dans la vérité ! » lui répondit ce Raghouide à la vive splendeur. Ce frère judicieux, à la grande vigueur et fidèle à son devoir, Lakshmana suivit avec moi, son arc à la main, Râma, qui s'en allait *dans le bois de son exil.*

« Ainsi, une *seule* parole de Kêkéyî nous a bannis tous les trois du royaume, et nous errons pleins de constance, ô le plus vertueux des brahmes, dans la forêt profonde. Nous habitons ces bois tout remplis de bêtes féroces : rassure-toi cependant ; il t'est possible d'habiter ici. Mon époux va bientôt revenir, m'apportant les plus beaux fruits de la forêt... Dis-moi donc, *en attendant*, dis-moi quel est ton nom, ta famille et ta race, suivant la vérité. Pourquoi vas-tu seul ainsi dans la forêt Dandaka ? Je ne doute pas, saint ermite, que Râma ne t'accueille avec honneur. Mon époux aime la conversation et se plaît dans la compagnie des ascètes. »

A ces mots de Sîtâ, la *charmante* épouse de Râma, le vigoureux Démon, blessé par une flèche de l'Amour, lui répondit en ces termes : « Ecoute qui je suis, de quel sang je suis né ; et, quand tu le sauras, n'oublie pas de me rendre l'honneur qui m'est dû. C'est pour venir ici te voir que j'ai emprunté cette heureuse métamorphose, moi, par qui furent mis en déroute et les hommes et les Immortels avec le roi même des Immortels Je suis celui qu'on appelle Râvana, le fléau de tous les mondes; celui sous les ordres de qui, femme ravissante, Khara gouverne ici le Dandaka. Je suis le frère et même l'ennemi de Kouvéra, dame aux brillantes couleurs; je suis un héros, le propre fils du magnanime Viçravas. Poulastya était le fils de Brahma, et moi, femme, je suis le petit-fils de Poulastya. J'ai reçu de l'Etre existant par lui-même un don *incomparable,* celui de prendre à mon gré toutes les formes et de marcher aussi vite que la pensée. Ma force est renommée dans le monde : on m'appelle aussi Daçagrîva (1); mais le nom de Râvana est *encore plus* célèbre, femme au candide sourire, et je le dois à la nature de mes œuvres (2).

« Sois donc la première de mes épouses, auguste Mithilienne, sois à la tête de toutes ces femmes, mes nombreuses épouses, au plus haut rang elles-mêmes de la beauté. Ma ville capitale est nommée Lankâ, la plus belle des iles de la mer; elle est située sur le front d'une montagne et l'Océan se répand à l'entour. Elle est ornée de hauts pitons faits d'or épuré, elle est ceinte de fossés profondément creusés, elle porte *comme* une aigrette de palais et de belles terrasses. Non moins célèbre dans les trois mondes qu'Amarâvatî, la cité d'Indra, c'est la capitale des Rakshasas, de qui le teint imite la couleur des sombres nuages.

« C'est une île céleste, ouvrage de Viçvakarma, et large de trente yodjanas. Là, tu pourras te promener avec moi, Sîtâ, dans ses riants bocages; et tu n'auras plus aucun désir, noble dame, de *revenir jamais* habiter ces bois. »

(1) C'est-à-dire *Decem habens colla.*
(2) *Râvana* veut dire *qui fait pleurer.*

A ces mots de Râvana, la charmante fille du roi Djanaka répondit avec colère au Démon, sans priser davantage ses discours : « Je serai fidèle à mon époux, semblable à Mahéndra, ce Râma, qu'il est aussi impossible d'ébranler qu'une grande montagne et d'agiter que le vaste Océan ! Je serai fidèle à Râma, cet héroïque fils de roi, à l'immense vigueur, à la gloire étendue, qui a vaincu en lui-même ses organes des sens et de qui le visage ressemble au disque plein de l'astre des nuits ! Ton désir, bien difficile à satisfaire, de t'unir à moi est celui du chacal, qui voudrait s'unir à la tigresse : il est aussi impossible que je sois touchée par toi, qu'il est impossible de toucher les rayons du soleil !

« O toi, qui veux enlever de force à Râma son épouse chérie, c'est comme si tu voulais arracher à la gueule d'un lion, ennemi des gazelles, la chair qu'il dévore plein de vigueur, impétueux, en fureur même !

« La différence qu'il y a dans les bois du chacal au lion ; la différence qu'il y a du faible ruisseau à l'Océan : c'est la différence qui existe de toi à mon noble époux !

« Tant qu'il sera debout, son arc et ses flèches dans sa main, ce vaillant Râma, de qui la puissance est égale à celle de la divinité aux mille yeux, tu ne pourras, si tu m'enlèves, oui ! tu ne pourras même digérer ta conquête, comme une mouche ne peut avaler la foudre ! »

C'est ainsi qu'à ce langage impur du noctivague Démon répondit cette femme à l'âme pure ; mais Sitâ, vivement émue, tremblait en lui jetant ces paroles, comme un bananier superbe qu'un éléphant a brisé.

Le monarque des Rakshasas, quittant la forme de mendiant, revint à sa forme naturelle avec son long cou et son corps de géant. A l'instant ce noctivague Démon, frère puîné de Kouvéra, dépouillant ses placides apparences de religieux mendiant, rentra dans la *hideuse* réalité de son extérieur, semblable à celui de la Mort. Il avait un grand corps, de grands bras, une large poitrine, les dents du lion, les épaules du taureau, les yeux rouges, le corps bigarré et les cheveux enflammés.

Le rôdeur impur des nuits jeta ces mots à Sîtâ, parée de joyaux resplendissants, ornée des boucles noires de ses beaux cheveux, mais qui avait comme perdu le sentiment : « Femme, si tu ne veux pas de moi pour époux sous ma forme naturelle, j'emploierai la violence même pour te soumettre à ma volonté! Puisque la vigueur de Râma, qui t'a mise en oubli, te fait ainsi te glorifier devant moi, c'est que tu n'as jamais entendu parler, je pense, de ma force sans égale! Me tenant au sein des airs, je pourrais enlever la terre à la force de mes bras; je pourrais même tarir l'Océan *comme une coupe* : je pourrais tuer la Mort, si elle combattait avec moi! Je pourrais offusquer le soleil de mes flèches aiguës; je pourrais fendre même la surface de la terre! Vois donc, insensée, que je suis *ton* maître, que je prends à mon gré toutes les formes, et donne à qui je veux les biens que l'on désire! »

Quand il eut ainsi parlé, Râvana, cette âme corrompue, égaré par l'amour, osa prendre Sîtâ, comme Bouddha (1) saisit dans les cieux la brillante Rohini (2).

Elle, baignée de larmes et pleine de colère : « Méchant, dit alors Sîtâ, tu mourras immolé par la vigueur du magnanime Râma! Insensé, tu exhaleras bientôt avec

(1—2) La planète de Mercure et le 4e astérisme lunaire.

les tiens, ô le plus vil des Rakshasas, ton dernier soupir! »

A ces mots de la belle Vidéhaine, la fureur du cruel Démon enflamma d'un éclat fulgurant ses dix faces pareilles aux sombres nuages. Râvana irrité brûlait, pour ainsi dire, la tremblante Vidéhaine avec ses regards flamboyants comme le feu sous des sourcils contractés et bien épouvantables à voir. De sa main gauche, il prit la belle Sîtâ par les cheveux; de sa main droite, il empoigna les deux cuisses de la princesse aux yeux de lotus. Aussitôt qu'elle se vit dans les bras du vigoureux Démon, Sîtâ de jeter ces cris : « A moi, cher époux!... Pourquoi, héros, ne me défends-tu pas!... A moi Lakshmana! »

A l'aspect du monstre aux longues dents acérées, à l'immense vigueur et semblable au sommet d'une montagne, toutes les Divinités du bois, saisies de crainte, s'enfuirent tremblantes çà et là. Une fois que le robuste Démon, tourmenté par l'amour, eut enveloppé de ses bras cette femme, les amours de Râma, il s'élança dans les cieux avec elle malgré sa résistance, comme Garouda, d'un vol rapide, emporte dans les airs l'épouse du roi des serpents.

Au même instant apparut de nouveau le char de Râvana, ouvrage de la magie, vaste, céleste, au bruit éclatant, aux membres d'or, attelé de ses ânes *merveilleux*. Le ravisseur, menaçant la Vidéhaine avec une voix forte et des paroles brutales, la prit alors dans son sein et la plaça dans son char : c'était l'époque de l'année où la nuit et le jour se partagent le cercle diurne en deux parties égales, le quantième du mois où la lune remplit de lumière toute la moitié de son disque, et l'heure du jour où le soleil arrive à la moitié de sa carrière.

Le Démon ravit l'épouse d'autrui comme un çoûdra qui dérobe l'audition des Védas. Enlevée par ce monstre, la sage Mithilienne appelait, bourrelée de chagrin : « A moi, criait-elle, mon époux ! » mais son mari errait au loin dans les bois *et ne pouvait l'entendre.*

En ce moment, sur le plateau d'une montagne, dans la forêt aux retraites diverses, dormait, le dos tourné au soleil enflammé, le monarque des oiseaux, *Djatâyou*, à la grande splendeur, au grand courage, à la grande force. Le roi des oiseaux entendit cette plainte comme le son d'une voix apportée dans un rêve, et cette lamentation, entrée dans le canal de ses oreilles, vint frapper violemment son cœur, comme la chute du tonnerre. Réveillé en sursaut par sa *vieille* amitié pour le roi Daçaratha, il entendit le bruit d'un char qui roulait avec un son pareil au fracas des nuages.

Il jette ses regards dans les cieux, il observe l'un après l'autre tous les points cardinaux de l'espace étendu, il voit Râvana et la Djanakide poussant des cris. Voyant ce Rakshasa enlever la bru de feu son ami, le roi des oiseaux, pénétré d'une bouillante colère, s'élança dans les airs d'un rapide essor. Là, ce puissant volatile, tout flamboyant de colère, se tint alors devant le Rakshasa et se mit à planer sur la route de son char :

« Démon aux dix têtes, dit-il, je suis le roi des vautours; mon nom est Djatâyou à la grande vigueur; je me tiens ferme dans l'antique devoir et je marche avec la vérité. Toi, monarque à la force immense, tu es le plus élevé dans la race des Rakshasas et tu as maintes fois vaincu les dieux en bataille. Je ne suis plus qu'un oiseau vieux, affaibli dans sa vigueur; mais tu vas connaître dans un combat, petit-fils de Poulastya, ce qui me reste encore de vaillance, et tu n'en sortiras point vivant!

« Comment un roi fidèle à son devoir peut-il souiller une femme qui n'est pas la sienne! C'est aux rois surtout qu'il appartient de protéger les femmes d'autrui. Reviens de cette pensée, être vil, d'outrager la femme d'un autre, si tu ne veux que je te pousse à bas de ton char magnifique comme un fruit que l'on secoue de sa branche!

« Esprit mobile avec un naturel méchant, comment se fait-il qu'on t'ait donné l'empire, ô le plus vil des Rakshasas, comme on donnerait au pécheur un siége dans le paradis? Quand Râma, cette âme juste et sans péché ne t'a offensé, ni dans ta ville, ni dans ton royaume, pourquoi donc, toi, lui fais-tu cette offense? Pour venger Çoûrpanakhâ, si Khara est venu dans le Djanasthâna et si vaincu il y trouva la mort, est-ce là un crime dont Râma soit coupable? Quand il y vint aussi quatorze milliers de Rakshasas pour tuer Râma et Lakshama, si le bras du Raghouide leur fit mordre à tous la poussière, dis, et que ta parole soit l'expression de la vérité, est-ce encore une faute qu'il faille reprocher à ce noble maître du monde? Est-ce un motif pour te hâter d'enlever son épouse?

« Lâche promptement l'*auguste* Vidéhaine, ou je vais te consumer de mon regard épouvantable, *destructeur*, incendiaire, comme Vritra fut consumé par le tonnerre de Mahéndra! Ne vois-tu pas que tu as lié au bout de ta robe un serpent à la dent venimeuse? Ne vois-tu pas que la mort a passé déjà son lacet autour de ton cou? Insensé, il ne faut pas entrer dans une condition où l'on trouverait sa mort; et l'homme ne doit pas accepter une perle même, si elle peut un jour amener sa ruine!

« Il y a soixante mille ans que je suis né, Râvana, et que je gouverne avec justice le royaume de mon père et de mon aïeul. Je suis vieux, et toi, héros, tu es jeune, monté sur un char, une cuirasse devant ta poitrine, un arc à ton poing; mais aujourd'hui, ravisseur de la Vidéhaine, tu ne saurais m'échapper sain et sauf! »

A ces mots, prononcés avec tant de justesse par le vautour Djaṭâyou, les vingt yeux du Rakshasa irrité brillèrent menaçants et pareils au feu. Avec des regards enflammés de colère, *agitant* ses pendeloques d'or épuré, le monarque des Rakshasas s'élança furieux sur le roi des oiseaux.

Voici donc l'oiseau, frappant et de son bec et de ses ailes, ayant pour troisième arme ses pattes crochues, et Râvana à la grande force, qui luttent *sans peur* l'un contre l'autre.

Le Démon fit pleuvoir sur le roi des vautours ses flots épouvantables de traits, de javelots, de flèches en fer aux pointes aiguës, aux barbes alternées. Le monarque des oiseaux, enveloppé dans ces réseaux de flèches, reçut dans le combat *sans bouger* ces dards coup sur coup de Râvana; mais ensuite, enflammé de colère, déployant son immense envergure telle qu'une montagne, il s'abattit sur le dos de son ennemi et le déchira avec ses fortes serres. Djatâyou, à la grande force, le souverain des oiseaux, ouvrit de sanglantes blessures dans le corps du guerrier avec ses pattes armées d'ongles tranchants; mais Râvana, débordant de colère, ce monstre aux dix visages, perça le volatile à son tour avec ses flèches empennées d'or et semblables au tonnerre même. Néanmoins, sans penser ni aux dards que lui décochait Râvana, ni même à ses blessures, le roi des oiseaux fondit sur lui tout à coup.

Le volatile aux grandes serres s'éleva dans les cieux, et, dressant les deux ailes sur la tête *de son ennemi*, il en battit avec une fureur acharnée le front du Rakshasa. Puis, soudain l'oiseau-roi de briser dans ses pattes l'arc avec la flèche de son rival; et, quand il eut rompu cet arc décoré de perles et de joyaux, arme divine et pareille au feu, le volatile à la grande splendeur s'esquiva d'un agile essor.

Le monarque ailé revint battre à coups redoublés son diadème céleste, d'or massif, embelli par toutes les sortes de pierres fines : le vigoureux oiseau, plein de fureur, lui jeta sa couronne à bas sur les plaines de l'air, et la tiare en tombant éclaira comme le disque du soleil. Il frappa même les ânes aux visages de vampires, aux caparaçons d'or, et, les traînant çà et là dans sa fougue, le héros emplumé les eut bientôt séparés de la vie. Il brisa le grand char aux ais variés d'or et de pierreries, aux roues et au timon parsemés d'ornements, cette voiture, qui marchait d'un mouvement spontané et répandait une vaste épouvante. Il renversa le cocher, et, quand il eut bientôt déchiré son corps d'une serre pareille au crochet aigu qui sert à conduire les éléphants, il jeta son cadavre hors du véhicule fracassé.

Aussitôt que Râvana se vit avec son arc rompu, son char brisé, son attelage tué, son cocher sans vie, il prit la Vidéhaine dans ses bras et s'élança d'un bond sur la terre. A la vue de Râvana descendu sur la terre et veuf de son char brisé, tous les êtres d'applaudir à l'envi le roi des vautours : « Bien ! bien ! » lui crièrent-ils.

Quand il eut exécuté ce lourd travail, Djatâyou, sur qui

pesait le poids de la vieillesse, en ressentit de la fatigue : Râvana l'observait, et, quand il vit le prince des oiseaux déjà las par l'effet de son grand âge, il reprit la Vidéhaine, et joyeux il s'élança de nouveau dans les airs. Le monarque des vautours, Djatâyou prit aussitôt son essor dans les cieux, et, suivant le Démon, qui serrait la fille du roi Djânaka contre son flanc, il tint ce langage au ravisseur :

« Méchant, scélérat, artisan de cruautés, depuis que, poussé au vol par ton âme rapace, tes mains ont ravi Sitâ, tu es comme une victime consacrée déjà pour l'autel! Le héros tue son ennemi et le dépouille, ou, percé de flèches, il reste lui-même sans vie sur le champ de bataille; mais le héros ne foule jamais la route où marche le voleur! Combats, si tu es un héros! Arrête un instant, Râvana, et tu vas te coucher mort sur la terre, comme ton frère le vaillant Khara! Plus d'une fois, tu as vaincu dans la guerre les Dieux et les Dânavas ; mais le fils du roi Daçaratha, ce beau Râma, qui n'a point oublié ses exercices de kshatrya, tout vêtu qu'il est ici avec un habit d'écorce, t'aura bientôt fait mordre la poussière! »

A ces mots du roi des oiseaux, l'orgucilleux monarque des Rakshasas lui répondit en ces termes, les yeux rouges de colère : « Tu nous as fait voir autant qu'il faut ton amitié pour le roi Daçaratha; ce que tu devais à Râma est largement acquitté : ne te fatigue pas davantage! »

A ces paroles *fières*, le plus éminent des oiseaux lui répondit sans émotion : « Montre-moi donc ici tout ce que tu as de force, de vigueur, de puissance et ton *plus* grand courage : cruel, tu ne t'en iras pas vivant! Ravisseur des épouses d'autrui, âme impatiente, vendue au mensonge, amie de la cruauté, tu brûleras dans l'épouvantable Naraka sur le feu de ton action! »

A peine Djatâyou eut-il achevé ces belles paroles, que le robuste volatile se précipita avec impétuosité sur le dos même du Rakshasa. Il déchira tout l'entre-deux des épaules du monstre aux dix têtes avec ses ongles perçants et semblables aux aiguillons du cornac. Le bec et les serres de l'oiseau couvraient de blessures et mettaient le noctivague en morceaux. Saisi par les ongles acérés, le Démon s'agitait de tous les côtés, comme un éléphant se remue *avec impatience*, quand le conducteur est monté dessus *et lui fait sentir sa pointe*. Avec ses griffes, le roi des oiseaux lui sillonna tout le dos; avec ses griffes et les blessures de son bec tranchant, Djatâyou laboura le cou entièrement. Avec les armes que lui donnaient son bec, ses pattes crochues et ses *grandes* ailes, il arracha les rudes cheveux du monstre et lui fit sentir la douleur dans tous les yeux de ses dix têtes.

Enfin, le noctivague prit la Vidéhaine à son flanc gauche et se mit lestement à frapper de sa main droite le volatile avec fureur. De son côté, enflammé de colère, Djatâyou, blessant à coups redoublés avec les serres, le bec et les ailes, fit passer Râvana dans cette guerre à la couleur éclatante d'un açoka en fleurs. Mais le vigoureux Daçagrîva furieux, s'armant de ses poings et de ses pieds, abandonne la Vidéhaine et fait pleuvoir une grêle de coups sur le roi des vautours.

Ce nouveau combat entre ces deux athlètes d'une force prodigieuse, ne dura qu'un instant. En effet, Râvana, *dégagé*, leva son épée, il perça le flanc, il coupa les deux pieds, il trancha les deux ailes de l'oiseau, qui luttait si vaillamment pour la cause de Râma. Ses ailes abattues par le Rakshasa aux féroces exploits, le vautour tomba rapidement sur la terre, n'ayant plus qu'un souffle de vie.

Quand elle vit l'oiseau gisant sur le sol et baigné de sang, la Vidéhaine, *profondément* affligée, courut à lui comme elle eût fait pour son époux. Le roi de Lankâ contemplait ce vautour à l'âme généreuse, la poitrine toute blanche, le reste du corps semblable aux sombres nuages, abattu maintenant sur la terre, où Djatâyou se débattait misérablement. Alors Sîtâ étreignit dans ses bras l'oiseau gisant sur la face de la terre et vaincu par l'épée de Râvana, en même temps que la plaintive Djanakide mouillait de pleurs son visage brillant comme l'astre des nuits.

« Le voilà donc gisant inanimé sur la terre, disait-elle, celui même qui eût dit à Râma que je vis encore et que, tombée dans une telle infortune, je suis encore vertueuse : ah! cette heure sera aussi l'heure de ma mort! Râma, certainement! ne sait pas quel grand malheur a fondu sur nous; et, tandis qu'il erre, son arc bandé à la main, le Kakousthide ignore sans doute quel monstre vint ici! »

Une et deux fois elle appela Râma, et *Kâauçalyâ*, sa belle-mère, et Lakshmana lui-même : la tremblante Vidéhaine leur jetait *en vain* ces appels redoublés. Le monarque des Rakshasas courut alors vers sa captive, le visage pâle d'effroi, les parures et les bouquets de fleurs en désordre. Elle s'accrochait des mains aux sommités des arbustes, elle serrait les grands arbres dans ses bras et poussait de sa douce voix ces cris répétés : « Sauve-moi! sauve-moi! »

Mais lui, pareil à la mort, il saisit par les cheveux

comme pour trancher sa vie, cette femme consternée, à la voix expirante, isolée de son époux dans ces bois. A la vue de cette violence infligée à Sîtâ, la compassion et la douleur émurent tous les grands saints, qui habitaient dans la forêt Dandaka. Devant cet outrage fait à Sîtâ, l'espace infini du monde avec tous les êtres animés ou non fut enveloppé d'une profonde obscurité. Quand il vit de son regard céleste l'infortunée subir cette injure, le père suprême de toutes les créatures prononça lui-même ces paroles dans sa béatitude : « Le crime est consommé ! »

Elle eut beau crier : « Râma ! Râma !... A moi Lakshmana ! » le Démon reprit la Vidéhaine et continua sa route dans les airs. Avec ses membres atourés de leurs bijoux d'un or épuré, avec sa robe de soie jaune, elle brillait alors, cette fille des rois, comme l'éclair au milieu du ciel ! Sa robe jaune, que l'air soulevait par-dessus Râvana, jetait son éclat sur le géant et lui donnait les apparences d'une montagne, dont la cime est embrasée par le feu.

En voyant, sur le fond du ciel, sa figure immaculée se détacher du sein de son ravisseur, on eût dit la lune, qui se lève, après qu'elle a percé un sombre nuage.

Un pied de la *belle* Vidéhaine laissa échapper son bracelet, qui tomba sur la terre, éclatant comme le feu et pareil à un disque d'éclairs.

Les bijoux de la Vidéhaine et tous ses joyaux couleur du feu tombaient du ciel rapidement sur la terre, semblables à des étoiles qui se détachent du firmament. Son blanc et riche fil de perles se rompit au milieu du sein et parut dans sa chute comme le Gange, qui se répand du ciel sur la terre. Battus par le vent, tous les arbres, habités par les familles des oiseaux *les plus* variés, semblaient dire avec le bruit de leurs cimes émues : « Ne crains pas ! ne crains pas ! »

Irrités contre son ravisseur, les lions, les tigres, les éléphants, les gazelles couraient après Sîtâ dans la grande forêt et marchaient tous *pêle-mêle* derrière son ombre. Quand le soleil consterné vit ce rapt de *l'auguste* Vidéhaine, son disque pâlit et son brillant réseau de lumière disparut.

« Il n'y a plus de justice ! D'où viendra maintenant la vérité ? Il n'y a plus de rectitude ! Il n'est plus de bonté ! » Ainsi, partout où Râvana emportait l'épouse de Râma, ainsi gémissaient dans le ciel toutes les créatures, à la vue de cette violence infligée à l'illustre Vidéhaine, qui appelait de sa voix aux syllabes douces : « Hâ ! Lakshmana !... à moi, Râma ! » et qui jetait, *hélas ! toujours en vain*, des regards multipliés sur toute la surface de la terre.

Chemin faisant, la sage Vidéhaine, enlevée dans le sein de Râvana, dit en pleurant, ses yeux rouges de larmes et de colère, au monarque des Rakshasas, de qui les yeux inspiraient la terreur : « Tu montres bien ici, roi des Rakshasas, ton courage sans pareil ! Cette prouesse, vil Démon, ne te fait-elle pas rougir, toi, qui veux m'enlever, abusant de la force et sachant que je suis abandonnée ! C'est toi qui, voulant me ravir à mon époux, que tu n'osais affronter, oui ! c'est toi, âme corrompue, qui le fis écarter de sa chaumière avec ce prestige d'une gazelle, ouvrage de la magie ! Tu montres bien ici, roi des Rakshasas, ton courage sans pareil ! Tu m'as conquise, *vraiment !* dans un noble combat, où ton nom fut proclamé *à haute voix* ! Ce cri, qui ressemblait à la voix de Râma, ce cri de détresse, qui déchira mon cœur, n'était qu'un artifice de toi! Comment n'as-tu pas de honte, vil Démon, après que tu as commis une telle action, le rapt d'une femme en l'absence de son mari!

« Râma fut éloigné ainsi *de l'ermitage :* toi, voici que tu fuis! alors, qu'est-il possible de faire? Attends un instant, et tu ne t'en iras pas avec le souffle de la vie ! »

C'est ainsi que le scélérat enlevait, malgré sa résistance, cette infortunée toute pantelante, baignée de larmes, plongée dans le chagrin, horriblement tourmentée, plusieurs fois malade et qui exhalait des plaintes touchantes, précédées par des gémissements.

Il dirigea sa marche le front tourné vers la rivière Pampâ, mais d'un esprit agité jusqu'à la démence. Une fois ce cours d'eau franchi dans son vol, le roi des Rakshasas tendit vers le mont Rishyamoûka, tenant la Mithilienne en pleurs dans ses bras! La princesse enlevée n'aperçut nulle part un défenseur, mais elle vit sur le sommet de la montagne cinq des principaux singes. La Djanakide aux grands yeux, à la taille charmante, jeta au milieu des cinq quadrumanes ses brillantes parures et son vêtement supérieur, tissu de soie avec un éclat d'or: « S'ils allaient raconter ce fait à Râma! » pensait-elle, ses regards attachés sur la terre et ses yeux versant des larmes. D'un mouvement rapide, elle fit tomber au milieu d'eux l'habillement avec les joyaux; et, dans son agitation intérieure, le monstre aux dix têtes ne s'aperçut pas que Sitâ jetait aux pieds des singes tous ses bijoux, et même que cette femme à la taille gracieuse n'avait plus ni sa divine aigrette de pierreries ni aucune de ses parures. Les chefs des singes, tournant vers Sitâ les regards curieux de leurs yeux bistrés, virent alors cette dame aux grands yeux, qui invectivait Râvana.

Parvenu dans sa grande cité aux larges rues bien distribuées, il déposa enfin sa victime, comme Mâya l'Asoura déposa jadis *la Déesse* Mâyâ. Le monarque aux dix têtes appela des Rakshasîs à l'aspect épouvantable et leur intima ses volontés pour la surveillance de sa captive : « Consacrez, dit-il à ces furies, qui toutes, debout et réunies devant lui, tenaient leurs deux paumes rassemblées en coupe *à la hauteur du front ;* consacrez sans négligence toute votre attention à faire que personne en ces lieux, ni homme ni femme, ne parle à cette Vidéhaine sans ma permission. Donnez-lui tout ce qu'elle désire en parfums, fourrures, habillements, or, pierreries ou perles : je l'accorde... *Ne l'oubliez pas !* elle n'attache aucun prix à sa vie, celle qui dira jamais, sciemment ou même à son insu, une parole qui soit désagréable à *ma* Vidéhaine ! »

Quand le Démon eut fait entrer sa captive dans Lankâ, Brahma joyeux tint ce langage à Çatakratou : « C'est pour le bien des trois mondes et pour le mal des Rakshasas, dit le père des créatures au roi des Immortels, que Râvana, l'âme cruelle, a conduit Sîtâ dans sa ville.

« Cette dame de la plus haute noblesse, fidèle à son époux et qui a toujours vécu dans les plaisirs, ne voyant plus son mari et consumée de chagrins, parce qu'elle en est séparée, n'ayant plus maintenant sous les yeux que des Rakshasas et harcelée sans cesse par les menaces de leurs femmes : « Comment, se dira-t-elle, entrée dans Lankâ, ville bâtie sur une île de la mer, souveraine des rivières et des fleuves; comment Râma saura-t-il que l'on me retient ici et que j'y marche sur la ligne de mes devoirs? »

« Roulant cette pensée en soi-même, captive, isolée dans sa faiblesse, elle refusera toute nourriture, soutien de la vie, et renoncera sans doute à l'existence. De nouveau, il me vient aujourd'hui cette crainte que Sitâ ne veuille plus supporter le poids de sa vie. Va donc promptement, fils de Vasou, console Sitâ, entre chez elle et présente lui *de ma part* ce vase de beurre céleste et clarifié. » A ces mots, le Dieu Indra partit, accompagné du Sommeil, pour la ville soumise aux lois de Râvana. *Ils arrivent,* et le saint meurtrier du *mauvais Génie* Pâka dit à son compagnon : « Sommeil, trouble ici les paupières des femmes Rakshasis ! » Invité de cette manière, le Dieu qui préside au sommeil, plein d'une joie suprême, les endormit toutes pour le succès du roi des Immortels.

L'occasion favorable ainsi donnée, la Divinité aux mille regards s'approcha de Sitâ et l'auguste époux de Çatchi commença par lui inspirer de la sécurité : « Je suis le roi des Dieux : la félicité descende sur toi ! lui dit-il; jette les yeux sur moi, femme au candide sourire ! Ton noble Raghouide, fille du roi Djanaka, jouit avec son frère d'une bonne santé. Un jour, ce prince équitable viendra lui-même dans cette Lankâ, soumise aux lois de Râvana. Environné d'ours et de singes par milliers de kotis, ce *digne* enfant de Raghou, accompagné de son frère et suivi de son armée, t'emmènera dans sa ville, après qu'il aura fait mordre la poussière à tous les Rakshasas, grâce à la vigueur de son bras, et tué Râvana même dans une bataille. *Oui* ! Djanakide, vainqueur de Râvana et de son armée, ce puissant guerrier t'emmènera de ces lieux sur le char Poushpaka : étouffe le souci qui te ronge le cœur ! Pour en assurer le succès, je vais prêter mon aide à l'entreprise de ce roi magnanime : ainsi, ne te livre pas à la douleur, fille du roi Djanaka.

« Grâces à moi, ce héros à la grande vigueur franchira l'Océan : c'est déjà moi, noble femme, qui ai su me procurer ici le sommeil de tes Rakshasîs par les enchantements de la magie.

« Prends ce vase de beurre clarifié, que je te présente ; mets le temps à profit et mange, éminente Dame, cet aliment délicieux, suprême, divin ! Une fois que tu auras goûté ce mets, reine charmante, tu ne seras plus affligée, très-vertueuse et noble Dame, ni par la faim, ni par les maladies horribles ou même par la pâleur. »

A ces mots, toute remplie de doute : « Comment saurai-je, lui dit Sità, que c'est bien Indra, le divin époux de Çatchî, que je vois présent ici devant mes yeux ? Si tu es vraiment le roi même des Immortels, montre-moi sans tarder les signes auxquels on reconnaît un Dieu et dont j'ai entendu traiter mainte fois en présence de mon instituteur spirituel ! »

A ces mots de Sità, le fils de Vasou fit ce qu'elle demandait : il se tint sans toucher la terre de ses pieds et regarda sans cligner les yeux. Reconnaissant à ces traits qu'il était véritablement le roi des Dieux, la Mithilienne dit alors pleine de joie : « Je te vois maintenant de la manière que t'ont vu le roi mon beau-père et le souverain de Mithila, mon père : tu es, divin Indra, le protecteur de mon époux. Il vit donc heureux, mon noble Raghouide, avec son frère sous ta céleste protection ! J'en reçois la nouvelle avec bonheur, Dieu à la force immense. Ce lait immortel et suprême, donné par toi, je le bois, comme tu m'y invites, à l'accroissement de la famille des Raghouides ! »

Ensuite, ayant pris la coupe aux mains du grand Indra, la Mithilienne au candide sourire l'offrit d'abord à son époux, ensuite à Lakshmana : « Puissent longtemps vivre mon époux à la force puissante et son frère ! » Elle dit; et sur ces mots, la Vidéhaine mangea cet aliment fortuné. Quand elle eut pris cette réfection, la Dame au charmant visage sortit de l'épuisement où l'avait jetée la faim : puis, Mahéndra, lui ayant raconté l'histoire des événements à venir, s'éleva dans les airs et partit.

Une fois qu'il eut tué le Démon, qui savait prendre à son gré toutes les formes, ce Mârîtcha, qui marchait devant lui sous les apparences d'une gazelle, Râma, quittant cette partie du bois, retourna chez lui.

Quand il songeait aux moyens avec lesquels Mârîtcha l'avait écarté de sa chaumière; à la manière dont cette gazelle d'or, frappée de sa flèche, avait laissé voir le Rakshasa, *qui s'était caché dans ses formes ;* au cri, que le Démon avait jeté *en expirant :* « A moi, Lakshmana !..... Je suis mort !..... » Cette voix, *imitant la mienne*, se disait-il plein d'angoisse, a dû procurer aux Rakshasas cette favorable occasion qu'ils désiraient bien trouver ! Daigne le ciel garder Sîtâ délaissée dans la grande forêt; car leur défaite dans le Djanasthâna a soulevé contre moi la haine des Rakshasas ! »

Tandis qu'il agitait ces réflexions en lui-même, le Raghouide *inquiet* rencontra Lakshmana accourant à sa rencontre avec une splendeur éteinte. A ce héros triste, abattu, consterné, le visage altéré, Râma encore plus consterné lui-même de jeter ces mots avec tristesse et plein d'abattement. « Hâ, Lakshmana ! que tu as fait une chose blâmable de venir ici, abandonnant Sità dans cette forêt déserte, infestée par les Rakshasas ! Je ne puis en douter maintenant d'aucune manière : la fille du roi Djanaka est égorgée ou même dévorée par les Démons, qui habitent dans ces bois. Car de sinistres augures se montrent à nos yeux en plus grand nombre. Puissions-nous retrouver saine et sauve notre chère Vidéhaine ! En effet, cet animal, qui m'avait séduit avec ses apparences de gazelle, m'attira loin par des allèchements donnés à mon espérance ; mais, frappé enfin d'une flèche après une grande fatigue, il abandonna ses formes de gazelle et ne montra plus en lui qu'un Rakshasa ! »

Après qu'il eut fouillé toute sa retraite, le Raghouide, pénétré de la plus vive douleur, interrogea le fils de Soumitrâ au milieu de son ermitage : « Quand je t'avais donné, plein de confiance en toi, la belle Mithilienne à titre de dépôt dans cette forêt déserte, infestée par les Rakshasas, comment s'est-il fait que tu l'aies abandonnée pour venir me trouver ? Ton arrivée *inattendue* vers moi, après ce délaissement de Sitâ, a troublé véritablement toute mon âme en y jetant *soudain* le soupçon d'un horrible forfait. A peine t'eus-je aperçu de loin marchant au milieu des bois sans être accompagné de Sîtâ, que je sentis battre mon cœur, Lakshmana, trembler mon œil et mon bras gauches. »

A ces mots, le Soumitride aux signes heureux, Lakshmana, tout plongé dans la douleur et le chagrin, fit cette réponse au noble enfant de Raghou : « Ce n'est pas de moi-même, par un acte de mon plein gré, que je suis venu, abandonnant Sità. Elle m'en a donné l'ordre elle-même, et là-dessus je suis parti. En effet, ces mots : « Lakshmana, sauve-moi ! » ce cri, que le noble *Démon* avait jeté au loin à travers une vaste expansion, est tombé dans l'oreille de la Mithilienne. A ce cri de détresse, elle, inquiète dans sa tendresse pour son époux : « Va! cours ! » m'a-t-elle dit, baignée de larmes et palpitante de terreur. Quand elle m'eut plusieurs fois répété cet ordre : « Pars! » alors moi, qui désirais faire ce que tu avais pour agréable, je dis à ta Mithilienne : « Je ne vois personne qui puisse mettre, Sitâ, ton époux en danger.

« Rassure-toi! cette parole, à mon avis, est un prestige et non une réalité. Comment lui, ce noble prince, qui serait le sauveur des treize Dieux mêmes, aurait-il pu dire cette lâche et méprisable parole : « Sauve-moi! » Pour quelle raison et par quelle bouche, imitant la voix de mon frère, furent jetés ces mots étranglés : « Sauve-moi, fils de Soumitrâ? » *C'est là précisément ce dont je me défie !* Loin de toi ce trouble, où je te vois tombée! Sois tranquille ! N'aie point d'inquiétude! Il n'existe pas dans les trois mondes un homme qui puisse vaincre ton époux dans un combat : *oui!* il est impossible à nul être, soit né, soit à naître, de gagner sur lui une bataille! »

« A ces mots, ta Vidéhaine m'adressa, versant des larmes et d'une âme égarée, ces mordantes paroles : « Ton cœur est placé en moi : tu es d'une nature infiniment dépravée; mais, si mon époux reçoit la mort, ne te flatte pas encore, Lakshmana, de posséder sa femme ! » — Ainsi invectivé par la Vidéhaine, je suis sorti indigné de l'ermitage, mes yeux rouges et mes lèvres tremblantes de colère. »

Au fils de Soumitrâ, qui tenait ce langage, Râma fit cette réponse, l'esprit affolé d'inquiétude : « Tu as commis une faute, mon ami, de quitter l'ermitage et de venir. Quoiqu'elle sût bien que c'est la nécessité de réprimer les Démons qui m'oblige à me tenir ici dans ces bois, ta grandeur n'a pas craint d'en sortir à ces paroles irritées de la Mithilienne. Je ne suis pas content de toi : je n'approuve pas que tu aies délaissé ma Vidéhaine, surtout à la voix mordante d'une femme courroucée. »

A l'aspect de ce Djanasthâna, qui semblait aussi pleurer de tous les côtés, Râma dit encore, poussant des cris et levant au ciel ses deux bras luisants : « Si cachée derrière un arbre, Sîtâ, tu veux rire de mon *inquiétude*, que la vive douleur, où ton absence m'a jeté, noble Dame, suffise à ton badinage !... Sîtâ aime à jouer avec ces faons apprivoisés de gazelle ; mais tu ne vois point ici avec eux, Lakshmana, leur maîtresse aux grands yeux !... Ces bijoux d'or, Lakshmana, ces paillettes brisées d'or, avec cette guirlande, répandues sur la terre, ils étaient dans la parure de ma Vidéhaine !... Vois, fils de Soumitrâ ! d'affreuses gouttes de sang, pareilles à de l'or épuré, couvrent de tous côtés la surface de la terre !

« Je pense, Lakshmana, que la sainte pénitente du Vidéha, déchirée et percée de leurs dents, fut mise en pièces ou dévorée même par ces Démons habiles à changer de formes. Vois ces traces, fils de Soumitrâ ! Elles signalent ici un combat livré à cause de ma Vidéhaine, que deux Rakshasas *impurs* se disputaient. Que devint, *hélas* ! entre ces deux noctivagues, qui se battaient pour elle, son visage, dont l'éclat sans tache ressemble à l'astre des nuits?

« A qui appartient, mon ami, ce grand arc, avec des ornements d'or et pareil à l'arc même d'Indra, que je vois tombé là et rompu sur la terre! A qui était cette armure, qui gît non loin brisée, cuirasse d'or aux ornements de pierreries et de lapis-lazuli, brillante comme le soleil dans sa jeunesse *du matin?* A qui fut ce parasol zébré de cent raies, mon ami, et rehaussé d'une céleste guirlande de fleurs, que tu vois là jeté sur la terre, avec un sceptre cassé? Héros, à quel maître furent tués dans le combat ces ânes aux grands corps, aux formes épouvantables, aux plastrons d'or, aux visages de vampires?

« Où est allée cette femme aux beaux yeux, aux belles dents, aux paroles toujours pleines de convenance? Où est allée ma souveraine, Lakshmana, après qu'elle m'eut abandonné sous le poids de mon accablante douleur, comme la splendeur abandonne l'astre du jour sur le front du couchant? »

Quand il eut fouillé ainsi de ses regards le Djanasthâna de tous les côtés, le fils de Raghou, bien tourmenté par le chagrin, n'y rencontra pas la fille du roi Djanaka.

Voyant que ses recherches ne lui avaient pas rendu son épouse, le fils du roi Daçaratha, cet homme supérieur, que l'absence de Sîtâ avait plongé dans une immense et terrible douleur, ne pouvait revenir à la quiétude, comme un grand éléphant qui ne peut sortir du vaste bourbier où il est entré, mais qui s'y enfonce de plus en plus.

Animés par le désir de voir Sîtâ, les deux héros visitèrent, et les forêts, et les montagnes, et les fleuves, et les étangs. Râma, secondé par Lakshmana, de fouiller toute la montagne avec ses bois et ses bocages : ils sondèrent tous les deux les plateaux, les grottes et les viviers fleuris de ce mont aux cimes nombreuses, couvert par des centaines de métaux divers; mais ils ne purent nulle part rencontrer celle *qu'ils cherchaient.*

Enfin, ils aperçurent, couché sur la terre, baigné de sang et ses deux ailes coupées, l'oiseau géant Djatâyou, semblable aux cimes d'une montagne. A la vue de ce volatile, Râma tint ce langage à son frère : « On ne peut en douter, ma Vidéhaine fut dévorée ici par ce *monstre!* Ce vautour est sans doute un Rakshasa qui erre dans la forêt avec cette forme empruntée : il fait ici la sieste à son aise, bien repu de ma Sitâ aux grands yeux!

« Je vais le frapper d'un coup rapide avec mes flèches à la pointe enflammée, qui volent droit au but, comme le Dieu aux mille yeux frappe dans sa colère allumée une grande montagne avec son tonnerre! »

A ces mots, encochant une flèche à son arc, il fondit irrité sur le vautour, et la terre en fut comme ébranlée sous les pieds du héros tout ému. Alors ce volatile infortuné, qui vomissait le sang à pleine bouche : « Râma !... Râma! dit-il avec une voix plaintive au Raghouide en courroux. Cette femme, que tu cherches comme une plante salutaire dans la forêt, Sîtâ et ma vie, noble fils du roi des hommes, c'est Râvana, qui les a ravies toutes les deux à la fois!

« J'ai vu, abusant de la force, Râvana enlever ta Vidéhaine, abandonnée par toi, vaillant Raghouide, et par Lakshmana. J'ai volé au secours de Sîtâ, mon fils, et j'ai renversé dans une bataille Râvana sur le sol de la terre avec son char fracassé. Cet arc ici rompu est à lui; c'est encore à lui cette ombrelle déchirée : c'est à lui qu'appartient ce char de guerre, et c'est moi qui l'ai brisé. Ici, j'ai livré à deux et plusieurs fois une longue, une affreuse bataille à Râvana, et j'ai déchiré ses membres à grands coups de mes ailes, de mon bec ou de mes serres. Mais, trop vite fatigué à cause de ma vieillesse, Râvana m'a coupé les deux ailes ; il prit ta Vidéhaine sur le bras et s'enfuit de nouveau dans les airs.

Quand Râma eut reconnu Djatâyou dans le volatile qui racontait cette histoire, il embrassa le monarque des vautours et se mit à pleurer avec le fils de Soumitrâ. A la vue du malheureux oiseau, poussant toutes sortes de gémissements, délaissé même dans ce lieu impraticable et solitaire, Râma plein de tristesse tint alors ce langage à Lakshmana : « Ma déchéance du trône, mon exil dans les bois, la perte de Sîtâ et la mort de mon père : voilà tombés sur moi des malheurs tels qu'ils pourraient incendier le feu même! Si j'allais puiser de l'eau à la mer salée, on verrait sans doute cette reine des rivières et des fleuves se tarir aussitôt que je viendrais à toucher ses rives ! Il n'est pas dans ce monde avec toutes ses créatures, douées ou non du mouvement, un être plus malheureux que moi, enveloppé dans cet immense filet d'infortunes ! Cet ami de mon père, ce roi des vautours, chargé d'années, le voilà donc gisant sur la terre, frappé lui-même par l'adversité de mon Destin ! »

Il dit, et Râma sur ces mots, lui montrant toute l'affection d'un père, caressa de sa main avec Lakshmana le malheureux vautour.

« Djatâyou, si tu as encore la force d'articuler quelques mots, parle-moi, s'il te plaît, de Sîtâ et des circonstances qui ont amené ta mort à toi-même.

« Pour quelle raison Sîtâ fut-elle enlevée ? Quelle offense Râvana avait-il reçu de moi ? ou dans quel lieu avait-il vu ma bien-aimée ? Quelle est la forme, quelle est la vigueur, quelles sont les prouesses de ce Rakshasa ? Où son palais est-il situé ? Parle, mon ami ; réponds à mes questions. »

Ensuite, ayant tourné ses yeux vers le héros invincible, qui se répandait en gémissements, Djatâyou, malade jusqu'à la mort et l'âme toute contristée, se leva non sans peine, et recueillant ses forces, dit à Râma ces mots d'une voix nette :

« Son ravisseur, c'est Râvana, le bien vigoureux monarque des Rakshasas : il eut recours aux moyens de la grande magie, qui procède avec les tempêtes du vent.

« Il t'a ravi Sitâ à cette heure du jour que l'on appelle Vinda (1), où le maître d'un objet perdu tarde peu à le retrouver ; circonstance à laquelle Râvana ne fit alors aucune attention. »

Tandis que l'oiseau mourant parlait ainsi à Râma, il s'agitait sans repos ; le sang et la chair même sortaient à flots de sa bouche. Enfin, promenant de tous côtés ses yeux inquiets, le vautour, dans les convulsions extrêmes de l'agonie, dit encore ces paroles en expirant : « Ce monarque, il règne à Lankâ dans une île de la mer, qui est au midi ; il est, sans aucun doute, le fils de Viçravas et le frère de Kouvéra. » A ces mots, dans une crise de faiblesse, ce roi des volatiles exhala son dernier soupir.

La tête du vautour s'affaissa par terre, il écarta ses jambes, allongea son cou et retomba sur la face du sol.

A la vue du volatile gisant, la vie éteinte, comme une montagne *écroulée*, Râma dans le plus amer des cha-

(1) C'est-à-dire *la trouveuse*.

grins, dit ces mots au fils de Soumitrâ : « Cet oiseau, qui parcourut de si nombreuses années la forêt Dandaka et qui demeurait tranquillement ici dans le séjour des Rakshasas ; lui, de qui, plusieurs fois centenaire, la vie atteignit une si longue durée, le voici maintenant qui gît mortellement frappé ; car il est impossible d'échapper à la mort !

« Ce roi des oiseaux mérite de ma reconnaissance le même culte et les mêmes honneurs que Daçaratha, le fortuné monarque d'illustre mémoire. Apporte du bois, Lakshmana ; j'en vais extraire le feu ; je veux rendre les devoirs funèbres à cet Indra des oiseaux, qui reçut la mort à cause de moi. » A ces mots, Râma, le devoir incarné, mit Djatâyou sur la pile de bois allumé et réduisit en cendres le roi des vautours : puis il se plongea dans l'onde avec le fils de Soumitrâ, et les deux frères à l'instant de célébrer la cérémonie de l'eau funéraire à l'intention de l'oiseau mort. Ensuite, le héros illustre abattit un cerf ; il coupa ses chairs en morceaux et les abandonna aux oiseaux, dans un lieu de la forêt tapissé de frais gazons. Enfin il prononça lui-même sur le volatile défunt, pour son entrée dans le Paradis, ces mêmes prières que les brahmes ont coutume de réciter sur un homme trépassé. Cela fait, les deux fils du plus noble des hommes descendent à la rivière Godâvarî, et présentent de nouveau l'onde funèbre aux mânes du roi des vautours. Honoré de ces pieuses obsèques par ce *royal anachorète*, semblable à un grand rishi, l'âme du monarque emplumé qui avait affronté une entreprise si glorieuse, mais si difficile, et reçu la mort en combattant, parvint à la voie sainte, suprême et fortunée.

Le lendemain, ils se lèvent à l'aube naissante et vaquent ensemble aux prières du jour. Ce devoir accompli, les deux héros à la grande force abandonnent le Djanasthâna désert et tournent leurs pas à la recherche de Sîtâ vers la plage occidentale. De là, ces deux Ikshwâkides, armés d'arcs, de flèches et d'épées, arrivent devant un chemin non battu. Ils virent une immense forêt, impraticable, hérissée de hautes montagnes et toute couverte de maintes lianes, d'arbrisseaux et d'arbres.

Or, Lakshmana au cœur pur et vertueux, au langage de vérité, à la grande splendeur, dit ces mots, les mains jointes, à son frère, de qui l'âme était pleine de tristesse :

« Je sens mon bras qui tremble fortement ; le trouble agite mon cœur : je vois, guerrier aux longs bras, des prodiges qui nous sont tous contraires. Des augures se montrent avec des formes sinistres : assieds ton âme, héros, sur une base inébranlable, car ces présages nous annoncent un combat à soutenir dans l'instant même. »

Dans ce moment s'offrit à leurs yeux un torse énorme, de la couleur des sombres nuages, hideux, bien effrayant à voir, difforme, sans cou, sans tête, et couvert de soies piquantes, avec une bouche armée de longues dents au milieu du ventre. D'une élévation colossale, ce tronc égalait pour la hauteur une grande montagne et résonnait avec le fracas des nuées, où bondit le tonnerre. Il n'avait qu'un œil très-fauve, long, vaste, large, immense, placé dans la poitrine, et dont la vue embrassait une distance infinie. Détruisant tout et d'une force *sans mesure*, il dévorait les ours farouches et les plus grands éléphants : jetant çà et là ses deux bras horribles et longs d'un yodjana, il empoignait dans ses mains les divers quadrupèdes ou volatiles.

A peine les deux frères avaient-ils parcouru l'intervalle d'une lieue seulement, qu'ils furent saisis par ce colosse aux longs bras. Embrassés fortement par le monstre que tourmentait la faim, les deux héros, entraînés vers le *tronc difforme*, virent alors ses bras semblables à des massues ou pareils aux trompes des plus grands éléphants; ses bras, couverts de poils aigus avec des mains armées d'ongles secs, longs, horribles comme des serpents à cinq têtes. Portant leurs arcs, leurs épées et leurs flèches, nos deux guerriers, entraînés malgré eux par ses bras et tirés déjà près de sa bouche, eurent grande peine à s'arrêter sur les bords.

Il ne put néanmoins, en dépit de ses bras, jeter dans sa gueule ces deux héroïques frères, Râma et Lakshmana, qui résistaient de toute leur force. Alors ce Dânava redoutable, Kabandha aux longs bras, dit à ce couple de frères, armés d'arcs et de flèches : « Qui êtes-vous, *guerriers* aux épaules de taureaux, qui portez des arcs et de grandes épées ; vous, qui êtes venus dans ces bois horribles et vous êtes approchés de moi pour être ma pâture? Dites-moi et quel est votre but, et quelle raison vous amène ici, et pourquoi, venus dans ma région, où la faim me tourmente, vous deux, restez-vous là? »

A ces mots du cruel Kabandha, l'aîné des Raghouides, le visage glacé *d'épouvante*, dit à son frère : « Nous sommes tombés d'une infortune dans un plus grand malheur ; désastre épouvantable et sûr, où nous perdrons la vie sans avoir eu même le bonheur de recouvrer ma bien-aimée! »

Tandis qu'il parlait ainsi, l'auguste fils du roi Daçaratha, ce héros fameux, au courage inébranlable, à la vigueur infaillible, jetant les yeux sur Lakshmana, de qui tout l'extérieur annonçait la fermeté d'âme, conçut aussitôt la pensée de couper les bras du colosse.

Aussitôt ces deux Raghouides, qui savaient le prix du temps et du lieu, dégainent leurs cimeterres et tranchent les deux membres à l'endroit où ils s'emboîtaient aux épaules. Râma, qui se trouvait à droite, coupa de son épée le bras droit et le sépara de l'épaule, tandis que le héros Lakshmana vivement abattit le bras gauche. Le grand Asoura au corps de géant tomba, ses deux bras coupés, remplissant de ses cris, comme un nuage orageux, la terre, le ciel et tous les points cardinaux. Ensuite, inondé de sang, mais joyeux à la vue de ses bras coupés, le Démon interroge ainsi les deux héros : « Qui êtes-vous ? »

A la question de ce torse mutilé, Lakshmana, aux signes heureux, à la vigueur immense, répondit en ces termes : « Ce guerrier-ci est l'héritier d'Ikshwâkou; sa renommée est grande; il se nomme Râma : sache que moi, je suis Lakshmana, son frère puîné. Tandis que ce héros, égal aux Dieux pour la puissance, habitait dans la forêt déserte, un Rakshasa lui a ravi son épouse, et Râma vient ici la chercher. Mais toi, qui es-tu ? Ou pourquoi demeures-tu en ces bois, tronc épouvantable par tes jambes tronquées et ta bouche enflammée au milieu du ventre ? »

Plein d'une joie suprême à ces mots de Lakshmana, car il se rappelait alors ce qu'Indra jadis lui avait dit, Kabandha fit cette réponse : « Héros, soyez tous deux les bienvenus ! c'est ma bonne fortune qui vous amena dans ces lieux ? c'est ma bonne fortune qui vous inspira de me trancher ces deux bras, semblables à des massues !

« Dévoré par la faim, dans ma vertu éteinte, je ne faisais grâce à rien de ce qui passait à ma portée, gazelle ou buffle, ours et tigre, éléphant ou homme ! Mais aujourd'hui que j'ai vu, dans le profond chagrin où j'étais plongé ; aujourd'hui que j'ai vu, dans le malheur où j'étais enchaîné, les deux héros de Raghou, il n'est pas au monde un être plus heureux que moi !

« Jadis, j'étais sur la terre séduisant par ma beauté et semblable même à l'Amour ; une faute commise un jour me fit tomber dans ces formes-ci tout à fait contraires. C'est le venin d'une malédiction qui a changé mes attraits en cette difformité hideuse, repoussante, qui inspire la terreur à tous les êtres et telle enfin *que vous voyez.*

« Ma beauté fut célèbre dans les trois mondes, elle était au delà de toute imagination, comme si tous les charmes, partagés entre Çoukra, la lune, le soleil et Vrihaspati étaient réunis dans une seule personne. Je suis un Dânava, mon nom est Danou, je suis le fils moyen de Lakshmî, *déesse de la beauté :* apprends que c'est la colère d'Indra qui m'a revêtu de ces formes hideuses.

« Une terrible pénitence me rendit agréable au père des créatures : il m'accorda une longue vie en récompense, et ce don remplit mon âme *d'un vain orgueil.* « Maintenant qu'une longue vie m'est donnée, pensai-je, qu'est-ce qu'Indra peut me faire ? » et là-dessus je défiai Indra même au combat. Mais son bras, déchaînant sur moi sa foudre aux cent nœuds, fit rentrer dans mon corps et ma tête et mes jambes. Je le conjurai en vain *de me donner la mort,* il ne voulut pas m'envoyer au noir séjour d'Yama : « Non ! dit-il, que la parole de Brahma subsiste dans sa vérité ! »

« Alors, devenu ce que tu vois, rejeté hors de ma beauté, avec ma splendeur éteinte, je dis au roi des Immortels, en réunissant les paumes de mes deux mains à *l'endroit où n'était plus* mon front : « Transformé par ta foudre, les jambes tronquées et ma bouche rentrée dans mon corps avec ma tête, comment puis-je sans manger vivre encore une très-longue vie ? » A ces mots, le roi des Immortels me donna ces bras longs d'un yodjana et me fit au milieu du ventre cette bouche munie de ses dents acérées. Grâces à mes longs bras, j'entraîne à moi de tous côtés dans la grande forêt éléphants, tigres, ours, gazelles, et je fais d'eux ma pâture. Indra me dit alors : « Tu iras au ciel, quand Râma et Lakshmana t'auront coupé les deux bras dans un combat. »

« Tu es Râma, je n'en puis douter, car nul autre que toi ne pouvait me donner la mort, suivant les paroles que m'a dites l'habitant du ciel. Je veux me lier de société avec vous, hommes éminents, et jurer à vos grandeurs une *éternelle* amitié, en prenant le feu même à témoin. »

Quand Danou eut achevé ces mots, le vertueux Raghouide lui tint ce langage en présence de Lakshmana : « Sîtâ est mon illustre épouse : Râvana me l'a ravie, sans rencontrer d'obstacle, car mon frère et moi nous étions sortis du Djanasthâna. Je connais le nom seulement de ce Rakshasa, mais nous ne savons ni quelle est sa forme, ni quelle est sa demeure, ni quelle est sa puissance.

« Parle-nous de Sîtâ, de son ravisseur et du lieu où mon épouse fut emmenée : fais-nous ce plaisir infiniment agréable, si tu en sais quelque chose dans la vérité. Il te sied d'agir ainsi par compassion pour nous, errants, malheureux, accablés de chagrins et voués nous-mêmes au secours des *opprimés*. »

A ces mots de Râma composés de syllabes attendrissantes, Danou, habile à manier la parole, fit cette réponse au fils éloquent de Raghou : « Je n'ai plus ma science céleste ; je ne connais pas ta Mithilienne ; mais je pourrai t'indiquer un être qui doit la connaître, quand, de ce corps brûlé sur le bûcher, je serai passé dans mon ancienne forme.

« Tandis que le soleil marche encore avec son char fatigué, creuse-moi une fosse, Râma, et brûle-moi suivant les rites. »

A ces mots, les deux héros à la grande force, Râma et Lakshmana, élèvent sur la montagne un lit de gazons, y portent Kabandha sur leurs épaules, font sortir le feu du bois frotté contre le bois, déposent le tronc inanimé dans une fosse et se mettent à construire le bûcher par-dessus.

Alors, avec de grands tisons allumés, Lakshmana mit le feu de tous côtés à la pile de bois, et le bûcher flamboya entièrement. Le feu consuma lentement ce grand corps de Kabandha, pareil à une masse de beurre clarifié, et la moelle en fut cuite dans les os.

Soudain, secouant les cendres du bûcher, s'envola rapidement au sein des cieux le beau Danou, joyeux, paré de tous ses membres, regardant, *comme un Dieu*, sans cligner ses paupières et portant sur des habits sans tache une guirlande de fleurs cueillies sur l'arbre céleste Santâna. Autour de lui flottait sa robe lumineuse, immaculée ; et, tout radieux, illuminant de sa vive splendeur tous les points du ciel, il se tenait dans les airs sur un char attelé de cygnes, ravissant l'âme et les yeux.

L'être fortuné qui marchait dans les cieux *et qui naguère était* Kabandha : « Apprends, fils de Raghou, dit-il à Râma, qui doit un jour te rendre Sitâ. Près d'ici est une rivière nommée Pampâ, dans son voisinage est un lac ; ensuite, une montagne appelée Rishyamoûka : dans ses forêts habite Sougrîva, personnage à la grande vigueur, qui peut changer de forme à sa fantaisie. Va le trouver : il est digne de tes hommages et mérite que tu l'honores d'un pradakshina.

« Heureusement pour toi, Râma, ce vertueux singe, nommé Sougrîva, fut renversé du trône par son frère en courroux, Bâli, fils du soleil. Depuis lors, ce héros magnanime, accompagné de quatre singes fidèles, habite la haute montagne Rishyamoûka, que la Pampâ embellit de sa fraîche lisière. Va sur-le-champ, fils de Raghou, et ne tarde pas à faire de lui ton ami : avec lui pour allié, je vois ton entreprise bientôt couronnée du succès. Lève-toi, homme pieux ; mets-toi en route à l'instant et va, tandis que le *flambeau du* soleil est allumé, t'aboucher avec le monarque reconnaissant des singes. »

« Que la félicité t'accompagne ! adieu ! » disent les deux Raghouides au glorieux Kabandha, qui planait dans le sein des airs. « Et vous aussi, allez, répondit le Dâvana, pour le succès de l'affaire *où vous êtes engagés*. » Ainsi congédiés, les deux rejetons de Kakoutstha rendent leurs hommages à Danou et partent bien contents.

Hâtés par le désir de voir Sougrîva, les deux voyageurs traversent des lieux couverts de montagnes, dont les arbres étaient chargés de fruits doux comme le miel. Après une station d'une seule nuit sur le dos *gazonné* des montagnes, ces héros continuent leur voyage le premier jour dès l'aube naissante.

Enfin, quand ils eurent mesuré une longue route, ornée de bois variés, les deux Raghouides s'approchèrent du rivage occidental de la Pampâ.

Sous l'éventail d'un frais zéphir au souffle caressant, Râma joyeux sentit avec le Soumitride se dissiper toute sa fatigue, au spectacle de ces arbres, les rameaux chargés de fleurs et de fruits, les voûtes retentissantes du concert des kokilas ; à la vue de cette terre aux surfaces tapissées d'herbes nouvelles, douces, fraîches et bleu-foncé, à l'aspect de cette Pampâ, bien ravissante et comme enflammée par des lotus brillants à l'égal du soleil dans son enfance *du matin*. En contemplant cette rivière limpide, fortunée, charmante à voir, ces deux héros à l'immense vigueur furent enivrés d'une joie aussi vive que Mitra et même Varouna, ce jour où sous leurs yeux ils virent le grand fleuve du Gange sortir de la création à la voix des rishis.

La vue de ces deux magnanimes héros jetait dans une extrême inquiétude Sougrîva et ceux qui suivaient sa fortune. L'esprit assiégé de *mille* pensées, le roi des singes résolut de quitter la montagne. Observant que ces deux héros paraissaient d'une vigueur immense et porter des arcs formidables, il ne pouvait calmer son âme ; et, le cœur assailli d'anxiété, il regardait autour de lui tous les points de l'espace.

Le prince des quadrumanes ne pouvait rester en place un seul instant. Il se mit à réfléchir ; et, plein de trouble, dit à ses conseillers : « Voici deux espions, que Bâli même envoie dans cette forêt impénétrable sous la forme empruntée de ces deux hommes, qui viennent ici, vêtus d'habits faits d'écorce ! »

Les optimates singes passent aussitôt de leur cime dans une autre cime de la montagne.

Quand Sougrîva eut sauté de sommet en sommet, rapide comme le vent ou les ailes de Garouda, il s'arrêta enfin sur la crête septentrionale du Malaya, où ses hommes des bois vinrent se rallier à lui sur les pics inaccessibles de cette grande montagne; et leur marche effrayait alors chats-pards, antilopes et tigres. Réfugiés sur la haute montagne, les conseillers de Sougrîva s'approchent du roi des singes et se tiennent devant lui, joignant leurs paumes en coupe à la hauteur du front. Ensuite, le sage Hanoûmat tient ce langage plein de sens au monarque tout ému, en défiance contre une scélératesse de Bâli : « Pourquoi, l'esprit troublé, cours-tu ainsi, roi des singes? Je ne vois point ici ton cruel frère aîné, cet artisan de crimes, le farouche Bâli, qui t'inspire une continuelle inquiétude. »

A ces paroles du singe Hanoûmat, Sougrîva lui répondit alors en ces paroles d'une grande beauté : « Au cœur de qui n'entrerait pas la crainte, à la vue de ces deux archers aux grands yeux, aux longs bras, au courage héroïque, à la vigueur immense? C'est Bâli, je le crains, Bâli même, qui expédie vers nous ces deux hommes formidables. Les rois ont beaucoup d'amis : ils aiment à frapper leurs ennemis; un être de condition vulgaire ne peut bien les connaître : mais toi, singe, quoique tu ne sois pas un roi, tu peux néanmoins pénétrer le secret de ces deux hommes à leur marche, à leurs gestes, à leur mine, à leurs discours, à certaine altération même dans leurs voix. Observe attentivement si leur âme est ou bonne ou méchante, en gagnant leur confiance, en les comblant d'éloges, en redoublant pour eux de gestes affectueux. Demande, noble singe, à ces deux hommes, doués pleinement de beauté, quelle chose ils désirent ici. »

Hanoûmat eut à peine entendu ces grandes paroles de Sougrîva, qu'il s'élança de la montagne, où les racines des arbres puisaient leur nourriture, et se porta d'un saut jusqu'au lieu où marchaient les deux Raghouides.

Le noble singe, qui possédait la force de la vérité, ce messager à la grande vigueur dépouilla ses formes de singe ; il revêtit les apparences d'un religieux mendiant, et, commençant par les flatter suivant l'étiquette, il adressa aux deux héros ce langage *insinuant :* « Pénitents aux vœux parfaits, vous qui ressemblez au roi des Immortels, comment, anachorètes des bois, vos grandeurs sont-elles venues dans cette contrée où vos pas jettent l'épouvante parmi les troupes des gazelles et les autres habitants des forêts ; vous, ascètes, de qui les yeux contemplent de tous côtés les arbres nés sur les rives de la Pampâ, et qui n'êtes pas *en ce moment* le moins bel ornement de cette rivière aux ondes fraîches ? Qui êtes-vous donc, vous, qui, remplis de force, êtes revêtus d'un valkala ; vous, héros à la couleur d'or, qui, avec le regard du lion, ressemblez encore au lion par une vigueur sans mesure et tenez à vos longs bras des arcs pareils à l'arc même d'Indra ?

« Vous, qui possédez la beauté, la richesse des formes et la splendeur, vous, les plus magnanimes des hommes, qui ressemblez aux plus magnifiques éléphants, et de qui la démarche fière me rappelle ces nobles animaux dans l'ivresse de rut ?

« Cette reine des montagnes rayonne de votre lumière ! Comment êtes-vous arrivés dans cette contrée, vous, qui méritez un empire et me semblez être des Immortels ? Vous, qui avez des yeux comme les pétales du lotus ; vous au front de qui vos cheveux en djâta forment un diadème; vous, de qui l'un est le portrait vivant de l'autre, et qui paraissez venir du monde des grands Dieux?

« Quand je vous parle ainsi, pourquoi ne me regardez-vous pas? Et pourquoi ne me parlez-vous pas, à moi, que le désir de vous parler a conduit auprès de vous? Un roi du peuple singe, âme héroïque et juste, nommé Sougrîva, erre affligé dans le monde, fuyant les violences de son frère. Je suis un conseiller de ce monarque; le Vent, sachez-le, est mon père; j'ai la faculté d'aller en quelque lieu qu'il me plaise; je prends à mon gré toutes les apparences; j'ai changé tout à l'heure mes formes naturelles sous l'extérieur d'un religieux mendiant, et je viens du Malaya, conduit par l'envie de servir les intérêts de Sougrîva. »

Ensuite Râma, s'étant recueilli dans sa pensée un moment, dit à son frère : « C'est le ministre de Sougrîva, magnanime roi des singes. Réponds, Soumitride, en paroles flatteuses à son envoyé, qui est venu me trouver ici, qui sait parler, à qui la vérité est connue et de qui la bouche est l'organe de la vérité. »

Il dit : Hanoûmat entendit avec joie ce langage de Râma, et sa pensée lui peignit en ce moment Sougrîva, l'âme troublée de chagrin. Le singe alors de raconter, et le nom, et la forme, et l'exil de son maître *sur le mont Rishyamoûka*, et de porter enfin toute l'histoire de son roi à la connaissance de Râma, dans une assez longue extension.

A ces mots, Lakshmana, que Râma invite à répondre : « Il fut, dit-il au magnanime fils de Mâroute, il fut un roi, nommé Daçaratha, plein de constance, ami du devoir, et de qui ce héros appelé Râma est le fils premier né, de haute renommée, dévoué au devoir, tempéré, doux, trouvant son bonheur dans le bien de tous les êtres, secourable à ceux qui ont besoin de secours, accomplissant ici les ordres de son père. En effet, ce Raghouide à l'éclatante splendeur fut renversé du trône et banni dans les bois par son père asservi à la vérité : je l'accompagnai ; et Sîtâ, son épouse aux grands yeux, le suivit elle-même dans l'exil, comme la lumière à la fin du jour suit, *dans l'autre hémisphère*, le soleil aux clartés flamboyantes. Plongé dans une vaste mer de chagrins, quoiqu'il fût digne du bonheur, le grand monarque, père de ce héros et l'essence même du bien pour l'univers entier, s'en est allé dans le Paradis.

« Apprends, singe, que Lakshmana est mon nom ; que je suis le frère de Râma, venu avant moi dans la condition humaine, et que ses vertus m'attachent à son service. Dans le temps que ce prince à la vive splendeur habitait, dépouillé de sa couronne et banni, dans les bois *déserts*, un Rakshasa mit la fraude en jeu pour lui dérober son épouse. Mais il ne connaît pas le Démon ravisseur de sa bien-aimée. Il est un fils de Lakshmî, nommé Danou, et tombé dans la condition des Rakshasas par l'effet d'une malédiction. Suivant lui, Sougrîva, le roi des singes, peut nous donner ce renseignement. »

Hanoûmat, se tenant face à face de Lakshmana, répondit comme il suit : « Les hommes, doués d'intelligence, secourables aux créatures, qui ont dompté la colère, qui ont vaincu les organes des sens, qui sont tels que vous êtes, *méritent de* gouverner la terre. »

Il dit; et, quand il eut d'une voix douce prononcé gracieusement ces mots : « Allons, reprit-il, où m'attend le singe Sougrîva. En guerre déclarée avec son frère, en butte aux vexations répétées de Bâli et renversé du trône, *comme toi*, ce prince, qui s'est vu aussi ravir son épouse, tremble *sans cesse* au milieu des bois. Accompagné de nous, Sougrîva, compatissant aux peines de Râma, *ne peut manquer de* s'associer à vous dans la recherche de la Vidéhaine. »

Alors ce noble singe à la couleur d'or bruni, Hanoûmat, à la science bien étendue, reprit ses formes naturelles et dit tout joyeux : « Monte, ô le meilleur des rois, monte sur mon dos avec ton frère Lakshmana ; et viens, dompteur des ennemis, viens promptement voir Sougrîva. » A ces mots, le fils du Vent, Hanoûmat au grand corps s'en alla, portant les deux héros, où Sougrîva se tenait *dans l'attente*.

Arrivé du mont Rishyamoûka aux cîmes du Malaya, Hanoûmat fit connaître les deux vaillants guerriers au magnanime Sougrîva : « Voici le sage Râma aux longs bras, le fils du roi Daçaratha, qui vient se réfugier sous ta protection avec son frère Lakshmana.

« Né dans la famille d'Ikshwâkou, il reçut un jour, de son magnanime père, enchaîné par la vérité, l'injonction de s'en aller vivre au milieu des forêts. Là, tandis qu'il habitait dans les bois, accomplissant les ordres paternels, un Rakshasa lui a ravi Sîtâ, son épouse, avec le secours de la magie. Dans son infortune, ce Râma, que sa force n'a trompé jamais et de qui le devoir est comme l'âme, vient chercher avec Lakshmana, son frère, un appui à ton côté. »

Le roi des singes prit soudain la forme humaine, et, revêtu d'un extérieur admirable, tint ce langage à Râma : « Ta grandeur est façonnée au devoir, elle est pleine de vaillance, elle est amie du bien : c'est avec raison que le fils du Vent attribue à ta grandeur ces belles qualités. Aussi l'honneur même que j'ai maintenant de vous recevoir est-il une riche acquisition pour moi, ô le meilleur des êtres qui ont reçu la voix en partage. Si tu veux, sans dédain pour ma nature de singe, t'unir d'amitié avec moi ; si tu désires mon alliance, je tends mon bras vers toi, serre ma main dans la tienne, et lions entre nous un attachement solide. »

Dès qu'il eut ouï ces mots prononcés par Sougrîva, aussitôt Râma de serrer la main du singe dans sa main ; celui-ci prit à son tour la main de Râma dans la sienne ; puis, enflammé d'amour et d'amitié pour son hôte, d'embrasser l'Ikshwâkide étroitement. Voyant ainsi formée cette union, objet de leurs mutuels désirs, Hanoûmat fit naître le feu, suivant les rites, en frottant le bois contre le bois. Il orna le feu allumé avec une parure de fleurs, et, joyeux, il déposa entre les nouveaux alliés ce brasier à la flamme excitée. Ensuite ces deux princes, qui s'étaient liés d'amitié, Râma et Sougrîva, de célébrer un pradakshina autour du feu allumé, et, se regardant l'un l'autre d'une âme joyeuse, le Raghouide et le singe ne pouvaient s'en rassasier les yeux.

Alors Sougrîva, de qui l'âme était fixée dans une seule pensée, Sougrîva à la grande splendeur tint ce langage au fils du roi Daçaratha, à ce Râma, de qui la science tenait embrassées toutes choses.

« Écoute, ô le plus éminent des Raghouides, écoute ma parole véridique : dépose ta douleur, guerrier aux longs bras ! Je te le jure, ami, par la vérité ! je sais à la ressemblance des situations *qui enleva ton épouse :* car c'est ta Mithilienne, sans doute, que j'ai vue ; c'est elle qu'un Rakshasa cruel emportait, criant d'une manière lamentable : « Râma !... Lakshmana !... Râma ! Râma ! » et se débattant sur le sein du monstre comme l'épouse du roi des serpents *dans les serres de Garouda*. Elle me vit elle-même sur un plateau de montagne, où j'étais moi cinquième *avec ces quatre singes;* elle nous jeta rapidement alors son vêtement supérieur et ses brillants joyaux. Ces objets recueillis par nous sont ici, fils de Raghou : je vais te les apporter; veuille bien les reconnaître. »

« Apporte-les vite, répondit le Daçarathide à ces nouvelles agréables, que Sougrîva lui racontait : ami, pourquoi différer ? »

Hâté par l'envie de faire une chose qui plût à son hôte, Sougrîva d'entrer à ces mots de Râma dans une caverne inaccessible de la montagne.

Là, il prit la robe et les bijoux éclatants, *revint*, les mit sous les yeux du héros et lui dit : « Regarde ! »

A peine le Raghouide eut-il reconnu dans ces objets le vêtement et les joyaux de Sitâ que ses yeux se remplirent de larmes : « Hélas ! s'écria-t-il ; hélas, bien-aimée Djanakide ! » et, toute sa fermeté l'abandonnant, il tomba sur la terre. Plusieurs fois, avec désespoir, il porta ces parures à son cœur ; plusieurs fois il poussa de longs soupirs, comme les sifflements d'un reptile en colère.

« Sougrîva, dis-moi ! Vers quels lieux as-tu vu se diriger le féroce Démon, ravisseur de ma bien-aimée, non moins chère que ma vie ? Où habite ce Rakshasa, qui m'a frappé d'une si grande infortune, lui, pour l'offense duquel j'exterminerai tous les Rakshasas ? »

Le roi des singes alors serra le Raghouide avec amour dans ses bras, et, vivement affligé, ses mains jointes, il tint ce langage à l'époux de Sîtâ, qui fondait en larmes :

« Je ne connais pas du tout ni l'habitation de ce méchant, ni la puissance, ni la bravoure, ni la race de ce vil Démon. Secoue néanmoins ton chagrin, dompteur invincible des ennemis; car je te promets que j'emploierai mes efforts à te rendre la noble Djanakide.

« Loin de toi ce trouble d'esprit, où je te vois tombé ! souviens-toi de cette fermeté, qui est la vertu des natures énergiques. Certes, une telle légèreté d'âme ne sied pas à tes pareils. Moi aussi, j'ai senti cette grande infortune que fait naître dans un cœur le rapt d'une épouse; mais je ne me désole pas, comme tu fais, et je n'abandonne pas ma fermeté.

« Médite cette maxime dans ta pensée : « Un esprit ferme ne souffre pas que rien abatte sa *constance ;* mais l'homme qui laisse toujours le souffle du trouble agiter son âme est un insensé. Il est malgré lui submergé dans le chagrin, comme un vaisseau battu par le vent. »

« Le chagrin tue la force : ne veuille donc plus t'abandonner à cette douleur ! Je ne prétends point ici, Râma, t'enseigner ce qui est bon, car c'est un don que tu as reçu de ta nature. Mais écoute mes paroles, venues d'un cœur ami et cesse de gémir. »

Ainsi consolé doucement par Sougrîva, l'auguste Kakoutsthide essuya son visage baigné de larmes avec l'extrémité de son vêtement; et, replacé dans sa nature même par ces bonnes paroles, il embrassa le roi des singes et lui tint ce discours : « Toute chose digne et convenable que doit faire un ami tendre et bon, tu l'as faite, Sougrîva. Un ami tel que toi est un trésor bien rare surtout dans ce temps-ci. Il te faut employer tes efforts à la recherche de ma chère Mithilienne et du cruel Démon à l'âme méchante qui a nom Râvana. Trace-moi en toute confiance quelle marche je dois suivre; et que mon bonheur naisse de toi comme les moissons naissent d'une heureuse pluie dans une terre féconde. »

Joyeux de son langage, Sougrîva le quadrumane lui répondit comme il suit en présence de Lakshmana : « Les Dieux veulent sans doute verser de toute manière les faveurs sur moi, puisqu'ils m'ont amené dans ta grandeur un ami digne et plein de vertus. Certes! aujourd'hui que ta grandeur est mon alliée, je pourrais, secondé par ton héroïsme, conquérir même l'empire des Dieux : à plus forte raison puis-je, ami, réconquérir avec toi mon royaume! De mes parents et de mes amis, c'est moi que la fortune a le mieux partagé, héros à la grande force, puisqu'elle a joint nos mains dans une alliance où nous avons pris le feu à témoin. »

Ensuite, le roi des quadrumanes, voyant Râma debout avec le vigoureux Lakshmana, fit tomber de tous les côtés ses regards curieux dans la forêt, et, non loin, il aperçut un shoréa robuste avec un peu de fleurs, mais riche de feuilles et paré d'abeilles voltigeantes. Il en cassa une branche touffue de fleurs et de feuilles, l'étendit sur la terre et s'assit dessus avec l'aîné des Raghouides. Quand Hanoûmat les vit assis tous deux, *il s'approcha* d'un sandal, rompit une branche de cet arbre, en joncha la terre et fit asseoir Lakshmana.

Alors, d'une voix douce, Sougrîva joyeux prononce affectueusement ces paroles, dont sa tendresse émue lui fait bégayer quelque peu les syllabes : « Les persécutions me forcent, Râma, d'errer çà et là dans cette terre... Après que mon frère m'eut enlevé mon épouse, je suis venu chercher un asile dans les *bois du* Rishyamoûkha ; mais, redoutant le vigoureux Bâli, en guerre déclarée avec lui, en butte à ses vexations, mon âme tremble sans cesse au milieu des forêts. Veuille bien me protéger, fils de Raghou ; moi, qui n'ai pas de protecteur, infortuné, que tourmente la crainte de Bâli, terreur du monde entier! »

A ces mots, le resplendissant Kakoutsthide, qui savait le devoir et chérissait le devoir, lui répondit en souriant : « Comme j'ai reconnu dans ta grandeur un ami capable de me prêter son aide, je donnerai aujourd'hui même la mort au ravisseur de ton épouse. »

« Commence par écouter, répondit Sougriva, quel est le courage, l'énergie, la vigueur, la fermeté de Bâli, et décide ensuite ce qui est opportun. Avant que le soleil ne soit levé, Bâli, secouant déjà la torpeur *du sommeil,* s'en va de la mer occidentale à l'Océan oriental, et de l'Océan méridional à la mer septentrionale. Dans sa vigueur extrême, il empoigne les sommets et les grandes cimes des montagnes, les jette dans les cieux rapidement et les rempaume dans sa main. Pense donc à le tuer par un seul coup de flèche ; autrement, nous aurons allumé la colère de Bâli, et nous subirons nous-mêmes, Kakoutsthide, cette mort, que nous lui destinons. »

Lakshmana répondit en souriant à ces paroles de Sougrîva : « Tous les oiseaux, les serpents, les hommes, les Yakshas et les Daïtyas, réunis aux Dieux mêmes, ne pourraient tenir en bataille contre lui, son arc à la main ! Mais quelle action lui faudrait-il faire ici pour te persuader qu'il est capable de tuer Bâli ? »

« Autrefois Bâli transperça d'une flèche trois palmiers d'un seul coup dans les sept que voici, répondit le singe à Lakshmana : *eh bien!* que Râma les perce tous à la fois d'une seule flèche et je crois à l'instant qu'il peut tuer Bâli! »

A ces mots, Râma de répondre en ces termes à Sougrîva :

« Je veux connaître dans la vérité quelle fut la cause de ton infortune; car je ne puis, ô toi, qui donnes l'honneur, balancer le fort avec le faible, ni arrêter comme il faut toutes mes résolutions, sans connaître bien l'origine de cette inimitié qui vous divise à tel point. »

A ces paroles du magnanime Kakoutshide, le roi des singes se mit d'un visage riant à raconter au frère aîné de Lakshmana toutes les circonstances de cette rivalité fraternelle :

« Bâli, comme on appelle ce farouche immolateur des ennemis, Bâli est mon frère aîné. Il fut toujours en grand honneur devant mon père et dans mon estime. Quand notre père fut allé se reposer *dans la tombe* : « Bâli, se dirent les ministres, est son fils aîné. Il fut donc sacré, d'un consentement universel, monarque et seigneur des peuples singes; et moi, tandis qu'il gouvernait ce vaste empire de mon père et de mes aïeux, je lui fus toujours et dans toutes les affaires un serviteur obéissant.

« Doundoubhi avait un frère aîné, Asoura d'une grande force appelé Mâyâvi : entre celui-ci et mon frère une femme, qu'ils se disputaient, alluma, comme on sait, une terrible inimitié. Un jour, à cette heure de la nuit où chacun dort, le Démon vint à la porte de la caverne Kishkindhyâ. Il se mit à rugir dans une violente colère et défia Bâli au combat. Mon frère entendit au milieu des ténèbres ce rugissement d'un bruit épouvantable; et, tombé sous le pouvoir de la colère, il s'élança hors de la gueule ouverte de sa caverne, malgré tous les efforts de ses femmes et de moi-même pour empêcher qu'il ne franchît le seuil. Il nous repoussa tous, et, sans balancer, il sortit, poussé par son courroux, aiguillonné par sa fureur; et moi sur-le-champ de hâter ma course derrière le monarque des singes, sans autre pensée que celle de mon amitié pour lui.

« Aussitôt qu'il me vit paraître non loin de mon frère, le Démon s'enfuit rapidement, saisi de terreur; mais nous de courir plus vite encore sur les traces du fuyard tout tremblant. La lune vint en se levant éclairer nos pas dans la route. Sur ces entrefaites, l'Asoura fuyant aperçoit dans la terre une caverne profonde cachée par de hauts graminées; il s'y précipite soudain; tandis que nous, en approchant, les grandes herbes nous enveloppent *et nous dérobent sa vue*. Quand il vit son ennemi déjà réfugié dans la caverne, Bâli, transporté de colère, me parla en ces termes, les sens tout émus : « Reste ici, toi, Sougrîva ! et garde sans négligence cette porte de l'antre aux abords très-difficiles, jusqu'au moment où, mon rival tué, je sorte d'ici ! »

« A peine mon frère eut donné cet ordre, que je tâchai par tous mes efforts d'arrêter sa résolution; *ce fut en vain*, il s'engagea malgré moi dans cette caverne. Une année complète s'écoula entièrement depuis son entrée, et je restai devant la porte en faction tout le temps que dura cette révolution du soleil; mais, ne l'ayant pas vu sortir, mon amitié pour mon frère me jeta dans une terrible inquiétude. Je craignais qu'il n'eût péri victime d'une trahison.

« Enfin, après ce long espace de temps écoulé, je vis, à n'en pas douter, je vis sortir de cette catacombe un fleuve de sang écumeux ; et *tout* mon cœur en fut troublé. En même temps il vint du milieu de la caverne à mes oreilles un grand bruit de rugissements, jetés par des Asouras et mêlés aux cris d'un combattant qui se voit tué dans une bataille. Alors moi je crus à de tels indices que mon frère avait succombé, et je pris enfin le parti de m'en aller. Je revins, assailli par le chagrin, à la caverne Kishkindhyâ, mais après que j'eus comblé avec des rochers *l'entrée de* cet antre *fatal* et versé, mon ami, d'une âme déchirée par la douleur, une libation d'eau funèbre en l'honneur de mon frère.

« En vain j'employai mes efforts à cacher la catastrophe, elle parvint aux oreilles des ministres, et tous alors de me sacrer dans ce trône *vacant*. Mais, tandis que je gouvernais l'empire avec justice, Bâli revint, fils de Raghou, après qu'il eut tué son terrible ennemi. Quand il me vit, le front investi du sacre, une *soudaine* colère enflamma ses yeux, il frappa de mort tous mes conseillers et m'adressa des paroles outrageantes. Sans doute, fils de Raghou, j'avais la force de réprimer ce méchant ; mais, enchaîné par le respect, je n'en eus pas même la pensée. Je caressai, je flattai avec adresse, je comblai mon frère des bénédictions les plus respectueuses, en observant les règles de l'étiquette. Mais ce fut en vain que j'honorai Bâli de tels hommages, son âme ulcérée les repoussa tous.

« Alors ce monarque des singes convoqua l'assemblée des sujets et m'infligea, au milieu de mes amis, ce discours bien terrible : « Vous savez comment le puissant Asoura Mâyâvi, toujours altéré de batailles et plein d'un immense orgueil, vint une nuit me défier au combat. A peine eus-je entendu ses rugissements furieux, je m'élançai hors de la gueule ouverte de ma caverne; et cet ennemi, que j'ai là sous la figure de mon frère, me suivit d'un pied rapide. Quand le Démon aux grandes forces me vit marcher dans la nuit, accompagné d'un second, alors, saisi d'un tremblement extrême, il se mit à courir, sans tourner les yeux derrière lui. Et moi, voyant l'Asoura fuir si lestement sur la terre : « Arrête! lui criai-je furieux avec Sougriva; arrête! »

« Après qu'il eut couru seulement douze yodjanas, fouetté par la crainte, il se déroba sous la terre au fond d'une caverne. Aussitôt que je vis l'ennemi, qui m'avait toujours fait du mal, entrer dans ce lieu souterrain, je dis alors, moi, qui avais des vues innocentes, à cet ignoble frère, qui avait, lui! des vues perfides : « Mon dessein n'est pas de m'en retourner à la ville sans avoir tué mon rival : attends-moi donc à la porte de cette caverne. »

« Persuadé qu'il assurait mes derrières, je m'engageai dans cette grande caverne, et j'y passai toute une année à chercher la porte *d'une catacombe intérieure.*

« Enfin, je vis cet Asoura, de qui l'arrogance avait semé tant d'alarmes, et je tuai sur-le-champ mon ennemi avec toute sa famille. Cet antre fut alors inondé par un fleuve de sang, vomi de sa bouche; et, râlant sur le sein de la terre, il exhala son âme dans un cri de désespoir. Après que j'eus tué Mâyâvi, mon rival, si cher à Doundoubhi, je revins sur mes pas et je vis fermé l'orifice de la caverne. J'appelai Sougriva mainte et mainte fois; puis, n'ayant reçu de lui nulle réponse, la colère me saisit; je brisai à coups de pied redoublés ma prison, et, sorti de cette manière, je revins chez moi *sain et sauf*, comme j'en étais parti. Il m'avait donc enfermé là ce cruel, à qui la soif de ma couronne fit oublier l'amitié qu'il devait à son frère ! »

« Sur ces mots, le singe Bâli me réduit au seul vêtement, *que m'a donné la nature*, et me chasse de sa cour sans ménagement. Voilà, fils de Raghou, la cause des persécutions répétées qu'il m'a fait subir. Privé de mon épouse et dépouillé de mes honneurs, je suis maintenant comme un oiseau, à qui furent coupées ses deux ailes.

« Résolu à me donner la mort, il sortit sur le seuil de sa caverne et me fit trembler, en levant sur ma *tête* un arbre épouvantable. Je m'enfuis sous la crainte du coup et je parcourus toute la terre, fils de Raghou, avec les montagnes, qui la remplissent, et les mers, qui la revêtent de leur *humide* manteau. Enfin, j'arrivai au Rishyamoûka, et, comme une *puissante* cause oblige cet invincible Bâli à laisser toujours un intervalle entre ce mont et lui, je choisis pour mon habitation cette reine des montagnes.

« Je t'ai raconté, noble Raghouide, tout ce qui m'attira cette mortelle inimitié : vois! j'étais innocent et je n'avais pas mérité le malheur qui tomba sur moi. Daigne, héroïque enfant de Raghou, daigne me regarder avec bienveillance, moi, qui traîne ici, tourmenté par la crainte, une vie misérable, et dompter enfin ce farouche Bâli. »

A ces mots, le fléau des ennemis, ce radieux enfant de Raghou, se mit à ranimer le courage de Sougrîva : « Mes dards, que tu vois, ces flèches aiguës, qui ne sont jamais vaines, Sougrîva, et qui brillent à l'égal du soleil, je les enverrai se plonger dans le cruel Bâli. *Oui !* Bâli, cette âme corrompue, le corrupteur des bonnes mœurs, n'a plus de temps à vivre que celui où mes yeux n'auront pas encore pu voir ce ravisseur de ton épouse. »

Il prit alors son arc céleste, resplendissant à l'égal de l'arc même du *puissant* Indra; il encocha une flèche, et, visant les sept palmiers, déchaîna contre eux ce *merveilleux projectile.* Le trait paré d'or, envoyé de sa main vigoureuse, transperça tous les palmiers, fendit la montagne elle-même et pénétra jusqu'au sein des enfers. Ensuite, la flèche remonta spontanée sous la forme d'un cygne; et, brillante d'une lumière infinie, elle revint *d'où elle était partie* et rentra d'elle-même au carquois de son maître.

Quand il vit les sept palmiers traversés d'outre en outre par la flèche impétueuse de Râma, le roi des singes tomba dans une admiration sans égale. A la vue de cette prouesse incomparable, Sougrîva joyeux porta les deux paumes de ses mains réunies au front et se mit à glorifier le noble Raghouide :

« Comme le soleil est le premier des êtres lumineux, comme l'Himâlaya est la première des montagnes, comme le grand Océan est la première des vastes mers : ainsi toi, Râma, tu es le premier des hommes pour la vigueur. Ni le Dieu, qui put immoler Vritra, ni celui de la mort, ni l'Asoura, ni le Dispensateur des richesses, qui est l'auguste roi de tous les Yakshas, ni Varouna, ses chaînes à la main, ni le Vent, ni le Feu même n'est égal à toi !

« Quel *être* mâle est capable de résister à celui, de qui la main put transpercer à la fois d'une seule flèche ces grands palmiers et cette montagne elle-même, hantée par les Dânavas? Maintenant mon chagrin est dissipé; maintenant mon *cœur* est inondé par la joie; maintenant je vois déjà étendu mort sur un champ de bataille ce Bâli, toujours ivre de combats ! »

A ces mots, le héros à la grande science, Râma d'embrasser le *noble* singe à la parole agréable et de lui répondre en ces termes, approuvés de Lakshmana : « Viens avec moi, Sougrîva; je vais à la caverne Kishkindhyâ, où règne Bâli : arrivé là, défie au combat cet ennemi, qui a *dépouillé* les formes du frère ! » Sur les paroles de Râma, l'exterminateur des ennemis : « Je te suis, » reprit avec joie Sougrîva; et tous deux alors ils s'avancent d'un pied hâté. Ils parviennent d'un pas léger à la Kishkindhyâ, lieu masqué par les djungles épais, et se cachent derrière les arbres dans la forêt impénétrable. L'aîné des Raghouides y tient alors ce langage à Sougrîva : « Appelle ton frère au combat, force Bâli à sortir hors de la bouche de sa caverne, et je lui donnerai la mort avec une flèche brillante comme la foudre. » A peine le Kakoutsthide à la vigueur sans mesure eut-il articulé ces paroles, qu'une grande et profonde symphonie ruissela du ciel en sons agréables. Une guirlande céleste, au tissu d'or, embelli de mille pierres fines, tomba du firmament sur la tête de Sougrîva; et, dans sa chute du ciel vers la terre, cette guirlande d'or, ouvrage d'un Immortel, resplendit au sein des airs comme une guirlande ravissante qu'on aurait tissée avec des éclairs. Dans une pensée d'amour, un habitant des cieux, le soleil même, son père, avait, d'une main soigneuse, tressé pour lui ce beau feston égal à celui de Bâli.

Quand le vigoureux Bâli entendit les rugissements épouvantables de son frère, sa colère s'enflamma soudain, et furieux sortit de sa caverne, comme le soleil, qui sort du milieu des nuages. Alors, s'éleva entre ces deux rivaux un combat d'un assourdissant tumulte : telle, dans les champs du ciel, une terrible et grande bataille entre les deux planètes Angâraka et Bouddha (1).

Ils se frappaient l'un l'autre dans cet *horrible* duel avec leurs paumes semblables à des foudres, avec leurs poings durs comme les diamants, avec des arbres, avec les crêtes elles-mêmes des montagnes !

En ce moment Râma prit son arc et regarda les combattants ; mais ses yeux les virent tous deux égaux par le corps, semblables exactement l'un à l'autre, et pareils celui-ci à celui-là pour la vaillance et la force : il reconnut alors qu'on ne pouvait distinguer le premier du second, comme il en est pour les deux beaux Açwins. *Dans cette parfaite ressemblance*, le vaillant Raghouide ne pouvait discerner Sougrîva, ni Bâli : aussi ne voulut-il pas encore lancer une flèche *au milieu du combat.*

Sur ces entrefaites, rompu sous la main de Bâli et voyant ce *qu'il s'imaginait une* trahison du Raghouide, *son allié*, Sougrîva se mit à courir vers le Rishyamoûka. Épuisé, baigné de sang, accablé de coups, frappé avec fureur, il se réfugia dans la grande forêt. A peine le resplendissant Bâli eût-il vu que son ennemi s'était dérobé dans ces bois, il fit volte-face, chassé par la crainte d'une malédiction, *jadis fulminée contre lui*, et s'en retourna en disant : « Tu m'as échappé ! »

Le noble Raghouide, accompagné de son frère et des ministres, s'en vint lui-même trouver Sougrîva dans cette retraite ; et, quand le singe infortuné vit Râma en

(1) Mars et Mercure.

sa présence avec Lakshmana et ses conseillers, il tint ce langage, baissant la tête et plein de honte : « Après que tu m'as fait admirer ta force et que tu m'as dit : « Provoque Bâli au combat ! » pourquoi donc as-tu mis ta promesse en oubli et m'as-tu laissé battre ainsi par mon ennemi ?

« Si tu voulais, le ciel détourne ce malheur ! si tu voulais que Bâli me donnât la mort dans ce combat, quel besoin avais-je de *ton* amitié pour m'aider à recouvrer mon royaume, puisque j'allais cesser de vivre ? »

Le Raghouide entendit sans colère sortir de sa bouche ces paroles affligées et beaucoup d'autres semblables : « Dépose ton chagrin, Sougrîva ! lui dit-il. Écoute maintenant la cause, roi des singes, qui me retint de lancer ma flèche.

« Toi, Sougrîva et Bâli, vous êtes l'un à l'autre semblables par la guirlande, le vêtement, la démarche et la taille. Cri, lustre, station, marche, regard ou parole, il n'est rien qui vous distingue à mes sens avec certitude. Aussi, roi des singes, troublé par une telle ressemblance de formes, je n'ai point alors décoché ma flèche : « Qui m'assure ici, me disais-je, que je ne vais pas tuer mon ami ? »

« Veuille donc bien attacher sur ton corps un signe qui soit comme un drapeau, et par lequel je puisse te reconnaître une fois engagé dans ce combat de l'un contre l'autre.

« Tresse-nous, Lakshmana, une guirlande avec une branche de boswellia parée de ses fleurs, et mets-la au cou du magnanime Sougrîva. »

« Héros, dit le singe, tu m'as promis naguère que ta *flèche* lui porterait la mort : tâche que ta promesse, comme une liane en fleurs, ne tarde point à nous donner son fruit! »

« Maintenant que mes yeux, répondit l'époux de Sitâ, peuvent te distinguer à cette guirlande, roi des singes, va en pleine confiance, ami, et défie une seconde fois Bâli au combat. »

Bâli, entré dans le sérail de ses femmes, entendit avec colère ce nouveau défi de Sougrîva, son frère. A ce fracas épouvantable, que le robuste singe apportait à ses oreilles une seconde fois, sa figure se rembrunit tout à coup, comme le soleil obscurci dans une éclipse.

Faisant grincer les dents longues de sa bouche et la fureur teignant son poil d'une couleur plus rouge encore, sa face brillait avec ses yeux tout grands ouverts, comme un lac aux lotus *épanouis*. Le roi des simiens sortit avec impétuosité et la marche de ses pieds fit trembler, pour ainsi dire, toute la terre. Mais Târâ aussitôt embrassa, pleine d'effroi, son royal époux, qui s'élançait ainsi hors de la caverne béante, et lui tint ce langage : « Allons, héros! abandonne cette colère, de même que, le matin, au sortir de la couche, tu rejettes une guirlande froissée!

« Ton frère est déjà venu, bouillant de colère, et t'a défié au combat : tu es sorti; il a succombé dans cette lutte sous ta vigueur et s'est enfui, chassé par la crainte. Ce défi, qu'il rapporte ici, fait naître en moi des soupçons, surtout à la pensée qu'il s'est déjà vu tout à l'heure abattu et tué même, *pour ainsi dire*, sous ta main.

« Une telle arrogance dans ce vaincu, qui rugit, tant de résolution, ce tonnerre de sa voix, tout cela n'est point d'une légère importance.

« J'ai ouï dire avant ce jour que Sougrîva s'est lié par une fraternité d'armes avec le sage Râma, de qui la vaillance est éprouvée et de qui la flèche ne manque jamais le but.

« Râma est le poison qui tue l'affliction des affligés; c'est un arbre, sous les branches duquel habitent les hommes de bien : il est sur la terre un vase de gloire et de hautes perfections.

« Qu'Angada, *notre fils*, s'en aille, emportant avec lui tous les joyaux qui sont ici dans ton palais : qu'il offre *de ta part* ces richesses à Râma et signe un traité de paix avec ce héros d'une splendeur égale aux clartés du feu à la fin d'un youga. Ou bien abandonnons cette caverne et sauvons-nous dans une solitude des bois. Car, de concert avec Sougrîva, le Daçarathide va s'étudier à nous enfermer dans un insurmontable danger. Avant que n'arrivent les infortunes, sache donc employer les moyens qui doivent les prévenir. »

Après que sa compagne au visage radieux, comme la reine des étoiles, eut parlé de cette manière, Bâli railla ses craintes et lui répondit en ces termes : « Comment puis-je dans cette colère, qu'il fit naître en moi, comment puis-je endurer, mon amie, les cris d'un ennemi qui vient rugir *à ma porte* avec une telle arrogance, et qui n'est après tout que le voleur *de ma couronne?* Pour des héros, qui ne reculent jamais dans les combats et qui n'ont pas un front accoutumé à l'injure, tolérer une offense, ma chérie, est plus difficile que la mort!

« Ce noble fils de Raghou ne doit pas t'inspirer de la crainte à mon égard : s'il a de la reconnaissance et s'il connaît le devoir, il ne peut commettre une mauvaise action. Quitte donc ce souci! je vais sortir, combattre avec

Sougrîva et lui arracher son arrogance, mais je ne veux pas lui ôter la vie.

« Va-t'en! Je reviendrai, je t'en fais le serment sur ma vie et ma *prochaine* victoire; *oui!* je reviendrai, moi qui te parle, aussitôt que j'aurai vaincu mon frère dans ce combat. »

Târâ embrasse alors Bâli, de qui la vue était *bien* chère à ses yeux; *toute* en pleurs et tremblante, elle décrit à pas lents un pradakshina autour de son époux. Après qu'elle eut, suivant les rites, invoqué le succès pour l'expédition du singe auquel *son cœur* désirait la victoire, cette reine à la taille charmante de rentrer suivie des femmes dans son gynæcée; et, quand Târâ eut regagné avec elles ses appartements, Bâli sortit, poussant une respiration aiguë, comme les sifflements d'un boa.

Quand le vigoureux quadrumane vit, tout fier de l'appui qu'il trouvait en Râma, son rival impatient lui-même de combattre, déjà posté en attitude de bataille et la cuirasse bien attachée sur la poitrine, il raffermit solidement la sienne avant de se risquer dans cette périlleuse aventure; et, délirant de fureur, les yeux tout rouges de colère, il jeta ces mots à Sougrîva :

« Scélerat insensé, quelle hâte, Sougrîva, te fait courir une seconde fois à la mort? Vois mon poing fermé, que je lève pour ta mort et qui, déchargé sur ton front, va briser ta vie! » A ces mots, il frappa du poing son rival en pleine poitrine.

Néanmoins, Sougrîva sans crainte arrache aidé de sa vigueur *et lève* un grand arbre, qu'il abat sur le sein de Bâli, comme la foudre tombe sur une haute montagne. La chute de cette masse étourdit *un moment* son ennemi, qui s'était approché de nouveau pour le combat : accablé sous la pesanteur du coup, Bâli chancelle et vacille.

Cependant Râma voyait Bâli rompre la fierté de Sougrîva et lui abattre même sa vigueur ; il en fut irrité d'une furieuse colère. Il encoche soudain une flèche, qui semblait un serpent de flamme et l'envoie frapper au cœur Bâli à la grande force, à la guirlande tissue d'or. Le sein percé du trait, celui-ci tombe, les sens troublés et la route de sa vie brisée : « Ah ! s'écrie-t-il, je suis mort ! » Alors, comme un éléphant plongé dans un marais fangeux, Bâli, d'une voix triste et le gosier obstrué par des pleurs, dit ces mots à Râma, qu'il voyait debout près de lui : « Quelle gloire espères-tu de cette mort, que tu m'as portée dans un instant où je n'avais pas les yeux tournés de ton côté? car tu m'as frappé *lâchement* caché et tandis que ce duel absorbait toute mon attention ! »

Après la chute de ce héros, le monarque des singes, *on vit* la face de la terre s'obscurcir, comme le ciel quand la lune est plongée *dans les nuages*. Mais ni la vie, ni la force, ni le courage, ni la beauté n'avaient déserté le corps de ce magnanime, étendu sur la terre. En effet, sa guirlande céleste, qu'un Dieu avait tissue d'or, était *comme* attentive elle-même à soutenir dans sa fin la vie de ce quadrumane, le plus noble des singes.

La nouvelle, que Râma d'une flèche, envoyée par sa main, avait renversé Bâli mortellement frappé, était déjà parvenue à l'oreille de Târâ, son épouse. A peine eut-elle appris cette mort si horrible de son mari, qu'elle sortit, versant des larmes, précipitant son pas, accompagnée de son fils, hors de cette caverne de la montagne.

Elle vit les singes tremblants fuir d'une course légère comme des gazelles *épouvantées*, quand *un chasseur a* tué la reine du troupeau et dispersé toute la bande : « Singes, leur dit-elle, pourquoi donc, abandonnant ce monarque des singes, de qui vous êtes les officiers, courez-vous en pelotons épars et tremblants ? »

A ces questions prononcées d'une voix lamentable, les singes d'une âme tout émue répondent à l'épouse du roi ces paroles opportunes : « Fille de Jîva, retourne chez toi et défends ton fils Angada ! La mort sous la forme de Râma emporte *l'âme de* Bâli, qu'elle a tué ! »

Alors, voyant son mari immolé sur le champ de bataille, elle s'approcha de lui tout émue et s'assit avec son fils sur la terre. Elle prit ce corps dans ses bras, comme s'il fût endormi : « Hélas ! mon époux ! » s'écria-t-elle ; puis, embrassant le cadavre étendu sur la face de la terre, elle se mit à pousser des cris. « Ah ! fit-elle, héros aux longs bras ! je suis morte aujourd'hui, que tu m'as rendue veuve ! Si tu m'avais écoutée, tu n'aurais pas éprouvé ce malheur ! Ne t'en ai-je pas averti bien des fois ? Lève-toi, ô le plus vaillant des singes ! Pourquoi restes-tu couché là sur la dure ? Ne me vois-tu pas, tourmentée par la douleur, étendue sur la terre avec ton fils ? Rassure-moi dans ce moment comme tu fis tout à l'heure ; rassure-moi avec ton fils, moi, désespérée, à qui ta mort enlève son protecteur ! »

Devant le spectacle de son époux étendu par terre, le sein percé de ce dard que l'arc de Râma lui avait décoché, Târâ se dépouilla de toute pitié pour son corps, et, levant ses deux bras, cette femme aux bras charmants se broya de coups elle-même. « Hâ ! s'écria-t-elle, je suis morte ! » puis elle tomba sur la face de la terre et s'y roula comme une gazelle qu'un avide chasseur a blessé mortellement. Ceux qui formaient la cour du *magnifique* Bâli et les dames simiennes de son intérieur, tous alors de s'élancer avec des cris de pygargue hors de la bouche de sa caverne.

Bâli, respirant à peine, traîna de tous les côtés ses regards affaiblis et vit près de lui Sougrîva, son jeune frère. A la vue du roi des singes, qui remportait sur lui cette victoire, il adressa la parole d'une voix nette à Sougriva et lui tint affectueusement ce langage : « Sougrîva, ne veuille pas que je m'en aille, tourmenté par cette défaillance de l'âme, où tu me vois, *noble* singe, et chargé d'une faute, moi, que l'expiation a lavé de ses péchés. Sans doute le Destin avait décidé que la concorde n'existerait pas entre nous : l'amitié est naturelle à des frères; mais pour nous le Destin arrangea les choses d'une autre manière.

« Saisis-toi du sceptre aujourd'hui et règne sur les hommes des bois ; car, sache-le, je pars à l'instant même pour l'empire d'Yama. Dans une telle situation, héros, veuille bien faire exactement ce que je vais dire, chose importante et qui retient ici ma vie. Vois, étendu sur la terre cet enfant plein de sagesse, élevé au sein des plaisirs et qui mérite le bonheur, mais de qui la face est baignée de larmes, Angada, mon fils, qui m'est plus cher que la vie. Défends-le de tous les côtés, comme s'il était pour toi-même un fils né de ta propre chair, lui que je laisse au monde sans protecteur !

« Pare-toi donc, Sougriva, de cette guirlande, présent du ciel et tissue d'or. Quand j'aurai cessé de vivre, l'opulente félicité qui réside en elle se répandra sur toi! »

Il dit, et, dès qu'il eut parlé de cette manière à Sougrîva, Bâli à la haute renommée, courbant la tête, s'adressa, les mains jointes, à Râma, et tint ce langage pour lui recommander son fils : « Le prolétaire qui, dès son commencement, a toujours vécu dans une maigre condition, n'est point, *à bien dire*, misérable, fils de Raghou ; mais ce nom de misérable convient plus justement à l'homme de haute naissance précipité dans l'affliction et dans l'infortune. Né dans une famille opulente, Râma, et qui peut combler de ses largesses tous les vœux, Angada, quand j'aurai vécu, Angada sera donc misérable ! Voilà ce qui fait ma douleur, à moi qui ne verrai plus ce visage bien-aimé de mon enfant chéri, comme l'âme du pécheur n'entrevoit jamais le Paradis. Tué par ta main dans ce combat, je vais donc mourir, héroïque fils du plus éminent des hommes, sans avoir pu me rassasier entièrement de voir mon fils Angada ! Fléau des ennemis, toi, qui es la voie où marchent et l'asile où se réfugient toutes les créatures, accueille avec bonté Angada, mon fils, aux bracelets d'or. »

Quand il eut transmis sa guirlande à son frère et baisé Angada sur le front, Bâli, préparé saintement pour entrer dans la condition des âmes, dit ces mots avec amour *au jeune quadrumane :*

« Ménage les temps et les lieux, endure avec patience ce qui plaît ou déplaît, supporte également la douleur et le plaisir ; sois, mon fils, un sujet docile pour Sougrîva. Si tu l'honores, il saura bien te payer de retour comme moi, qui t'ai choyé toujours depuis ton enfance. Fais-toi des amis, ni trop, ni trop peu, car la solitude, mon ami, est un grand mal : sache donc garder le milieu entre les deux extrêmes. »

Il n'avait pas encore achevé de parler sous l'oppression violente du trait *acéré*, que ses yeux se roulent affreusement dans leur orbite, ses dents s'entre-choquent avec une force à les briser, et le mourant exhale enfin sa vie dans un dernier soupir. Alors, toute plongée dans un océan de chagrin, Târâ, les yeux fixés sur la face *glacée* de son cher époux, retomba dans la poussière, tenant Bâli embrassé comme une liane roulée autour d'un grand arbre.

Quand l'*aîné des* Raghouides, l'exterminateur des ennemis, vit que Bâli avait exhalé son dernier soupir, il tint à Sougrîva ce discours modeste : « L'homme ne se laisse point ainsi enchaîner par le chagrin, il s'élance vers une condition meilleure. Que Târâ s'en aille avec son fils habiter maintenant chez toi. Tu as répandu ces larmes, qui viennent à la suite d'une violente douleur : *c'est assez! car*, passé la mort, il ne reste plus rien à faire. La nécessité est la cause universelle, la nécessité embrasse le monde, la nécessité est la cause qui agit dans la séparation de tous les êtres. Néanmoins, que l'homme ne perde jamais de vue, dans les évolutions de ce Destin, le bien, sur lequel on doit toujours fixer les yeux, car le Destin même embrasse dans sa marche le devoir, l'utile et l'agréable.

« Bâli est rentré au sein de la nature ; il a reçu dans cette mort donnée le fruit *amer* de son œuvre : que l'on célèbre maintenant les funérailles du roi des singes, comblé de tous les dons funèbres. Son âme fut chassée du corps, parce qu'il a commis l'injustice et qu'il en a recueilli ce fruit ; mais, comme il est rentré dans le devoir, *à la fin de sa vie*, le Paradis lui fut donné pour sa récompense. Nous avons accordé ce qu'il faut à la douleur : accomplissons maintenant ce qu'il est à propos de faire. »

Les yeux troublés de larmes, Târâ et les autres dames singes, parentes du mort, suivent, poussant des cris, le *cercueil du* roi des simiens.

Au bruit des pleurs et des sanglots que ces femmes quadrumanes versaient au milieu du bois, on eût dit que les forêts et les montagnes pleuraient elles-mêmes de tous les côtés.

Les amis en bien grand nombre de Bâli construisent un bûcher dans une île solitaire, que la rivière, descendue de la montagne, environnait de ses ondes; et, *l'ouvrage terminé*, les principaux des singes, qui portaient la bière sur leurs épaules, s'approchent, déposent le cercueil et se tiennent à l'écart, l'âme plongée dans le recueillement.

Ensuite Târâ, à la vue de son époux couché dans ce lit d'une bière, leva dans son sein la tête de son époux et gémit ces mots dans une profonde affliction : « O toi, à qui tes fils étaient si chers, tu n'aimes donc plus celui-ci, qui se nomme Angada? Pourquoi le regardes-tu avec cet air stupéfait, lui, *ton enfant*, accablé sous le poids du chagrin?

« Ton visage semble encore me sourire au sein même de la mort : je le vois, tel que si tu étais vivant, pareil au jeune soleil du matin! »

Alors, aidé par Sougrîva, Angada, pleurant et redoublant ses cris, fit monter sur le bûcher ce corps de son père. Il appliqua le feu à la pile de bois, conformément aux rubriques, et, tous les sens troublés, il décrivit un pradakshina autour de son père, qui s'en allait pour un long voyage. Enfin, quand les singes ont honoré Bâli suivant les rites, ils descendent faire la cérémonie de l'eau funèbre dans la Pampâ aux ondes fraîches et limpides. Ce devoir accompli, ils sortent de la rivière et viennent tous avec leurs habits mouillés revoir l'aîné des Raghouides et Lakshmana à la grande vigueur.

Ensuite le sage Hanoûmat, brillant à l'égal du soleil adolescent et le corps tel qu'une montagne, adresse, les mains jointes, ce discours au guerrier issu de Raghou : « Grâce à toi, fléau des ennemis, Sougrîva monte sur le trône de son père et de son aïeul : il a conquis, grâce à toi, ce vaste empire des singes bien difficile à conquérir. Qu'il entre, congédié par toi, dans cette ville, et qu'il y règle avec ses amis les affaires de toutes les sortes! Bientôt, consacré par le bain, son âme reconnaissante va t'honorer avec ses présents de pierreries diverses, de simples recueillis en tout pays et de parfums célestes. Daigne entrer dans cette merveilleuse caverne de la montagne; fais alliance avec mon seigneur, et que ta vue répande la joie parmi les singes. »

A ces mots d'Hanoûmat, Râma le Daçarathide, habile à manier la parole et plein de sens, lui répondit en ces termes : « Je n'entrerai pas, bel Hanoûmat, ni dans une ville, ni dans un village, avant que je n'aie accompli mes quatorze années : c'est l'ordre de mon père. Entrez, vous! et hâtez-vous de faire ce qui demande une exécution immédiate. Ami, que le sacre, donné suivant les rites, inaugure Sougrîva sur le trône ! » Quand il eut parlé de cette manière au singe Hanoûmat, Râma dit à Sougrîva : « O roi, fais sacrer Angada, que voici devant tes yeux, comme le roi de la jeunesse.

« Ce mois de Çrâvana, plongé dans la pluie, est le

premier des mois pluvieux : nous voici entrés, mon ami, dans les quatre mois de la saison des pluies. Ce temps ne convient pas au rassemblement d'une armée : entre dans cette ville ; moi tenant domptés mes organes des sens, j'habiterai là sur la montagne. Voici, dans le sein du mont *Rishyamoukha*, une caverne délicieuse, vaste, protégée contre le souffle du vent : c'est là que j'habiterai, mon ami, toute la saison des pluies avec le fils de Soumitrâ. Mais, quand tu auras vu s'écouler Kârttikî, mois charmant, aux ondes redevenues limpides, aux moissons de lotus et de nymphéas, déploie alors, déploie, ami, tes soins pour la mort de Râvana. C'est donc là, *souviens-t'en* ! ce qui reste bien convenu entre nous. Va dans cette ville florissante ; puis, une fois sacré dans ton royaume, fais-y la joie de tes amis. »

Il dit : à ce congé que lui donnait Râma, le nouveau monarque des singes pénétra dans cette aimable cité, le cœur joyeux et tous ses chagrins dissipés. Là, devant le roi qui entre, des milliers de quadrumanes s'inclinent, transportés d'allégresse, et l'environnent de tous les côtés.

Tout le *peuple des* sujets, la tête prosternée jusqu'à terre, salue, plein de respect, le nouveau roi des singes, en lui criant : « Victoire ! victoire ! » Sougriva les invite à se relever et, les ayant honorés suivant l'étiquette, il entre dans le voluptueux sérail de son frère.

En sortant du gynæcée, il fut sacré par les plus nobles des singes à la grande taille de la manière que les Immortels avaient sacré le Dieu aux mille regards.

Le sommeil n'approchait pas de la couche où Râma était allé se reposer durant les nuits, noyé dans les pleurs et le chagrin, il n'y avait que le souci dont il reçût la visite.

Tandis que ce magnanime habitait ainsi dans la grande montagne, sa pensée toute remplie de son épouse ravie, la saison acheva de répandre ses pluies; et la retraite des nuages, qui promenaient sur leurs chars une pesante charge d'eaux, annonça le retour de l'automne.

Quand le fils du Vent, Hanoûmat, qui n'avait pas une âme indécise et qui savait distinguer le moment des affaires, vit Sougrîva empêché par l'amour de marcher avec ardeur sur le chemin de son devoir; Hanoûmat s'inclina devant Sougrîva, et, flattant ce monarque des singes avec des paroles affectueuses et douces, il tint au roi, qui savait goûter les qualités d'un discours, ce langage utile, vrai, convenable, et tout assaisonné de bienveillance et d'amour : « O roi, tu as personnifié en toi-même l'empire, la gloire céleste et la fortune de ta race; tu as gagné l'amour des sujets, tu as comblé d'honneur tes parents. Ta majesté a consumé tes ennemis, dont il ne reste plus que le nom; mais une chose est à faire, c'est de secourir tes amis : que ta grandeur veuille donc y penser.

« Héros, plein de courage dans les batailles et qui domptes les ennemis, tu laisses passer l'occasion pour l'affaire de Râma, ton ami; *tu oublies que le moment est venu* pour aller à la recherche de sa Vidéhaine. Tu perds le temps, et néanmoins on ne le voit pas te presser, malgré son impatience : cet homme sage et qui sait le devoir, s'incline, ô mon roi, sous ta volonté. Rends-lui service avant qu'il ne réclame de toi le retour du plaisir qu'il t'a fait le premier : veuille donc rassembler, roi des singes, les plus vaillants de tes guerriers. Car les héros simiens à la grande vigueur ont des routes difficiles à parcourir : ainsi, ne laisse pas un trop long temps s'écouler sans leur envoyer tes ordres. »

A peine Sougrîva eut-il entendu ces paroles sages et dites à propos, que, maître de lui-même et plein de cœur, il prit aussitôt sa résolution et donna cet ordre au singe Nîla, toujours le pied levé : « Réunis tous mes guerriers à tous les points du ciel : fais en sorte que mes armées entières et les chefs entièrement des troupeaux simiens, et les grands capitaines de mes troupes, et les défenseurs des frontières, à l'âme décidée, à la course rapide, se rendent tous dessous les drapeaux sans défaillance de cœur. Aussitôt le rassemblement opéré, que ta grandeur elle-même passe la revue des armées. Tout singe qui, après cinq nuits écoulées, ne sera point arrivé en ma présence, je lui ferai tomber le châtiment sur la vie : telle est ma sentence ! »

Dès que le ciel fut débarrassé de ses nuages et l'automne arrivé, Râma, qui avait passé toute la saison des pluies sous l'oppression du chagrin que lui causait l'amour, songeant alors qu'il avait perdu la fille du roi Djanaka, et que Sougrîva, retenu par la volupté, laissait échapper le temps favorable, s'évanouit sous la violence de sa douleur. Ensuite, revenu après un instant à la connaissance de lui-même, le Kakoutsthide se recueillit dans ses réflexions un moment, et dit ces paroles à Lakshmana pour conduire son affaire au succès :

« Les rois altiers, magnanimes, ambitieux de conquérir la terre et qui sont engagés dans une guerre l'un avec l'autre, ne manquent pas la saison du rassemblement des armées. C'est la première chose dont s'occupent les princes qui désirent la victoire; et cependant je ne vois ni Sougrîva, ni rien qui annonce une levée de cette nature. Ces quatre mois de la saison pluvieuse, bel ami, ont passé lents comme un siècle pour moi, consumé par l'amour et qui ne peux voir ma Sitâ !

« Va donc ! entre dans la caverne de Kishkindhyâ et répète ces paroles de moi au stupide roi des singes, endormi au sein de ses grossières voluptés : « Tu diffères le moment d'accomplir ce traité fait entre nous et toi, nous, qui sommes venus réclamer ton secours dont nous avons besoin, et qui avons commencé par te prêter notre aide. Celui qui détruit l'espérance que sa promesse avait inspirée est un homme vil dans le monde ; mais celui qui reconnait la parole, soit bonne, soit mauvaise, tombée de sa bouche, et qui dit : « C'est la vérité ! » est dans le monde un homme supérieur.

« Aujourd'hui, puissant roi, que la saison est ainsi disposée, pense donc vite au salut de ma Vidéhaine, afin que le temps ne s'écoule pas stérilement.

« Ou bien désires-tu voir, bandé par moi dans un combat *avec toi*, la forme de mon arc au dos plaqué d'or et semblable à un faisceau d'éclairs? Veux-tu entendre, pareil au fracas du tonnerre, le bruit épouvantable de ma corde vibrante, quand je la tire d'une main irritée au milieu de la guerre? Certes ! il n'est pas fermé le chemin par où Bâli mort s'en est allé ! Sougrîva, tiens-toi ferme dans le traité ! Ne suis pas la route de Bâli ! J'ai terrassé d'une flèche Bâli seul; mais, si tu sors de la vérité, j'immolerai ta famille avec toi ! »

Lakshmana, ce prince fortuné, au corps semé de signes heureux, se dirigea donc *lestement* vers la cité des singes. Bientôt il aperçut la ville du roi des simiens, pleine de singes à la grande vigueur, hauts comme des montagnes, *les yeux* attentifs *au signe du maître*. Effrayés par sa vue, tous ces quadrumanes, semblables à des éléphants, saisissent alors par centaines, ceux-ci des crêtes de montagnes, ceux-là de grands et vieux arbres. Quand Lakshmana les vit tous empoigner ces armes, il en fut encore plus irrité, comme le feu sur lequel on a jeté l'offrande de beurre purifié.

Leurs chefs entrent dans le palais de Sougrîva; ils annoncent aux ministres que Lakshmana vient, bouillant de colère.

Lakshmana vit alors toute cette Kishkindhyâ, que Bâli seule naguère suffisait à défendre, occupée en ce moment de tous les côtés par des singes, qui tenaient des arbres à leurs mains. Alors tous les simiens, rangés en bataille devant le jardin public de la ville, sortirent de l'espace vide entre les remparts et le fossé. Une fois arrivés près de Lakshmana, ces guerriers aux formes telles que les grands nuages, à la voix semblable au tonnerre de la foudre, poussèrent à l'envi le rugissement des lions.

Aussitôt Sougrîva, que cette vaste clameur et la *voix de* Târâ avaient tiré du sommeil, entra dans la salle du conseil pour délibérer avec ses ministres.

Le plus éminent des conseillers, *Hanoûmat*, le fils du Vent, commence par se concilier la faveur de Sougrîva et lui tient ce langage, comme Vrihaspati lui-même s'adresse au roi des Immortels : « Râma et Lakshmana, ces deux frères à la grande vigueur et dévoués à la vérité, t'ont prêté jadis leurs secours et c'est d'eux que tes mains ont reçu le royaume. Un seul de ces deux, Lakshmana se tient à la porte, son arc à la main, et les singes tremblants ont jeté ce cri d'épouvante à sa vue. Lakshmana, qui sait manier les rênes de la parole, vient ici, monté, suivant l'ordre de Râma, sur le char de sa résolution. »

A ces mots d'Hanoûmat : « Il en est ainsi ! » dit Angada, saisi de tristesse ; et, là-dessus, il ajoute ces paroles à son père *adoptif* : « Admets-le devant toi, ou bien arrête-le dans sa marche ; fais ce que tu penses convenable; il est certain que Lakshmana vient ici d'un air furieux; mais nous ignorons tous quelle peut être la cause de sa colère. »

Sougrîva, courbant un peu la tête, réfléchit un instant ; et quand il eut pesé le fort avec le faible des paroles qu'Hanoûmat et ses autres ministres venaient ainsi de lui adresser, le monarque, expert à manier le discours, tint ce langage à tous ses conseillers, d'une grande habileté dans les délibérations : « Je ne trouve en moi nulle faute, soit en parole, soit en action, pour m'expliquer cette colère, qui pousse vers nous Lakshmana, ce frère du noble Raghouide. Peut-être mes ennemis jaloux, et qui guettent sans cesse une occasion, auront-ils fait tomber dans les oreilles de Râma les insinuations d'une faute dont je suis innocent.

« L'amitié est facile à gagner de toutes les manières ; mais elle est difficile à conserver : un rien suffit à briser l'affection par suite de l'inconstance des esprits. Je suis donc infiniment inquiet au sujet du magnanime Râma, parce qu'il me fut impossible jusqu'ici d'acquitter avec le mien cet éminent service, que j'ai reçu de sa *faveur*. »

A ces mots du monarque, Hanoûmat lui fit cette réponse au milieu de ses ministres quadrumanes :

« Il n'y a rien d'étonnant, souverain des tribus simiennes, à ce que tu n'aies pas oublié cet éminent service tout de bienveillance ; car ce fut pour le seul plaisir de t'obliger que ce héros de Raghou tendit son grand arc et donna la mort à Bâli d'une force égale à celle du *puissant* Indra. Le Raghouide est irrité de l'indifférence que tu lui montres de toutes les manières, je n'en fais aucun doute; et c'est pour cela qu'il t'envoie son frère, ce Lakshmana, *de* qui *la société* ajoute à sa fortune.

« Il te faut supporter, ô le plus grand des singes, les paroles amères du magnanime Raghouide, qui t'a rendu un bon office et que la perte de son épouse ravie abreuve de chagrin. Je ne connais pas un moyen plus convenable pour toi que d'aller, les mains jointes, conjurer Lakshmana. Pénétré de cet axiome, prince : « Que les ministres doivent parler avec liberté, » j'ai mis de côté la crainte et j'ai tenu devant toi ce langage salutaire. »

FIN DU PREMIER VOLUME

Paris. — Imprimerie de Poupart-Davyl et Cᵉ, rue du Bac, 30.

www.ingramcontent.com/pod-product-compliance
Lightning Source LLC
LaVergne TN
LVHW010535100826
845148LV00001B/194
* 9 7 8 2 0 1 2 5 7 0 9 5 5 *